国家中等职业教育改革发展
示范校核心课程系列教材

农产品市场营销实战

Nongchanpin Shichang Yingxiao Shizhan

关红 主编

中国农业大学出版社
CHINA AGRICULTURAL UNIVERSITY PRESS

内 容 简 介

本书是国家中等职业教育改革发展示范校核心课程系列教材，也是农村合作经纪人专业主干课教材。本书内容包括认识农产品营销、农产品营销策略、农产品营销实例（蔬菜市场营销、禽蛋市场营销、水产品市场营销、谷物市场营销、畜产品市场营销、有机农产品市场营销）、农产品电子商务、农产品网络营销。每章内容设计了相关的职业能力目标、情境任务导入、引导案例、任务分析、知识链接等小栏目，并附有思考题、知识巩固。

本书可作为中等职业学校农村合作经纪人专业学生的专业核心课程教材，也可作为农村经纪人、农民专业合作组织、新型职业农民等的培训教材。

图书在版编目(CIP)数据

农产品市场营销实战/关红主编. —北京：中国农业大学出版社，2016.10

ISBN 978-7-5655-1501-9

Ⅰ.①农… Ⅱ.①关… Ⅲ.①农产品市场-市场营销学 Ⅳ.①F762

中国版本图书馆 CIP 数据核字(2016)第 021788 号

书　　名　农产品市场营销实战
作　　者　关　红　主编

策划编辑　赵　中　　**责任编辑**　刘耀华
封面设计　郑　川　　**责任校对**　王晓凤
出版发行　中国农业大学出版社
社　　址　北京市海淀区圆明园西路 2 号　　**邮政编码**　100193
电　　话　发行部 010-62818525，8625　　读者服务部 010-62732336
编辑部 010-62732617，2618　　出　版　部 010-62733440
网　　址　http://www.caupress.cn　　**E-mail** cbsszs @ cau.edu.cn
经　　销　新华书店
印　　刷　北京时代华都印刷有限公司
版　　次　2016 年 10 月第 1 版　　2016 年 10 月第 1 次印刷
规　　格　787×980　　16 开本　　13.75 印张　　250 千字
定　　价　30.00 元

国家中等职业教育改革发展示范校核心课程系列教材
建设委员会成员名单

主　编　关　红

参　编　吴　爽　崔　敏　于　影

序言

职业教育是“以服务发展为宗旨，以促进就业为导向”的教育，中等职业学校开设的课程是为课程学习者构建通向就业的桥梁。无论是课程设置、专业教学计划制定、教材选择和开发，还是教学方案的设计，都要围绕课程学习者将来就业所必需的职业能力形成这一核心目标，从宏观到微观逐级强化。教材是教学活动的基础，是知识和技能的有效载体，它决定了中等职业学校的办学目标和课程特点。因此，教材选择和开发关系着中等职业学校的学生知识、技能和综合素质的形成质量，同时对中等职业学校端正办学方向、提高师资水平、确保教学质量也显得尤为重要。

2015 年国务院颁布的《关于加快发展现代职业教育的决定》提出：“建立专业教学标准和职业标准联动开发机制，推进专业设置、专业课程内容与职业标准相衔接，形成对接紧密、特色鲜明、动态调整的职业教育课程体系”等要求。这对于探索职业教育的规律和特点，推进课程改革和教材建设以及提高教育教学质量，具有重要的指导作用和深远的历史意义。

目前，职业教育课程改革和教材建设从整体上看进展缓慢，特别是在“以促进就业为导向”的办学思想指导下，开发、编写符合学生认知和技能形成规律，体现以应用为主线，符合工作过程系统化逻辑，具有鲜明职教特色的教材等方面还有很大差距。主要是中等职业学校现有部分课程及教材不适应社会对专业技能的需要和学校发展的需求，迫切需要学校自主开发适合学校特点的校本课程，编写具有实用价值的校本教材。

校本教材是学校实施教学改革对教学内容进行研究后开发的教与学的素材，是为了弥补国家规划教材满足不了教学的实际需要而补充的教材。抚顺市农业特产学校经过十多年的改革探索和两年的示范校建设，在课程改革和教材建设上取得了一些成就，特别是示范校建设中的 18 本校本教材现均已结稿付梓，即将与同行和同学们见面。

本系列教材力求以职业能力培养为主线，以工作过程为导向，以典型工作任务和生产项目为载体，对接行业企业一线的岗位要求与职业标准，用新知识、新技术、新工艺、新方法来增强教材的实效性。同时还考虑到学生的起点水平，从学生就业够用、创业适用的角度，使知识点及其难度既与学生当前的文化基础相适应，也更利于学生的能力培养、职业素养形成和职业生涯发展。

本套校本教材的正式出版，是学校不断深化人才培养模式和课程体系改革的结果，更是国家示范校建设的一项重要成果。本套校本教材是我们多年来按农时季节、工作程序开展教学活动的一次理性升华，也是借鉴国内外职教经验的一次探索，这里面凝聚了各位编审人员的大量心血与智慧。希望该系列校本教材的出版能够补充国家规划教材，有利于学校课程体系建设和提高教学质量，能为全国农业中职学校的教材建设起到积极的引领和示范作用。当然，本系列校本教材涉及的专业较多，编者对现代职教理念的理解不一，难免存在各种各样的问题，希望得到专家的斧正和同行的指点，以便我们改进。

该系列校本教材的正式出版得到了蒋锦标、刘瑞军、苏允平等职教专家的悉心指导，同时，也得到了中国农业大学出版社以及相关行业企业专家和有关兄弟院校的大力支持，在此一并表示感谢！

教材编写委员会

2015 年 8 月

前言

本书可作为中等职业学校农村合作经纪人专业学生的专业核心课程教材，也可作为农村经纪人、农民专业合作组织、新型职业农民等的培训教材。本门课程依据中等职业学校农村合作经纪人专业人才培养方案的要求，遵从“情境教学”“任务驱动”“教、学、做一体化”等教学思路，设计全书内容。

本书坚持理论以“必需、实用、够用”为度，力求体现农产品营销理论与农产品营销实践的融合。在教学研究和实际调研的基础上，吸收了国内外最新的农产品营销理论与农产品营销实践经验，按照农产品市场营销工作所需要的基本技能设计学习领域，提炼基本工作任务，设计相关学习情境。全书划分为认识农产品营销、农产品营销策略、农产品市场营销实例、农产品电子商务、农产品网络营销五个学习情境。

本书在编写过程中，参考和借鉴了国内外同行的相关论著，在此表示感谢。

本书由抚顺农业特产学校关红老师担任主编并统稿。抚顺农业特产学校吴爽、崔敏、于影老师撰写了相关章节的初稿，并提出了很多宝贵意见。由于时间仓促和编者水平有限，书中难免有疏漏与不足之处，敬请读者提出宝贵意见，以便及时修改与完善。

编者

2015 年 3 月

目录

学习情境一　认识农产品营销 …… 1
任务一　农产品市场营销概述 …… 1
任务二　农产品市场营销环境分析 …… 9
任务三　农产品消费需求分析 …… 17
任务四　现代农产品营销观念 …… 18
学习情境二　农产品营销策略 …… 28
任务一　农产品市场调查和网络市场调查 …… 28
任务二　农产品营销渠道 …… 32
任务三　农产品营销定价 …… 44
任务四　农产品促销 …… 54
学习情境三　农产品市场营销实例 …… 68
任务　　蔬菜市场营销 …… 68
任务二　禽蛋市场营销 …… 82
任务三　水产品市场营销 …… 94
任务四　谷物市场营销 …… 99
任务五　畜产品市场营销 …… 104
任务六　有机农产品市场营销 …… 125
学习情境四　农产品电子商务 …… 141
任务一　农产品电子商务概述 …… 141
任务二　农产品电子商务发展 …… 147
任务三　农产品电子商务网站建设 …… 158
学习情境五　农产品网络营销 …… 177
任务一　农产品网络营销概述 …… 177
任务二　农产品网上销售 …… 188
任务三　农产品微信营销 …… 197
参考文献 …… 207

学习情境一　认识农产品营销

【职业能力目标】

知识目标：认识农产品营销。

熟悉农产品市场营销环境。

能力目标：准确把握消费者的市场需求信息。

树立现代农产品营销的观念。

【情境任务导入】

什么是农产品市场营销？

如何树立现代农产品营销观念？

任务一　农产品市场营销概述

【引导案例】

案例一　4分钱的大白菜

2006年，陕西省三原县高渠乡同义村菜农周来生种了200多亩（1亩≈666.7 m^2，下文同）大白菜。一块地是1.5亩，单棵大白菜重6～7 kg。进入11月份，由于大白菜销售困难，这块地的大白菜外皮已经干枯，部分菜心已开裂；另一块地有1.6亩，这块地大白菜长势比那块地还好，单棵大白菜一般都在8 kg左右。10多天前，大白菜每千克批发价约0.12元，1周前，每千克批发价为0.08元。周来生说，即使这个价也没有人来收购。因为要腾地栽洋葱，3亩地的大白菜被扔掉。在同义村，有周来生这样遭遇的农民比比皆是，被菜农倒掉的烂白菜，从路旁到水渠，遍地都是，看了着实让人心疼。

无独有偶，陕西省泾阳县蒋路乡姚家村村民段百利，种了3亩大白菜，入秋后，费了很大劲，卖出去不到1/4。单棵3.5～4 kg重的大白菜被剥的只剩下嫩嫩的一部分，但还是卖不动。到菜地收购价每千克0.04元，送到市场每千克是0.06元。从泾阳县城到省东一路，处处可见烂在地里的大白菜。据悉，2004年，由于气候比较好，风调雨顺，大白菜长势好，产量高，农民获得大丰收。但是，与往年不同，2004年来泾阳县买大白菜的外省客商却是寥寥无几，大白菜销售困难，农民丰产不丰收。

思考题

结合案例分析：如何破解“农产品丰产不丰收”的难题？

案例二 新鲜鸡蛋引发购买风潮

山东有个生态养殖有限公司的孟老板，有段时间为了自己家生产的鸡蛋发愁，因为现在市场上的竞争很激烈，自己家的产品没有什么优势。孟老板想到以前在国外的超市里1周内的鸡蛋价格非常贵，但是超过1周的鸡蛋就会降价处理。在国内要想吃新鲜的鸡蛋也有一个时间过程，从农场到经销商，从经销商再到超市，从超市再到老百姓，这一过程需要花费10天左右的时间。孟老板决定从新鲜入手，效仿社区送新鲜牛奶的做法，采用直销的方式从社区开始。在社区咨询时，有消费者会问：“打电话你们就可以送来吗？”孟老板回答：“可以。你家一个月要订多少蛋，每天要多少都可以，我们可以像送奶一样送。我们的蛋箱发给你们。你们每天可以开箱取鸡蛋，一个月收一次钱。”有的消费者会质疑鸡蛋是不是当天新鲜的，孟老板回答：“山东省有几万户订我们公司的鸡蛋，我们每天从山上采集好，把鸡蛋集中送到一个地点，然后由这个地点派送给各个地方。我们每天都派送，比超市的新鲜，时间都在2天内的，这个都可以保证。”鸡蛋不但新鲜，而且是先吃后付款。孟老板打出的这个理念迎合了大多数人的消费心理。就这样，孟老板每天不停地在社区、学校和幼儿园这些地方穿梭，不到3个月的时间，就赢得了近10万的固定消费客户。

思考题

试总结孟老板成功营销的原因。

【任务分析】

一、农产品营销的产生

从世界范围来看，在一些发达国家耕地面积相对富饶，人口相对少，人均可耕地面积多，采用机器大生产，实行规模化种植，造成农产品在某些品种上相对过剩。

从目前农产品的结构来看，大多集中在大宗产品的范围内。农产品的相对过剩需要以市场需求为基础，进行产品结构调整。从我国的现实情况来看，有些农产品的消费依靠进口，农业政策力度的加大，使得农业收成有了保证，农业品种的研究与开发以及肥料的适应，使得粮食产量大幅度上升。而人们的消费能力没有多大变化，同时消费结构也发生了一些变化，出现多样化的趋势。另外，中国的人口基数在下降。农业人口在减少，城市人口在增加。因此，国内的大宗农产品相对过剩。与此同时，世界经济全球化的趋势，以及中国加入 WTO 的影响，中国农产品市场将逐步走向世界，参与农业国际市场的竞争。面对国际市场需求，中国农产品的生产与经营需要营销观念的指导。

【知识链接】

营销不是销售，不是传统意义上的“卖东西”，不单是商业活动，它是个人和集体通过创造、提供出售并通过与别人交换产品和价值、以获得所需所欲之物的社会和管理的过程。

二、我国农产品市场营销的现状

改革开放以来，特别是我国加入 WTO 以来，农产品市场开始蓬勃发展。

（一）农产品市场体系已初步建立

近几年来，我国农产品市场建设发展迅速，农产品批发市场不断发展，类别逐渐增多，其中包括粮油市场、蔬菜市场、水产品市场、肉食禽蛋市场、干鲜果市场和农产品市场，数目基本稳定，交易额稳步上升。这主要是因为我国农产品交易市场在经历了十几年高速增长和规模扩大后，现正在逐步实现从数量扩张向质量提升的转变之中，流通规模上台阶，市场硬件设施明显改善，商品档次日益提高，市场运行质量日趋看好。

（二）农产品批发市场成为农产品流通的主渠道

覆盖了所有的大、中、小城市和农产品集中产区，基本形成了以城乡集贸市场、农产品批发市场为主导的农产品营销渠道体系，构筑了贯通全国城乡的农产品流通大动脉。目前大、中、小城市消费的生鲜农产品 80%～90%是通过批发市场提供的。农产品批发市场的大力发展，对于搞活农产品流通、增加农民收入、满足城镇居民农产品消费需求发挥着积极作用。

（三）以配送、超市、大卖场等为主的现代流通方式发展势头迅猛

超市作为一种现代新型营销业态在近几年开始涉足农产品销售领域，成为农

产品营销渠道体系的新成员，与传统的集贸市场在零售终端展开了激烈竞争。传统农贸市场"唯我独尊"的销售地位正备受挤压。另外，南京、广州、武汉、上海、成都等地政府也在大力推行"农改超"工程，打造高效安全的农产品营销网络，使之与城市经济社会发展相适应。

(四)农产品营销中介发展活跃，各种农产品购销主体逐步形成

个体户、专业户、联合体不断发展壮大。依托这些活跃在城乡各地的农产品营销中介组织，使得一家一户的小规模生产和大市场实现了对接，改变了过去产销脱节的尴尬局面，有效地缓解了农产品卖难的问题。他们的出现带动了上游生产基地的发展壮大，带领农民走向市场，帮助农民致富，对地区农业发展起到一定的积极作用。但是，我国农产品市场的发展与社会经济的发展还不十分协调，还存在一定的差距，有待进一步完善和改进。

(五)农产品市场基础设施建设和整体功能发挥尚需提高

整个农产品市场体系建设，除大城市的一些超市外，总体上基础设施较差。一些较大的批发市场，也仅局限于场地的硬化、简易的交易大厅和门店建设上，少数市场有储藏保鲜及加工设施，大多数市场缺乏相应的配套设施，如冷库、信息设施和加工储藏设备等。商品检疫、农药残留检测等更是凤毛麟角，不能满足现代营销需要。同时，市场也没有严格的准入制度，一般农民、小贩都可以进入交易，交易方式比较原始。多数市场只是简单地提供交易场地，收取管理费用，管理、服务手段落后，市场功能难以充分发挥，制约了农产品货畅其流。

(六)农产品市场营销的结构性矛盾比较突出

就目前来看，我国农产品大路货、初级产品过剩，优质、特色精深加工产品供应不足，属于结构相对过剩。以蔬菜为例，几年来全国蔬菜的种植面积和产量急剧增加，产量占世界60%多，但精品不多，品牌不够响；市场上初级、低档次产品严重过剩，经过精细加工、高档次、高科技含量产品仍然偏少，农产品加工增值远远低于国际水平。

(七)农产品品牌、商标意识有待进一步提高

20世纪90年代中期，随着很多地方品牌战略的实施和向农产品领域的延伸，不少农产品开始使用品牌、商标，但大多数是注重商标、品牌的识别功能和促销功能。虽然品牌化的农产品越来越多，鲜肉、活鱼都有了商标，连鸡蛋也贴了商标卖，但经营者对品牌的信息传递功能、价值功能、形象功能等还认识不足，不少农产品品牌缺乏个性特色，停留于简单模仿，单调雷同，不易于记忆和传递品牌信息，更谈不上树立品牌形象，创造品牌价值。

(八)农产品市场营销创新还难以适应消费需求变化

我国农产品市场虽有了长足的发展,许多地区农产品已走上了国际市场,但是从市场营销的角度看,国内市场农产品营销还不够规范和科学,营销观念还比较陈旧,与市场实际还有一定的差距。当务之急,我们需要与时俱进,推动农产品市场营销的创新,即从传统观念转到以市场需求为中心的现代市场营销观念上来,变“生产什么,消费什么”为“市场需要什么,我才生产什么”“市场需要什么档次的产品,我才生产销售什么档次的产品”。实现种得好、卖得俏、销得多、农民收入高的目的,让参与农产品市场营销的各个环节都有利可图。

三、农产品营销的概念

1. 农产品营销的概念

农产品营销是指农产品生产者与经营者个人与组织,在农产品从农户到消费者的流程中,实现个人和社会需求目标的各种农产品创造和农产品交易的一系列活动。

2. 农产品营销概念的内涵

①农产品营销的主体内涵是农产品生产和经营的个人和组织。从渠道类型来说,包括生产者和各种形式的经营者(代理商、批发和零售);从主体的组织构成来说,包括个体、群体(比如合作社、协会)和各种形式的正式组织(比如公司、企业)。

②农产品营销活动包括在农产品从农户到消费者的整个流程中,贯穿于农产品生产、流通、交易的全过程。

③体现了一定的社会价值或社会属性,最终目标是满足社会和人们的需求和欲望。农产品的生产与流通其实是个人和组织的一定经营行为,是为获取商业利益而进行的活动。但是商业活动的目的必须是从消费者的立场出发去经营和生产,因此它们是一种满足和提高人们物质文化生活水平的活动。

四、农产品营销的特点

1. 营销产品的生物性、自然性

农产品是从农业中生产的产品,农业是社会历史发展最初形态就有的行业,具有原始性。因此它们生产的产品是来自自然的,是产品的最初形态。如蔬菜、水果、鲜肉、牛肉、花卉等,具有鲜活性、易腐性(不易储存),并容易失去鲜活性,如花卉鲜活性仅几天。农产品一旦失去鲜活性,价值就会大打折扣。而且某些农产品的体积较大,单位重量的价值低,如木材、冬瓜等。

2. 农产品供给季节性强，短期总供给缺乏弹性

比如蔬菜、粮食的生产普遍都是在春季播种，夏季和秋季的时候收割，这种农产品生产的先天固定时间使得农产品的供应都有定期的时间。如果在春季想吃到夏季出产的农产品，整体市场普遍供给不足。虽然现代科学技术缩短了农产品的生长周期，改变了农产品的上市时间，出现了一些反季节的蔬菜、水果，但总的来说农产品供给的季节性是其主要特点。

3. 农产品需求大量性、连续性、多样性，但需求弹性小

第一，农产品是人们生活的基本保障，现在人们可以选择的农产品是丰富的，仅主食产品就有米、面、土豆、红薯等。菜类有荤菜和蔬菜。荤菜有各种肉，蔬菜有包菜、黄瓜、番茄、白菜等。这些都是人们每天三餐常见的、都需要的食物，所以对农产品需求是大量的、连续的。

第二，由于人们的偏好不同，对农产品的需求是多样的，同时，许多农产品效用彼此又是可以替代的。例如，牛肉和羊肉都可以满足人们对于动物蛋白质的需求；用棉花、羊毛织成的面料都可以制成衣服供人们御寒等。

第三，由于人们每日需求的蛋白质和热量是基本不变的，因而农产品尤其是食品的需求弹性较小。人们不会因为农产品价格变化，而在某一期间对农产品的基本需求量发生大的改变。

4. 大宗主要农产品品种营销的相对稳定性

农产品生产多是有生命的动物和植物的生产，其品种的改变和更新需要漫长的时间，如主食产品类的米、面，荤菜类的猪肉；蔬菜类的包菜、黄瓜、番茄、白菜等，都是大众化的、常用于生活饮食的，这些农产品的需求和供给，具有稳定性的特点。

5. 政府宏观政策调控的特殊性

农业是国家的第一大产业和基础产业，是人们基本生活资料和维持生存与发展的保障，由于农业生产的分散和农户抵御市场风险能力的有限性，所以政府需要采取特殊政策来扶持或调解农业生产经营。

五、农产品营销的功能

(1)交易功能　农产品营销活动包括在农产品从农户到消费者的整个流程中，贯穿于农产品生产、流通、交易的全过程。体现了一定的社会价值或社会属性，最终目标是满足社会和人们的需求和欲望。

(2)形态改变功能　农产品营销是将土地和种子转化为满足人们需求的物质商品，实现市场价值。

(3)空间转移功能　农产品营销可将散布在世界各农村地区的农产品集中到一些批发市场、零售超市、菜市场,从而呈现在人们的餐桌上。

(4)价值增值功能　农产品营销通过农产品的生产与经营、分类与加工、储存与运输,实现自身的市场价值(劳动价值,凝结在商品中无差别的人类劳动)。这个价值里面既包括产品本身的价值,也包括服务价值。

(5)满足消费者需求功能　农产品营销是实现个人和社会需求目标的各种农产品创造和农产品交易的一系列活动。因此,它的最终目的是满足人们的物质文化需求。

(6)组织和风险回避功能　农产品营销必须面对市场竞争,了解市场环境,根据环境的变化来进行资源的分配供给,是对市场风险的回避,是对机会的追求。

六、农产品营销的基本职能

(1)集货职能　将分散的农产品集中起来,进行批量运输。集中到各大批发市场和卖场,在进行分散销售。其路径是:农户—商贩—大经销商—批发市场和卖场—消费者。

(2)分级职能　将农产品按照一定的标准进行分级,便于分级定价,保证质量。

(3)储藏职能　农产品从农户到消费者中间不是完全对称的数量,在面对供给大于需求的市场环境时,农产品必须储藏起来,便于协调生产经营的供给与需求。

(4)加工职能　农产品具有原始和自然的特性,要摆上市场进行销售,必须进行一定的加工,包括初级加工和深加工。

(5)包装职能　做好农产品的包装,便于促进销售和运输的作用。

(6)运输职能　农产品从农户到消费者的整个流程中,贯穿于农产品生产、流通,这种空间位置的转移需要运输。

(7)分销职能　农产品只有放到各个分销场所才能促成销售。比如批发市场、菜市场和零售超市等。

(8)消费者服务职能　在伴随着农产品销售的过程中,附加的各种服务。

七、农产品营销的基本要素

1. 农产品基地

安全、优质、有特色的农产品基地建设是市场营销的基础,只有建立稳定的基地,才能培育出稳固的市场,否则营销就成了无源之水。基地建设不仅能解决农业龙头“无米之炊”的困扰,而且也为“公司+基地”的可持续发展打下坚实的基础。

在基地建设上要特别注重突出安全、优质和特色，发展无公害、绿色和有机食品基地，与国际接轨。

2. 农产品营销队伍

农产品营销队伍是农产品市场营销各环节中最活跃的因素。培养造就一批能开拓国内外市场的农产品营销人员队伍，提高其组织化程度，充分发挥他们的主观能动性和创造性，就能推动农产品市场营销的发展。对农产品营销队伍要加强培训，使他们树立现代市场营销观念，具备现代营销组织能力和营销气魄，能够创造性地开展农产品营销。

3. 农产品行业协会

行业协会是会员自愿参加的跨部门、跨所有制的非营利性、自律性行业组织，拥有独立的经济社团法人。农产品行业协会既是政府的助手，又是农业龙头企业合法利益的代表，通过协会的桥梁纽带作用，可以畅通农产品营销渠道，实现政府、协会的桥梁纽带作用，可以畅通农产品营销渠道，实现政府、企业、农民在农产品市场营销中的共赢。

4. 市场定位

不同地区的农产品市场有不同的特点，不同地区的居民也有着不同的消费习惯。农产品市场营销必须准确把握市场脉搏，按照市场营销目标的要求，对市场进行细分定位，做到有的放矢。随着经济快速发展，市场需求也在不断地变化，要通过市场调研，及时了解细分市场的需求变化，迅速调整市场定位，提供最优产品组合。

5. 农产品品牌

农产品品牌化经营在我国刚起步，要认识到农产品品牌的促销效应、获利效应、竞争效应和扩张效应，努力改变农产品品牌发展滞后于工业品品牌发展的现状。现在发达国家农产品是一流的产品、一流的品牌、一流的价格，而我们国家农产品都是一流的产品、三流的品牌、三流的价格，利润空间的差距可想而知。要努力增强农产品品牌意识，加大品牌宣传力度。除了企业和农民自身的宣传，地方政府也要积极做好特色农产品的宣传，扩大知名度，提高市场占有率，充分发挥品牌作用。

6. 农产品营销网络

既要建立农产品营销有形市场网络，如批发市场、配送中心、生鲜超市等，又要适应新形势，建立无形市场网络。顺应网络经济迅猛发展的新形式，努力发展网上农产品营销，搭建网上农产品营销平台，实施电子商务，努力推动农产品更多地走出国门，使中国农产品在世界市场上占有越来越多的份额。

任务二 农产品市场营销环境分析

【引导案例】

赚钱的菜心

增城菜心是增城传统农家品种，素有“菜心之王”的美誉，是中国蔬菜知名品牌，获得“广东人民最喜爱土特产”称号。小楼镇蜡布村、东境村、西境村等地种植最多，品质好。一般从农历八月栽种，90～120天后收割，生长期长。一般的菜心一棵不过50 g，而增城菜心到收割时每棵菜心都有500 g左右，最重的有1 kg重，增城菜心因在农历霜降后才大规模上市，比一般地区的菜心都要晚收割，成为菜心市场上迟来的菜心，所以又被称为增城迟菜心、迟心菜。其最大的特点是植株高大，菜心粗壮，清新爽口，甜美鲜嫩，营养丰富，无论是炒、煮还是滚烫、煲汤，吃起来都是清脆爽口，鲜甜美味。

迟心菜变得如此珍贵，还是近些年的事。以前，蜡布村村民以种果树为主，菜心只是在果树下少量种植。1999年，村里遭遇了一场特大霜冻，很多果树都被冻死了，而树下的迟心菜却丝毫未损。不仅如此，人们还意外地发现菜心的一大特色——经过霜冻之后的迟心菜相比以前越发香脆甜爽，天气越冷它越好吃。从此，蜡布村种菜心的人渐渐多起来了，但始终没有形成气候，这是因为迟心菜生长期长，个头较大，没吃过的人都以为它很老。

迟心菜虽然品种和味道都很独特，但是因为缺乏推广并没有得到市场的认可。2004年8月份，增城市政府决定举办一个节来打造迟心菜，可接到通知的小楼镇政府却非常没信心，很有顾虑：迟心菜没有什么人知道，这个迟心菜到底能不能办一个节？

当时全村迟心菜种植面积只有几百亩，连个对外展示的基地都没有。镇政府马上召开会议，争取村民的意见，村民们巴不得有更多的人知道自己的迟心菜。镇政府因势利导每亩补助50元，使几百亩的迟心菜迅速扩大到1 000亩。村民们从来也没见过这么大面积的迟心菜种植，凭一个节能推销出去吗？这时不管是村民还是干部心里都有点打鼓了。

村民之所以担心，归根到底是因为迟心菜没有知名度。于是，小楼镇政府开始为菜心节提前预热，开始宣传攻势，邀请了20多家媒体的记者来看基地，品尝菜心。媒体的宣传作用巨大，迟心菜的独特和美味终于引起了很多人的青睐。菜心节前一个月菜价从四五角1斤(1斤=500 g)一下就涨到了三四元钱1斤。很多商家、酒店去村里抢购菜心,无形中价格就上来了。

2004年12月25日首届菜心节召开,广州、深圳、东莞等地的市民蜂拥而至,都来尝尝这看起来老吃起来嫩的迟心菜。为此,镇政府采取了一个办法,给增城的酒家免费提供菜心,让他们炒出菜心免费给前来的市民吃。迟心菜的名气大了,农民的积极性高了,赚的钱也更多了。让村民没想到的是迟心菜还没出田头,就被抢购一空了。一个节炒红了一棵菜,仅一年的时间蜡布村菜心种植面积从1 000亩增加到3 000亩,种1亩迟心菜收入最少在四五千元,2005年蜡布村这个6 000人的小村子收入增收1 000多万元。

增城自2004年举办首届菜心节后,每年的12月22日(冬至)前后都举办菜心节。增城菜心节新闻发布会2007年走进北京人民大会堂,2008年走进广州正佳广场,2009年走进中国香港地区,均引起轰动。

增城市在广州正佳广场举行"2008中国广州增城菜心菜节新闻推介会暨菜心直销签约仪式",宣传推介增城迟心菜。推介会上,小楼镇农副产品配送中心与广州市邮局签订了增城菜心配送协议,与物流公司、经销公司签订了经销协议,与10家宾馆、酒家签订了直销协议。此后,配送中心与迟心菜生产基地建立紧密合作关系。形成了产业化、专业化、网络化、现代化等一条龙蔬菜绿色加工通道。通过配送中心,增城迟心菜以"仙境"牌销往珠江三角州,甚至全国各大城市,以品牌、品种、产量的优势,占领了绿色、生态特色蔬菜市场的制高点。

思考题

增城迟心菜成功营销的因素有哪些?

【知识链接】

市场构成要素:市场=人口+购买力+购买欲望。

【任务分析】

一、农产品市场营销环境的含义

我们常常听到周围的朋友谈到这样的话题:"现在的市场很难做,市场真是太疲软了"等。我们不否认国家宏观经济大环境等外界因素的影响,但只要静下心来,看一看周围的市场,仍然会看到一些做得很成功的企业。其实,市场难做的根本原因就在于企业没有市场细分的概念,导致企业参与同一种产品的竞争,产品大同小异,在局部市场商品供大于求。谈不上产品差异战略,更无竞争优势可言,最后落入价格战中难以自拔。一个企业应该学会有所为,有所不为。有句话说得好:"只有疲软的企业,没有疲软的市场。"但同时我们也承认,影响农产品市场环境的因素与任何一个有机体一样,企业处在一定的环境中,其生产经营活动受到外部的环境限制。环境是企业赖以生存的基础,同时也是企业制订营销策略的依据。

农产品市场营销环境是存在于企业营销部门外部的不可控制的因素和力量,这些因素和力量是影响农产品生产与经营的企业营销活动及其目标实现的外部条件。农产品营销环境是农产品企业营销活动的制约因素,营销活动依赖于这些农产品营销环境才能正常进行。

其具体表现在以下几方面。

第一,农产品营销管理者虽可控制企业的大部分营销活动,但必须注意农产品营销环境对营销决策的影响,不得超越环境的限制。

第二,农产品营销管理者虽能分析、认识营销环境提供的机会,但无法控制所有有利因素的变化,更无法有效地控制农产品营销竞争对手。

第三,由于农产品营销决策与环境之间的关系复杂多变,农产品营销管理者无法直接把握企业营销决策实施的最终结果。

此外,农产品营销企业的营销活动所需的各种资源,需要从环境许可的条件下取得,农产品营销企业生产与经营的各种产品,也需要获得消费者或用户的认可与接纳。

(一)农产品营销环境的定义和分类

1. 农产品营销环境

农产品营销环境就是专指存在于农产品经营企业外部,影响其销售活动及目标实现的各种因素的总和。营销环境由微观营销环境和宏观营销环境构成。

2. 微观营销环境和宏观营销环境的含义

(1)微观营销环境　由与企业联系紧密,影响其服务目标顾客的能力的单位组成,这些单位或多或少与企业有直接的经济关系,也称直接营销环境,或作业环境。

(2)宏观营销环境　由影响企业相关微观环境的大型社会因素构成,宏观环境主要通过微观环境来实现其对企业的影响,所以被称为间接营销环境。

3. 微观营销环境和宏观营销环境的关系

二者不是并列关系,而是主从关系,微观营销环境受制于宏观营销环境,微观营销环境中的所有因素都要受宏观营销环境中各种力量的影响。

(二)农产品营销环境的特征

1. 复杂性

企业面对微观环境中,农户数量多、文化程度差异大、关系复杂,给农业企业经营带来很大困难。农产品微观营销环境中的其他因素之间、宏观环境各因素之间以及微观、宏观环境之间也存在相互影响，并且各因素不断变化，这给农业经营企业带来很大的困难。

2. 动态性

随着我国经济结构的调整，"三农"问题受到了党和国家的极大重视，农业在我国得到优先发展。我国农业企业的营销环境也在不断变化，如农业生产规模的不断扩大、农业发展更加可持续化、农业市场运行市场化加强、消费者更加注重绿色消费等。一方面，营销环境的动态性要求农业企业时刻关注营销环境变化的变化，不断调整自己的经营策略；另一方面，营销环境的变化也是有规律的，我国农业企业应该在营销活动中认识环境变化的规律，增大营销成功的可能性。

3. 客观性

环境是独立于农业企业而客观存在的，不依赖于农业企业主观意识。一方面，农业企业无法摆脱和控制营销环境，农业企业只能适应和利用客观环境；另一方面，农业企业可以主动适应环境的变化和要求，制订并不断调整市场营销策略。

二、农产品营销环境分析

(一)微观营销环境的要素及作用

微观营销环境大体包括以下要素。

(1)企业内部环境　研究开发、采购、制造、市场营销。

(2)营销渠道环境—渠道成员　供应商、中间商。

(3)顾客　根据顾客的类型不同，可以将顾客分为生产者市场，就是以农产品为原料进行初级加工和深加工的企业；消费者市场，指以农产品为食品的消费者；中间商市场，指从事农产品经营管理与流通等中间环节环境服务的工作人员和市场；政府市场；非营利性组织市场。

(4)竞争者　根据波特的五力竞争分析模型，这些竞争者包括行业内竞争者、替代品竞争者、潜在加入者、原材料供应者、购买者。

(5)公众　融资公众，指在农产品生产与经营领域进行投资的人员；媒介公众，包括电视、报纸、广播、网络、手机等媒体，他们从事农产品生产与经营活动中报道信息的作用；政府公众；社团公众；社区公众；一般公众；内部公众，从整个农产品生产的角度看，农户是具有相同利益的群体，在从事农产品生产与经营的企业来讲，就是企业内部的员工和管理者。

(二)宏观营销环境的要素及作用

宏观营销环境包括政治环境、法律环境、经济环境、人口环境、生态环境、社会文化环境、科学技术环境。

1. 政治环境

(1)农业补贴　一是对生产农产品的补贴。鼓励农民对某类农产品的生产,比如对生产稻谷品种的补贴,对生产生猪的补贴。二是对改变耕种方式的补贴。比如对使用农机的补贴。三是对防范风险的补贴。提高农产品生产收益的稳定性,防止谷贱伤民。

(2)一号文件　重视农业的地位,加大农业的投入,提高农业现代化水平,保证农民的收入,稳定农业的发展。

(3)以工哺农战略确定　加强农业耕种收割的机械化水平,增强对病虫害的防治,改善农业的基础设施,提高农业种植技术水平和品种研究开发水平。

(4)口号农业地位改善　对于农产品的国际市场营销活动来讲,外部的政治形势,国内的安定团结,党的方针、政策都会影响农产品的生产与销售。如政治权力与政治冲突、进出口限制、外贸政策、外汇控制、劳工限制、绿色壁垒。

2. 法律环境

①已经颁布了大量相关法律:环境保护法、产品法、消费者权益保护法、价格法、广告法、计量法、反不正当竞争法等。这些法律、法规也是适用于农产品市场的。

②农产品营销需要更多法律规范。

③农产品批发法。

④有关农产品生产的完善。

⑤有关农民组织的农民合作法,现只有地方规章。

农产品生产与经营的企业必须熟悉国家或地方政府颁布的各项法规、法令和条例等,这样既可保证自身依法经营,也能用法律保护自己的权益。同时,对于国际市场营销的农产品企业,应注意农产品的国际法律制度、国际惯例和准则等。

3. 经济环境

(1)经济全球化　面对国外农产品进入中国市场,他们的品种、质量与价格对中国内地的农产品造成极大的竞争态势。同时,中国的农产品也应该借助于国际市场的开发格局,提高农产品生产的水平,走出国门,进入世界消费领域,积极地参与国际农产品市场竞争。

(2)国内购买力　目前,随着经济的发展,人们工资水平的提高和就业机会的增多,居民人均收入水平提高。用在农产品消费上的资金会有一定程度的增加,随着农产品结构的调整和农产品多样化食品的开发,人们在农产品消费方面的支出将会有更大幅度的上升。目前,人们富裕和贫富差距拉大同时出现。收入的差距影响农产品结构的调整和产量的提高。在整个消费者的收入部分用于农产品消费的支出只占据很少的一部分，即随着人们收入水平的上升，人们用于基本生活消费支出的比例将会大大降低。恩格尔系数的降低，反映中国人的生活方式改进了，生活水平极大地提高了。

(3)消费模式　人们的消费质量得到了提高，由温饱时代的吃饱逐步过渡到小康社会的吃好；人们不仅把农产品消费作为一种物质消费，更作为一种文化消费，把农产品的吃与娱乐相结合；一般农产品的消费模式向便捷、高效转变，逐步改变传统的一大桌菜花费相当多的时间去消费，现代生活节奏的加快和人们消费的精细化程度的提高，使农产品消费更注重速度和效率。

4. 人口环境

当前中国和世界的人口环境在发生变化。从总体上看，中国人口稳中有所下降，但经济发展水平极大提高，供给充足。

(1)世界人口总量的增加使粮食供求有缺口　中国已经基本解决温饱问题，已逐步迈向小康社会，大宗农产品供给充分，农产品结构需待调整。

(2)人口流动与人口结构　老年市场逐渐形成，农村富余的青壮年劳力转移到城市，农村人口结构的变化，推进了农业现代化水平的发展。

(3)地理分布　目前中国内地的人口出现不均衡的发展现象。中东部和经济发达的地区，人口相对密集，西部地区和经济欠发达地区，人口相对稀疏。农产品地区发展不平衡，西南、中原、东北等地区是中国的农产品丰富和富余的地区。

(4)家庭组成　中国目前的80后、90后，主要处于三口之家和单身、两口之家的阶段，他们更喜欢消费。

(5)人口性别　中国目前总体上男性人数多于女性人数。

5. 生态环境

在以前粗放经营方式下，我国农业发展伴随着自然资源的恶化，如多种资源短缺、环境污染严重、能源成本上升、土地沙漠化、盐碱化严重等，不利于农产品的生产，农民身体健康受到侵害，影响农业劳动力市场的发展；土地资源的恶化，使得部分农产品质量下降；国际贸易的标准和规范，使得中国农产品的国际市场营销受到制约。由于农业生态环境在农产品生产中的重要地位，我们必须提倡和推进社会营销观念的产生和发展，大力发展绿色农产品。为此，我们应该先以农业生态资源的可持续性发展为指导，加强环境保护，建设生态农业环境等。

6. 社会文化环境

农产品的生产与经营活动受到社会文化环境的影响，社会文化环境影响人们的消费方式和消费导向。社会文化环境包括以下几个方面。

(1)教育水平　教育水平越高,对生活质量要求越高,生活态度和生活方式也会不一样。

(2)宗教信仰　宗教是人们的一种信仰和崇拜,是一种生活态度和一种生活禁忌。生产和经营一种被宗教信仰所禁忌的农产品,是没有市场机会的。比如在伊斯兰教宗教信仰地区,向人们出售猪肉是绝对没有市场的,反而会引起消费者的反感,如果经营其他的农产品,则是受欢迎的。

(3)价值观念　人们价值观念的不同影响人们对农产品消费的选择,低碳时代的倡议者,他们会选择低碳的食物;追求时尚和淳朴的生活价值的人们,会选择不同的农产品作为消费对象。

(4)消费习俗　不同的消费习俗影响人们对农产品的选择,影响农产品的销售量。比如在南方和北方,人们对饮食的要求是不一样的。四川的人们喜欢麻辣口味,因此对这类农产品的需求更多,这个地方更适宜种植此类农产品。

(5)消费者流行理念　比如人们认为吃大蒜对身体健康有利,则流行吃大蒜;吃黄瓜对皮肤好,则流行吃黄瓜。

7. 科学技术环境

科学技术是第一生产力,同样的道理,农业生产与经营管理方面科技水平的发展对农产品经济的发展有巨大影响。一种新的农产品技术的应用,可能为农产品生产与经营的企业创造一个明星产品,产生巨大的经济效益,也可能迫使企业的某种传统农产品退出市场。新的农产品技术的应用,会引起农产品营销策略的变化,也会引起农产品经营管理的变化,还会改变农产品零售商业业态结构和消费者的购物习惯,影响企业管理水平的提高。

三、影响农产品市场环境的因素

(一)经营者自身因素的影响

经营者为使产品顺利地销售出去,必须设立营销部门,并有效地开展工作。一是营销部门必须在高层管理部门所规定的职权范围内做出决策,所制订的计划在实施前要征得高层管理部门的同意;二是营销部门的业务活动与其他部门的活动息息相关,营销部门的工作,必须与其他职能部门相互配合和协作,才能取得预期的效果。

(二)供应商的影响

供应商是向经营者及其竞争对手提供特定产品的个人或企业。资源供应商对营销活动产生以下几项影响。一是资源供应商的可靠性,资源供应的保证程度,影响产品交货期和销售量；二是供应资源的价格变动趋势，影响产品的成本；三是供应资源的质量水平，影响产品质量。供应商还可分为竞争对手的供应商和合作伙伴的供应商。无论哪种类型的供应商，营销人员都应对他们进行理性分析，以便进行有效管理。

（三）营销中介的影响

营销中介是指协助经营者将产品推销给最终购买者的所有中介单位。多数情况的经营者的产品要经过营销中介才能到达目标顾客手中。常见的营销中介有以下 4 种类型。

（1）中间商　中间商在经营者营销活动中起重要作用。它能帮助我们寻找顾客并直接与顾客进行交易，从而完成生产者向消费者的转移。

（2）实体分配公司　主要包括将货物运往下一个目的地之前，专门储存和保管的仓储公司和负责把货物运往另一个目的地的运输公司。

（3）市场营销服务机构　这些机构包括营销咨询机构、广告公司、调研咨询服务机构以及各种广告媒体。这些机构协助经营者选择目标市场，帮助推销产品。

（4）金融机构　包括银行、信贷公司、保险公司等。它们为经营者和顾客之间的交易融通资金，并显著影响营销活动。

（四）消费者的影响

消费者是购买经营者产品的人。消费者群体即是市场，分为消费者市场、生产者市场、中间商市场、政府和非营利市场、国际市场 5 种类型。农产品经营者应明确目标消费者的特点，制订适当的营销策略，加大产品宣传，引导消费，扩大销售，提高市场占有率。

（五）竞争者的影响

企业要想在市场竞争中获得成功，就必须能够比竞争者有效地满足消费者的需要和欲望。竞争者包括：一是愿望竞争者，即消费者想要满足的各种目前愿望；二是一般竞争者，即能满足购买者某种愿望的各种方法；三是产品形式竞争者，即能满足购买者某种愿望的各种产品的形式；四是品牌竞争者，即能满足购买者某种愿望的同种产品的各种品牌。

（六）社会公众的影响

社会公众是指对经营者实现其市场营销目标构成实际的或潜在的影响的任何群体。

任务三　农产品消费需求分析

【引导案例】

案例一　受热捧的"东北菜"

众所周知，中国南北方的差异使得人们的饮食口味也不尽相同。比如南方菜都是有点甜味的，广东一带喜欢喝汤等。北方食物以农产品为主要特色，其中东北菜的特点是价廉量大，用料广泛，火候足，滋味浓郁，以炖菜为主。代表菜有白肉血肠、锅包肉、东北乱炖、猪肉炖粉条、小鸡炖榛蘑，等等。近几年，很多东北人在广州、深圳一带开的东北农家菜馆大受欢迎。深圳的闹市区有一家东北农家菜，每天到饭点人满为患，老板不得不想出发号排队的方法来缓解客流。饭店门前摆放一排椅子，专供食客们等位使用。菜馆老板就是找到了南北方菜系的互补和消费者的需求，才使得生意红红火火。

案例二　薄薄的海带做到几百种产品销售

荣成市新诚山昆布食品有限公司收割了 5 000 t 海带，由于没有加工设备和技术，海带在简单的晾晒盐渍或做成海带丝之后，以平均每千克 2 元多的价格低价卖了出去。老板李健想自己的海带能不能翻身卖点高价呢？偶然想到 1999 年在日本的一家海产品展览馆里，一个人一手拿着一条 3 m 长的海带，一手拿菜刀，从那条几毫米厚的海带上，剥下 20 层的海带膜。受此启发，2003 年李健做出了大批海带膜、海带板以及海带糖等海带产品，但由于日本对海带进口实行严格的配额限制，李健只能寄希望于国内市场。

思考题

农产品的消费需求受哪些因素影响？试举例说明。

【任务分析】

一、农产品消费者

农产品消费者是农产品的最终归宿。作为农产品经营者都要研究农产品消费者市场，因为他们最终服务的对象是农产品消费者。它是一切农产品市场的基础，如果一个农产品经营者不掌握农产品消费者的情况，势必影响经济效益。

二、农产品需求

农产品需求是指农产品消费者对农产品有支付能力的愿望和要求。有了农产品的需求，才能使农产品经营者的经营目标得以实现，农产品经营者的营销决策和营销方案才有实施的可行性。

三、农产品消费者的需求类型

1. 对农产品食用功能的需求

农产品是食物的基础来源，消费者购买农产品，首要的前提是某种农产品具有的能够满足其温饱及能够给其身体带来营养价值的功能。这是农产品被生产和销售的基本条件，也是消费者的基本需求。比如消费者购买大米、白面，主要是为了解除饥饿，满足自身对食物能量的需求。

2. 对农产品安全性能的需求

消费者购买任何消费品都得要求产品安全可靠，对身体各方面没有危害。对于食用的农产品更是如此，追求消费安全是农产品消费中的一项基本需求。

任务四　现代农产品营销观念

【引导案例】

案例一　滞销的干辣椒

山西省绛县盛产朝天椒，2004 年种植面积已达 30 万亩。在绛县古绛镇一带，已形成大面积连片的辣椒园，年产辣椒 150 万 kg，成为当地的支柱产业。往年辣椒平均售价为 10～12 元/kg，有时高达 20～28 元/kg，然而，2004 年入秋以来，辣椒价格却跌至 6～7 元/kg，且无人问津。往年四川、湖南、广东、浙江、山东等地的大客商前来收购，而 2004 年不知何故，大客商没有来，一些零星的个体商贩趁机压低价格，挑肥拣瘦，农民简直无法出售。这种市场行情无疑是对“辣椒之乡”的一次沉重打击。在绛县古绛镇，三三两两采摘朝天椒的农民一脸愁容，古绛镇沟楞村村民张军说：“如果今年的辣椒实在卖不出去的话，明年真不知该种什么才好。”

思考题

分析上例，说一说你有什么办法解决村民的难题？辣椒滞销的原因是什么？

案例二 树苗的困扰

宁夏回族自治区泾源县2004年有6 000亩树苗滞销，其中落叶松有2 000亩。前几年宁夏回族自治区固原市退耕还林面积大，对树苗需求量大，一些农户通过育树苗赚了钱，从而吸引了越来越多的农民，需求量也随之锐减。可是，农民育树苗的积极性却有增无减，因而出现了6 000亩树苗销售困难的局面。树苗卖不出去，就种不成其他作物，这几千亩树苗等待的将是被当柴烧的命运。

进入新世纪，我国农业发展进入了新的阶段，农业和农产品营销面临新的形势。不断融合的国内、国际农产品市场竞争日趋激烈，使农产品市场营销成为人们研究的热点。农产品市场营销已成为农业生产者、企业和组织最基本的职能。正确运用市场营销所提出的原理、方法和技巧，可以以最小的人力、物力、财力，获得最大的经济和社会效益，在激烈的市场竞争中立于不败之地。

思考题

联系实际，谈一谈如何运用新观念、新技术解决农产品卖难的问题。

【任务分析】

一、农产品市场营销观念

市场营销到底是什么？在最早的企业活动中，它只是表现某种偶然经营活动中的个别经营技巧。大量的经营活动和经营技巧抽象出了有规律的营销策略，对营销策略的组织和实施形成了企业的营销职能。而从根本上讲，对市场营销认识还不能仅仅停留在策略或职能层面，应该把市场营销看作一种经营哲学。

市场营销观念是指人们处理营销活动的基本看法和态度。农产市场营销观念是指导农民进行市场营销活动的指导思想，是农民根据农村经济形势和多方面环境因素的变化而形成的一种具有普遍意义的经营哲学。

当前我国农产品卖难现象时有发生，农产品市场竞争日趋激烈，农业生产者、经营者和组织者必须正确认识农产品市场新形势，认真分析市场变化新趋势，积极开展农产品的市场营销活动。而树立现代市场营销观念，是搞好农产品市场营销的前提。

二、农产品市场营销观念的演变

一个多世纪以来，在市场营销发展史上，市场营销观念基本经历了生产观念、产品观念、推销观念、市场营销观念，以及20世纪70年代后又一次出现的社会营销观念、大市场观念、绿色营销观念等。下面对一些有代表性的经营思想加以介绍。

(一)以企业为中心的经营观念

在早期的企业经营活动中,企业经营观念的基本特征是以企业为中心,以资源和利润为导向。这是由于当时的产品在市场上主要表现为供不应求,企业在销售方面基本上不成问题,企业间的竞争主要表现在以成本为基础的价格竞争。以企业为中心的经营观念按其顺序来看主要有以下几种。

1. 生产观念

生产观念也称为"生产中心论"。就是常说的"以产定销"的观点,它是一种最古老的经营思想。这种经营思想认为,消费者和用户欢迎的是那些用得上、买得到且买得起的产品。因此,生产者在考虑到人们的最基本、最一般的需要的基础上,实施"我能干什么就生产什么,生产什么就销售什么"。因为是短缺经济,因而不必关心市场需求,生产者的整个经济活动以改进和增加生产为中心,组织所有资源,集中一切力量增加产品产量,扩大生产规模,降低成本并以此降低价格来吸引消费者,获得自己的市场地位,很少关注除此以外的其他市场因素,甚至不注意对产品的更新和改良。

美国福特汽车公司的创始人福特先生曾对建议其生产彩色汽车的人说过这样的话:"不管顾客需要什么,我们生产的汽车就是黑色的"。因为他认为福特公司的汽车物美价廉,不愁没有销路。然而当其他公司所生产的彩色汽车开始风靡市场以后,福特才醒悟到自己决策的错误,单纯的生产观念给它带来了很大的损失。中国在20世纪80年代以前,大多数企业奉行的主要是"生产观念",直到20世纪80年代中期,当有些产品已出现明显的供过于求的情况时,一些企业仍然在以每年递增百分之几的计划大量生产。如缝纫机、手表、自行车等产品,30多年产品的设计都没有太大的改变。所以说生产观念是一种重生产、轻市场营销的经营思想。

以生产观念为导向的企业基本上处于3种市场环境条件之下:一是产品明显地供不应求。企业将产品生产出来,总能销得出去。西方在20世纪20年代以前,中国在20世纪80年代以前的情况基本上都是如此。中国当时许多消费工业品(如手表、缝纫机、自行车、电视机)都要凭票凭证供应,所以生产企业只需扩大生产,提高质量,而根本没必要去考虑市场销售问题。二是价格竞争是市场竞争的基本形态。这种情况下,企业竞争的主要手段是降低产品的价格,而降低价格的前提则是通过生产规模的扩大和生产成本的控制。所以企业必然以主要精力去扩大生产和降低成本。三是实行计划经济体制,在计划经济条件下,企业实际上只是政府计划的附属体,是一个严格按照计划进行生产的工作部门,资源和产品的分配不属于企业的责权范围，所以企业也无须考虑除生产之外的其他问题。

显然，在市场经济条件下，当产品的供应已相当丰富时，生产观念的弊病就会明显暴露出来。从中国来看，20 世纪 80 年代以前，上海的工业企业曾一度在全国消费工业品市场中占有 1/4 份额，但由于长期受“生产观念”的影响，产品更新能力差，市场销售能力弱，至 20 世纪 90 年代，上海产品在全国的市场占有率已下降为 6%；而在中国较早接受市场导向经营观念的福建、广东等地区，工业企业的产品在全国市场占有份额却不断扩大，形成了很强的竞争优势。这就是由于 80 年代以后，中国开始导入市场经济的机制，中国生产力的发展导致市场供应日益丰富，从而使生产观念面临不可避免的挑战。

2. 产品观念

产品观念也称为“产品中心论”，就是常说的“好酒不怕巷子深”的观念，它是一种古老的经营思想。这种经营思想认为，只要产品好，不怕卖不了，人们总是欢迎那些质量好、有特色、价格合理的产品，生产者经营者只要注意提高产品质量，做到物美价廉，消费者就会自己找上门来，无须大力推销。确实产品的品质和特色是企业争取顾客的主要因素，能注意以产品质量的改变和提高去赢得企业的市场地位比只重视产量和成本的“生产观念”是前进了一步。但是问题在于进行产品设计开发的出发点在哪里？企业还是消费者？产品观念的局限性就在于对于产品的设计与开发只是从企业的角度出发，以企业为中心进行的。经营者认为，顾客想购买的只是产品，而没有认识到顾客所购买的实际上是对于某种需要的满足，所以企业经营者仍只是把眼光放在企业内部的生产领域，而没把眼光转移出去，即所谓的“营销近视症”。

产品观念产生的市场环境条件与生产观念差不多，但此时产品的供应已经比较丰富，出现了品种和类型上的差异，顾客对产品的选择也开始增强，从而使企业在一定的范围内面临市场竞争，促使企业开始重视产品的改良和提高。在不断变化、竞争日益激烈的市场中，如果生产经营者仍然奉行产品观念，忽视市场调研、产品开发和促销等市场营销工作，必然会使自己陷入困境。

3. 推销观念

推销观念也称为“推销中心论”，这种观念“以消费者需求为着眼点”。有这种经营思想的人认为：消费者的购买行为不仅受到需要等自身因素的制约，同时也会受到外界因素的影响。如果生产经营者采取适当的措施，加强推销努力，消费者就有可能购买更多的产品。因此，必须将推销放在生产经营的整个经济活动的中心位置，大力加强推销工作，以扩大销售、提高市场占有率、取得竞争优势和更多利润。

推销观念是在卖方市场向买方市场的过渡时期产生的。当市场刚刚进入供过于求、竞争激烈的阶段时，推销观念确实产生过很强的实际效应。一些企业通过大量的广告宣传和人员的推销使产品的效率有明显的上升。20世纪30～40年代，美国的不少企业就曾在包括中国在内的全世界企业、各地市场组织大规模的推销活动，从而使不少在美国本地市场严重饱和的产品在世界各地打开了市场。如在中国推销美孚公司的煤油时，美孚公司就曾组织了一批营销人员挨家挨户地送油灯，使普通的中国老百姓接受了美国人的“洋油”，从而打开了一个很大的新市场。中国在20世纪80年代改革开放的初期，广东、福建等南方省市的一些乡镇企业和民营企业迫于不具有国有企业那样的市场地位，只能靠大量的推销活动来拓展自己的市场，结果反而使其产品很快在全国打开了销路，确立了市场地位。

推销观念与生产观念和产品观念相比，有明显的进步。其主要表现为企业经营者开始将眼光从生产领域转向流通领域，不仅在产品的设计和开发，而且在产品的销售促进上投入了精力和资本。但是推销观念仍然是以企业为中心，是以说服和诱导消费者接受企业已经生产出来的产品为目的，仍然没有把消费者放在企业经营的中心地位。然而，再好的推销手段也不能使消费者真正地接受他不需要或不喜欢的产品，特别是当市场竞争变得日益激烈的时候，推销的效应就会逐渐递减。20世纪90年代中期，中国的消费品市场需求的趋势日益明显，企业的推销大战也愈演愈烈，但尽管奖售、降价活动天天可见，消费者的反应却越来越冷淡，这说明推销观念对企业拓展市场的局限是十分明显的。当大量的推销活动仍然不能使企业摆脱产品滞销积压，经营每况愈下的困境时，一些企业就会从市场上去找原因，就会考虑根据顾客的需要和市场的变化来调整自己的经营，从而导致新的企业经营观念应运而生。

(二)以顾客需求为中心的营销观念

1. 市场营销观念

第二次世界大战后，随着社会生产力迅速发展，市场趋势表现为供过于求的买方市场，市场竞争加剧，传统的营销思想已经难以引导企业走向成功。许多生产者开始认识到，必须转变经营观念才能求得生存和发展。正是这种形势下，市场营销观念这一新的经营思想便应运产生。

市场营销观念也称“需求中心论”，就是“以顾客需求为导向”“以顾客为上帝”的观念，它和推销观念及其传统的经营思想存在很大的根本不同，市场营销观念是以市场为中心，坚持目标市场以消费者的需求为出发点，即“消费者需要什么就生产什么”。市场营销观念的出现，使生产者的经营观念发生了根本性的变化。说明市场营销观念与推销观念在出发点、中心、手段和目的等方面的差异。

(1)出发点不同　推销观念认为市场是以生产过程结束为出发点,市场营销观念认为市场处于生产过程的起点。

(2)中心不同　推销观念是以卖方为中心,市场营销观念是以买方为中心。

(3)手段不同　推销观念主要是以广告等促销产品,市场营销观念则以主张通过整体营销的手段满足顾客的需求。

(4)终点不同　推销观念已售出产品取得利润为终点,市场营销观念则强调通过顾客的满足来获得利润。

总体来说,市场营销观念的基本特征可表现在3个方面:第一,企业的经营是以顾客需求满足为中心;第二,企业注重长远的发展和战略目标的实现;第三,企业必须通过各种营销策略及各部门的整合营销来实现自己的目标。

以顾客需求满足为中心是营销观念的本质特征,这一思想应该说是企业在其经营实践中自然形成的。在市场竞争日趋激烈的情况下,以企业为中心的推销活动必然会受阻。经营者们最终会发现,真正成功的销售并不主要取决于推销的力度,而主要取决于企业满足顾客需求的程度。当顾客有可能在大量商品面前从容选择的时候,他们一定会对那些最符合其需求的商品感兴趣,于是企业就会逐渐重视对于顾客需求的研究。

由于"市场营销观念符合生产是为了消费者"这一基本原理,因此,既有利于较好地满足市场需求,同时又提高了生产者的环境适应能力和生存发展能力,因而为众多的企业所接受,并成为了当代市场营销研究的一条主线。

2. 社会营销观念

社会营销观念也称"社会中心论",持有这种观念的人总是"力求化解顾客和社会总体利益之间的矛盾"。这种观念是20世纪70年代中后期以来,适应环境恶化、资源短缺、人口激增、贫困以及忽视社会服务等一系列问题而产生的。这种经营思想认为,生产经营活动不仅要满足消费者的需要和欲望,而且要符合消费者的长远利益。也就是说,市场营销认为在满足消费者某种需要的同时还要考虑兼顾他人的需求和利益。例如:服装厂生产各种不同档次的服装,以满足不同消费者的需求,同时也会为社会做贡献。

社会营销观念的出现,说明人们从社会多个方面去考虑问题,不仅考虑企业效率,而且还要考虑企业本身条件对社会环境、生态平衡、资源和社会长远利益的影响。例如:四川某名酒企业,长期以来资助山区贫困学生的发展,关心生态环境治理,获得较好声誉,因而产品销量大增,获得很好的社会回报。

注重长远利益和战略目标的实现是营销观念的又一基本特征,其不同于推销观念只注重当前产品的销售和短期利润的获得。持有营销观念的经营者认为,不顾及企业的长远发展目标而进行的盲目生产或倾力推销对企业可能不仅无利且有害,因此,一些营销学者认为,对于企业来说,稳定的市场份额可能比高额的短期利润更为重要。

3. 绿色营销观念

所谓绿色营销,又称环保营销,是指企业运用营销工具,以不损害人类自身及后代的未来需求为条件,满足社会和消费者现在需要的经营与销售活动。从社会消费角度看,不仅要满足我们这一代人的消费需求和安全健康,还要满足子孙后代的消费需求和安全健康。

它包含以下三个宗旨。

①节约材料消耗,保护地球资源。

②确保产品安全使用,卫生和方便,以利于人们的身心健康和生活品质的提升。

③引导绿色消费,培养人们的绿色意识,优化人们的生存条件。它是现代营销学的最新发展,是随着社会对环境的关注日益加强而产生和发展起来的。进入20世纪90年代至今,由于全球环境问题的日益严重和绿色运动的蓬勃兴起,引起企业对环保问题的重视,营销绿色化已成为企业营销发展的必然趋势。

所谓绿色营销是指以促进可持续发展为目标,为实现经济利益、消费者需求和环境利益的统一,市场主体通过制造和发现市场机遇,采取相应的市场营销方式以满足市场需求的一种管理过程。强调营销组合中的"绿色"因素——一方面,注重在生产、消费及废弃物回收过程中降低公害、符合绿色产品的开发和经营;另一方面,实行"低投入持续型"新农业政策,在农产品生产中减少农药、化肥的使用,为农产品绿色营销提供了生产供应基础。

人们的环保意识和生存意识在逐步增强,人类悄悄掀起了一场"绿色革命",经营者采取"绿色战略",生产绿色食品,实施"绿色营销",迎来一次新的发展机遇与挑战,绿色浪潮正向我们走来。为了做好农产品绿色营销,我们需要做好以下几项工作。

(1)树立绿色营销的观念 不仅仅是营销部门,整个企业都应该确立以可持续发展为目标的绿色营销观念,从农产品营销的战略的制定到具体实施的过程中都应该始终贯彻"绿色理念"。

(2)搜集绿色信息 在营销的过程中,企业要及时收集农产品的绿色市场信息,深入研究信息的真实性和可行性,发现和识别消费者"未满足的绿色需求",结合企业的自身情况,制定和具体实施农产品绿色营销策略。

(3)制订绿色计划 农产品绿色营销计划是企业开展农产品营销活动的依据

和在营销过程中的环保努力方向。

(4)生产绿色产品　在农产品生产过程中，按照可持续发展原则和绿色食品标志组织生产、加工的无污染、安全、优质食品。经专门机构认定，许可使用绿色食品商标标志的食品，就是绿色食品。

(5)采用绿色标志　在农产品的营销活动中，选择具有权威性的符合目标市场要求的绿色标志很重要。

(6)应用绿色技术　在农产品营销活动中，以国内外市场需求为导向，以科研部门为依托，大力开发以农业资源永续利用和促进人类健康为核心的农产品开发、生产、加工、销售技术体系。

(7)农产品包装绿色化　农产品包装绿色化策略有节约和简化包装、摈除有毒包装、采用可降解包装、使用可重复使用的包装材料等。

(8)制定绿色价格　绿色价格意味着环境资源的开发利用不是免费的，产品的价格需要反映环境资源的价格。由于绿色产品在环保方面增加了投入，因而成本一般高于普通产品成本，那么它的价格要高于非绿色产品价格。

(9)开发绿色促销　绿色食品作为一种新产品，目前多数消费者并不是很了解，缺乏这方面的知识。这需要生产经营者组织促销人员，直接向消费者宣传产品的功能、使用方法及其对环境保护的作用，并回答消费者的问题。绿色促销包括绿色广告、绿色公关、绿色人员推销和绿色营业推广。

(10)开辟绿色渠道　农产品绿色营销在其流通各个环节中必须保持其产品的绿色。全国推广的鲜活农产品绿色通道，已经为绿色营销打下了很好的基础。

(11)弘扬绿色文化　农产品经营者要积极创办绿色文化，健全企业内部的绿色管理制度，加强对内部员工的绿色教育，建立起绿色文化氛围；搞好生产生活环境绿化，树立绿色形象，引导绿色消费，实施绿色营销的监督，促进绿色品牌发展。

新型职业农民应树立现代市场营销的观念，运用先进的经营理念，以适应未来现代农业发展的需要。

【知识巩固】

一、多项选择题

1. 我国农产品市场营销的现状是(　　)。

A. 农产品批发市场成为农产品流通的主渠道

B. 以配送、超市、大卖场等为主的现代流通方式发展势头迅猛

C. 农产品市场基础设施建设和整体功能发挥尚需提高

D. 农产品品牌、商标意识有待进一步提高

2. 农产品营销的特点是（　　）。

A. 营销产品的生物性、自然性

B. 农产品供给季节性强，短期总供给缺乏弹性

C. 由于人们每日需求的蛋白质和热量是基本不变的，因而农产品尤其是食品的需求弹性较小

D. 大宗主要农产品品种营销的相对稳定性

3. 农产品营销基本职能是（　　）。

A. 集货职能　　B. 分级职能　　C. 储藏职能　　D. 加工职能

4. 农产品营销环境的特征是（　　）。

A. 复杂性　　B. 动态性　　C. 客观性　　D. 可变性

5. 市场营销观念的基本特征可表现在三个方面，即（　　）。

A. 企业的经营是以顾客需求的满足为中心

B. 企业注重于长远的发展和战略目标的实现

C. 企业必须通过各种营销策略及各部门的整合营销来实现自己的目标

D. 在市场竞争日趋激烈的情况下，以企业为中心的推销活动必然会受阻

二、判断题

1. 农产品生产者与经营者个人与组织，在农产品从农户到消费者流程中，实现个人和社会需求目标的各种农产品创造和农产品交易的一系列活动。（　　）

2. 将分散的农产品集中起来，进行批量运输。集中到各大批发市场和卖场，再进行分散销售。其路径是：农户—商贩—大经销商—批发市场和卖场—消费者。（　　）

3. 农产品市场营销环境是存在于企业营销部门外部的不可控制的因素和力量，这些因素和力量是影响农产品生产与经营的企业营销活动及其目标实现的外部条件。（　　）

4. 注重长远利益和战略目标的实现是营销观念的又一基本特征，其不同于推销观念只注重当前产品的销售和短期利润的获得。（　　）

5. 农产品需求是指农产品消费者对农产品有支付能力的愿望和要求。（　　）

6. 产品观念也称为“产品中心论”，就是常说的“好酒不怕巷子深”的观念，它是一种古老的经营思想。（　　）

7. 社会营销观念也称“社会中心论”，持有这种观念的人总是“力求化解顾客和社会总体利益之间的矛盾”。（　　）

8. 一些营销学者认为，对于企业来说，稳定的市场份额可能比高额的短期利润更为重要。(　　)

9. 农产品是食物的基础来源，消费者购买农产品，首要前提是某种农产品具有的能够满足其温饱以及能够给其身体带来营养价值的功能。(　　)

10. 正确运用市场营销所提出的原理、方法和技巧，可以实现以最小的人力、物力、财力，获得最大的经济和社会效益，在激烈的市场竞争中立于不败之地。(　　)

【综合实训】

顺科蛋鸡产销专业合作社

青岛顺科蛋鸡产销专业合作社被平度市科协认定为绿色产品科技示范基地，不仅带动了当地的养鸡专业户，而且产品有自己的品牌——“顺科”牌鸡蛋。该品牌是青岛市名牌农产品，被农业部认定为无公害农产品，2007 年经中国绿色食品发展中心审核，被认定为绿色食品 A 级产品。2007 年 9 月通过了出口企业养殖场备案、并通过奥帆赛食品企业养殖场备案。青岛顺科蛋鸡产销专业合作社的前身是平度市蛋鸡协会。2003 年 2 月在青岛市农业部门的指导下，由青岛顺科养鸡有限公司总经理吕文顺牵头，与养鸡大户们共同成立了“平度市蛋鸡协会”，协会主要参加会员 51 人，大家约法三章，并推选吕文顺同志担任了会长。2005 年 6 月他们又将原来的协会更名为“青岛平度市绿色蛋鸡协会”并正式在民政部门登记为社团法人，有会员 150 人，会员中除了蛋鸡养殖大户外，还包括了饲料供应厂家、鸡蛋销售商和技术人员，会员范围扩大到即墨、胶州等县市，成为拉动青岛市蛋鸡产业发展的一支骨干力量。由于协会属于社团法人，不能对外开展生产经营活动，无法获得金融部门信贷支持，对农民服务也存在缺位等体制性问题，合作社承接国家发展农业和农村经济建设项目的政策性能力是专业协会所无可比拟的。在 2007 年 8 月 22 日，在主管部门和当地政府的指导下，协会到市工商局注册成立了平度市第一个农民专业合作社，合作社成立后主要是为社员提供饲料兽药供应，鸡蛋的加工、运输、储藏以及与鸡蛋生产经营有关的技术、信息等服务，实行标准化生产，开拓市场，将社员生产的产品销售出去。合作社的主要产品是无公害鸡蛋、绿色食品鸡蛋、富硒鸡蛋等多种高质量的鸡蛋和毛鸡等。现有出资人 120 名，出资总额 20 万元，社员达到 180 名，其中团体成员 4 个。

学习情境二　农产品营销策略

【职业能力目标】

知识目标：重视农产品市场调查与预测。

熟悉农产品分销的渠道。

能力目标：会运用农产品定价策略。

重视农产品促销。

【情境任务导入】

为什么要进行农产品市场调查？

农产品销售的策略有哪些？

任务一　农产品市场调查和网络市场调查

【引导案例】

紫土豆的种植

翟先生从电视上得知紫土豆的信息，并上网查阅了相关的资料，从2008年年底开始种紫土豆。紫土豆的营养价值比普通土豆高很多，而且除了含有普通土豆所拥有的淀粉、蛋白质、有机质等元素外，还含有花青素、维生素C、胡萝卜素等。它既可以做成特色的菜肴，也可以做成紫土豆条等加工品，还是很好的提取花青素的原料。翟先生购买了进口紫土豆种子回来试种。过了几个月，翟先生一亩地收了1 400多千克的紫土豆，并通过网络迅速地销售出去，销售额达上万元。看到这样的结果，他将自己承包的所有土地全部种紫土豆，并开始和亲戚、朋友、邻居讲授种植紫土豆的技术和想法，并承诺收购，调动大家的积极性。很快，在他的带领下，紫土豆种植的面积达到100多亩。紫土豆的年产量达到30万kg，每年可以种两季，以每千克7元计算，销售额达210万元。翟先生是通过网络进行市场调查，了解到紫土豆的市场价值较高，种植的人很少，才决定种植紫土豆的。

思考题

说一说，翟先生是如何利用现代信息技术成功种植并销售紫土豆的。

【任务分析】

一、农产品市场的特点

1. 农产品市场具有供给的季节性和周期性

由于农业生产具有季节性，农产品市场的货源随农业生产季节而变动，特别是一些鲜活的农产品，如不及时采购和销售，就可能给农户造成经济损失。

2. 农产品市场多为小型分散的市场

农产品生产分散在农村千家万户，农产品在集中交易时具有地域性特点，通常采用集市贸易的形式，规模小而分散。

3. 农产品市场风险比较大

因为农产品具有鲜活的特点，在运输、存储、销售过程中会发生腐烂、发霉和病虫害，极易造成损失，所以农产品在销售时要尽量缩短流通时间，妥善保管，降低风险。

二、我国农产品市场的现状

1. 农产品市场建设发展迅速

我国农产品批发市场不断发展，类别多，其中包括粮油市场、蔬菜市场、肉食禽蛋市场、干鲜果品市场、农产品市场，数目基本稳定，交易额稳步上升。这主要是因为我国农产品交易市场在经历了十几年高速增长和规模扩张后，现正逐步实现从数量扩张向质量提升的转变之中，流通规模上台阶，市场硬件设施明显改善，商品档次日益提高，市场运行质量日趋看好。

2. 农产品批发市场成为农产品流通的主渠道

覆盖了所有的大、中、小城市和农产品集中产区，基本形成了以城乡集贸市场、农产品批发市场为主导的农产品营销渠道体系，构筑了贯通全国城乡的农产品流通大动脉。目前大、中、小城市消费的生鲜农产品80%以上是通过批发市场提供的。农产品批发市场的大力发展，对于搞活农产品流通、增加农民收入、满足城镇居民农产品消费需求发挥着积极作用。

3. 以配送、超市、大卖场等为主的现代流通方式发展势头迅猛

超市作为一种现代新型营销业态在近几年开始涉足农产品销售领域，成为农

产品营销渠道体系里的新成员，与传统的集贸市场在零售终端展开了激烈竞争。

4. 农产品营销中介发展活跃

各种农产品购销主体：个体户、专业户、合作社不断发展壮大。这些活跃在城乡各地的农产品营销中介组织，使得一家一户的小规模生产和大市场实现了对接，改变了过去产销脱节的尴尬局面，有效地缓解了农产品卖难的问题。他们的出现带动了上游生产基地的发育壮大，带领农民走向市场，帮助农民致富，对地区农业发展起到了积极的促进作用。

三、农产品市场调查的内容、原则与程序

农产品市场调查是指运用科学的方法，有目的地、系统地搜集、记录、整理有关农产品市场营销信息和资料，分析市场情况，了解农产品市场的现状及其发展趋势，为农产品市场预测和生产决策、营销决策提供客观的、正确的资料。

1. 农产品市场调查的内容

农产品市场调查的内容不同于其他工业产品的市场调查，目前还没有受到足够的重视，农产品市场调查主要涉及以下内容。

(1)农产品市场分布情况调查　主要包括农产品各级数量、地理分布、市场环境、管理状况等调查。

(2)农产品市场供求情况调查　主要是指农产品在各级市场上的供给和需求情况及市场潜力的调查。弄清该种农产品消费者需求量和市场供给量、消费者收入、购买数量、购买频率、购买时间、购买方式、购买习惯、购买偏好等调查。

(3)农产品价格调查　主要调查农产品过去、现在价格及未来走势，为农产品价格制定和生产决策提供依据。

(4)同类农产品竞争情况调查　主要包括对市场上同类农产品、相近农产品价格、质量、需求情况的调查。

(5)农产品新科学技术调查　调查目前某种农产品生产、保鲜、储藏、加工等先进科学技术情况。

2. 农产品市场调查的原则

(1)准确性　市场调查所获得的资料必须准确与可靠，否则就难以根据它们做出正确的农产品生产经营决策。

(2)及时性　是指随时掌握农产品市场的变化情况，那些过时的信息不仅毫无用处，反而会使企业高层管理做出错误的选择。

(3)针对性　即所调查的农产品信息不仅要全面，而且要重点突出，能迅速做出决策而不陷入面对大量数据无从下手的陷阱。

(4)经济合理　市场调查的范围和选用的方法要合理,以便用尽可能低的成本取得有用的调查结果,必须对市场调查进行周密的计划,减少不必要的环节。

3. 农产品市场调查的程序

(1)调查准备阶段　这个阶段主要是解决调查目的、要求、范围和规模及调查结果处理的阶段,每个阶段又可分为若干具体步骤。

①确定调查的目标,拟定调查项目。

②确定收集资料的范围和方式。

③调查表和抽样设计。

④制订调查计划。

(2)调查实施阶段　这个阶段的主要任务是组织调查人员,按照调查计划的要求,系统地收集资料和数据,听取被调查者的意见。

①对调查人员进行培训。要明确调查计划,掌握调查技术,了解与调查目标有关的经济知识和业务知识。

②实地调查。调查人员按计划规定的时间、地点、方法和内容进行具体的调查,收集有关资料。

③调查结果的处理。这个阶段是对调查资料的分析和总结。它是市场调查能否发挥作用的关键步骤,包括以下方面。

a. 资料的整理与分析。

b. 撰写调查报告。

c. 追踪与反馈。

四、农产品市场调查的方法

1. 访问法

访问法是以访问被调查者的方式收集所需的资料,是市场调查中最常用的方法。按照与被调查者接触的方式分为以下三种方法。

(1)面谈调查　它是由调查员直接访问被调查者,根据调查提纲当面提问而获得信息的方法。其方式有入户访问、定点访问、街头拦截访问、小组访谈、会议访谈等。

(2)电话调查法　借助电话向被调查者进行询问,获得市场信息。

(3)问卷调查法　调查者将事先设计好的调查表通过一般性散发或邮寄的形式送达被调查者手中,由被调查者按要求填好后返还给调查者的一种方法。按照问卷送达方式分为邮寄调查和留置调查。

2. 观察法

调查人员直接到现场观察有关的对象或事物以获得数据或资料的方法。包括行为记录法和直接观察法。

3. 实验法

通过产品的实验或试销来了解市场行情的一种调查方法。它适用于农产品需求行情调查工作。

4. 网上调查法

利用互联网收集相关资源信息或者通过网上问卷调查。

五、农产品网络市场调查

1. 网络市场调查的含义

网络市场调查是指在互联网上针对特定的营销环境进行简单的调查设计、资料收集和初步的市场分析，为企业的营销决策提供数据支持和理论分析的依据。

2. 网络市场调查的类型

(1)按调查对象　分为购买者、竞争者、企业合作者。在市场调查的过程中，要兼顾这三类对象，其中对竞争者的调查最为重要。

(2)按调查方法　分为网上直接调查、网络间接调查。

①网上直接调查：通过企业或其他机构，利用网络，直接采用问卷调查等方式收集一手资料。

②网络间接调查：利用互联网的搜索功能，收集二手资料。

任务二　农产品营销渠道

【引导案例】

杧果网络营销

杧果大量上市的季节，冯女士家 5 年前种植的几亩杧果，今年结出了丰硕的果实，可是杧果的销路很是问题。看着自己辛苦培育的品种销售不出去，冯女士很是上火。后来冯女士所在的镇农技水利服务中心将冯女士的杧果销售信息通过市里的信息中心在农民信箱的《每日一助》栏目上发布，过了两天就有很多咨询电话，还有几位采摘的客人主动联系冯女士，一次就销售了超过 100 kg 的杧果。冯女士激动地说，没想到网络营销渠道这样好！

思考题

浅谈农产品如何打破传统的销售模式，实现了多渠道营销。

【任务分析】

一、农产品营销渠道的概述

农产品营销渠道是指农产品从生产领域转移到消费领域所经过的路线。

农产品营销渠道是农产品营销学的重要内容之一，它伴随农产品营销的发展而发展。尤其在我国农产品买方市场的形成和农产品市场的国际化背景下，农产品营销发展迅速，农产品市场已经从供给管理为导向的营销观念转向以产品需求管理为导向。由于农产品营销渠道的建立、改造和创新具有时滞性，所以在农产品营销运作中，往往更注重产品、定价和促销等营销策略。

二、农产品营销渠道发展趋势

(一)传统农产品营销渠道存在的问题

从20世纪80年代开始，我国着手对计划经济体制下国家统购统销的农产品流通体系进行市场化改革，本着“多渠道、少环节”的原则，大力培育新的农产品营销渠道组织体系，经过20多年的不断发展，形成了一个与我国农业生产经营以农民家庭为单位相对应的“小生产、大市场”为特征的，多种经济成分、多种经营形式、多条流通渠道的农产品营销渠道格局。目前，我国农产品上规模的批发市场有4 000家以上，加上遍布城乡的农贸市场和各类超市，形成了庞大的农产品营销渠道体系。但整个农产品渠道体系中还存在着很多的问题。

1. 产品标准化程度低

产品是渠道流通的基础，高质量、标准化的产品对整个农产品的流通意义非常重大。农产品的生产离不开土地资源和水资源，这就决定了农产品不能像工业生产那样集中在一个较小的空间范围里，因此农业的生产往往非常分散，而分散地种植又使得其规模相对较小，难以集中，信息相当分散。同时，农产品作为一种非加工产品，外形尺寸和内在的品质很难统一，更难进行人工控制，使得种植实现标准化非常困难。

2. 渠道过长

典型的农产品营销渠道是从生产者(广大农民)开始，然后把农产品卖给产地的批发商，很多批发商本身承担着物流商的功能，然后再把农产品批发给销地的批发商，再批发给各类农贸市场的零售商，最后才转移给最终的消费者。一般要经过4~5级渠道长度。过长的渠道，带来了很多的问题，首先，农产品的整个流通时间过长，这造成了很多生鲜和水果类农产品在流通的过程中变质和损耗。其次，价格差异及变化更大，从初级生产者到最终的消费者的价格差异由于流通渠道过长，差异往往非常大，甚至能达到好几倍。而且，由于渠道过长，对各级市场的价格行情变化就不能很好地掌握，造成价格变化很大。最后，农产品的信息流通不畅，由于渠道过长，相关利益群体过多，很多农产品的供需信息流通不畅，造成了整个渠道效率不高。

3. 初级农产品缺乏品牌建设

从整体上来讲，我国农产品的生产者和销售者几乎没有品牌意识，无论是从管理还是广告宣传上都是如此。有资料显示，湖南省湘西州农产品加工企业主要以粮食、茶叶、猕猴桃、水果、烟叶、中药材为主，其中仅有 4 个湖南省著名商标、3 个湖南省名牌产品，获得各类认证的企业有 14 家，与科研院所建技术研发机构的有 6 家。同时兼有其他的名牌农产品 68 件，仅占全州商标总数的 13%左右。这些大都是地区性的名牌，或者进一步说是著名土特产，还没有达到品牌的基本要求，更不用说知名品牌。

从国内市场来说，长期以来“重数量轻质量”的经营意识根深蒂固，特别是一些小零售店内的农产品，基本都是从传统手工作坊制造出来的，根本没有什么质量和技术要求，只注意蔬菜、水果等产品的新鲜度，很少去对品牌有什么特殊的注意。不少人认为，只有进入工厂经过生产工艺加工后的产品才是真正的“商品”，而在田间地头的产品就没有那么多的要求，如果谁买个豆角还要看品牌就会成为人们嘲笑或议论的话题。这些都已经在无形之中影响到我国农产品的国际竞争实力。如山东省的蔬菜产量很大而且质量很好，已成为当地农村经济的支柱产业，产品畅销大江南北，但在大都市的超级市场上却很难看到身带条形码的山东品牌蔬菜，而只能在农贸市场销售。山东蔬菜的出口量也很大，大部分出口到日本、韩国，但在国外市场上很难看到中国山东标志的蔬菜，我们只能给国外商人提供初级产品，然后贴上他们的商标销售，处于“为他人做嫁衣裳”的窘境。

4. 农产品同质性强，品牌很难差异化

便于消费者识别商品的出处并同竞争对手的产品区别开来是品牌经营最基本的作用，是生产经营者给自己的产品赋予品牌的出发点。现在市场上，特别是在城市的超级市场中有众多的同类农产品，虽然是由不同的生产者生产的，消费者在购买农产品的时候，往往很难分辨出两种同类产品的区别。

现在一些地方开始注意农产品注册，但多数缺乏地域特点，往往是别人注册什么商标，自己也跟着注册什么商标，没有发挥自己当地产品的特点，这种“跟风”效应在很大程度上导致了重复性竞争。造成了“一种特色产品，多个注册商标”的分散局面。

随着农业科学技术的飞速发展，不同农产品的品质差异相去甚远，即使有两种品牌的农产品都能达到国家相关的质量标准，甚至符合绿色食品标准，仍可能存在很大的品质差异，如风味、质地、口感等。这些差异是消费者无法用肉眼识别的，消费者也不可能在购买之前都亲口尝一尝。所以，消费者就需要有容易识别的标志，这一标志只能是品牌。中国很多生产者对于如何提高产品品质根本无严格意义上的实质性举措。生产方式仍然沿袭以往的散户经营，化肥、农药的使用仍无标准可言，产品上市也没有什么包装。这类品牌且不说是否符合健康环保标准，单外表就让人无法识别，只能凭商贩口里的大声吆喝，不要说走出国门，就是在国内，这类产品的市场前景也让人担忧。

5. 营销渠道参与成员过多

农产品渠道参与人员包括数量非常庞大的各类生产者和各类消费者，并且还包括衔接两类成员的各类中间商，目前我国的农产品中间商主要以私人和个体的为主，规模小、实力弱。这些过多和过散的渠道参与成员对农产品的规模经济和范畴经济的形成造成了很大的障碍。而且由于参与成员过多，造成了利益的重新分配、农产品信息的过滤、地区保护主义等相关问题的存在。

6. 渠道组织功能不健全

当前以农产品批发市场、农贸市场为主导的营销渠道体系虽然在农产品的集散、销售等方面发挥了重要作用，但并不能有效解决产销环节中存在的小生产与大市场的矛盾。农产品生产大多是一家一户分散式的小规模生产，菜田面积小，种植品种多，基本是手工操作，而农产品在大中城市的消费又有集中性的特点。如何将分散的、小批量的农产品集中起来，多数城市尚未很好解决。另外，已建立的批发市场无论从市场设施还是从交易方式上都还不能完全适应经济社会发展需要，离农产品营销渠道体系的现代化还有一定的差距。以上这些问题，严重影响了农产品流通的速度和质量。

7. 流通半径过小

我国农产品销售呈现出很强的地域限制，以产地批发市场为例，大多数农产品在产地附近销售，产品外销到销地的数量及比重有限，时常出现农产品产地过剩销地短缺的尴尬局面。农产品区域流通不足，导致一到农产品上市季节，大批农产品集聚在产地附近外销不出去，造成产地农产品供过于求，出现滞销困局。营销渠道的畅通和高效可以有效保证农产品供求关系的基本平衡，保护生产者和消费者的利益，使我国农业生产保持稳定平衡。

8. 错误地认为绿色产品名牌认证会增加生产成本

随着消费者健康消费观念的增强，绿色品牌农产品以鲜明的形象和安全的品质越来越受到消费者欢迎。我们把实施品牌战略和发展无公害农产品、绿色食品、有机食品生产紧密结合起来，通过创建和宣传绿色品牌，使消费者感到物有所值，成为固定消费群，增强优质绿色产品的市场竞争力。但也有不少企业对绿色健康的品牌认识不足，在思想上不够重视，创农业名牌的措施不够得力，并且担心名牌产品认证会增加生产成本。其实这种担心是多余的。绿色产品名牌认证工作，在我国虽已开始推行，但还处在试行和扶持阶段，认证的费用是相当低的；况且，这点费用比起获得认证后取得的显著效益简直是微不足道的。

（二）农产品营销渠道发展的新趋势

随着农产品市场营销的发展，从以农产品生产为中心，到以农产品为中心的营销观念，发展到顾客需求导向和关系营销的观念，农产品营销渠道的发展呈现出新的发展趋势。

1. 农产品渠道结构短化

在新经济背景下，顾客的需求日益个性化，顾客对农产品营销渠道过程参入程度越来越高，信息技术为异地交易提供了物质基础，便利的运输大大提高了农产品物流的速度。顾客可以在市场上根据需要购买自己的农产品。如美国，78.5%的农产品通过“生产地—配送中心—超市、连锁店—消费者”渠道通路完成其分销过程。只有20%的农产品通过“生产者—批发市场—销售渠道”的传统农产品营销渠道。农民的集贸市场只占1.5%。这种渠道环节少、物流快、成本低、效率高的渠道结构已在全球形成发展趋势。

2. 渠道系统的一体化

渠道系统的一体化分为垂直一体化、水平一体化和渠道集成化。垂直一体化是由生产者和中间商组成的一种合体。以生产为中心的垂直一体化称之为向上垂直一体化。以中间商为中心的垂直一体化称之为向下垂直一体化。如我国，“公司＋基地＋农户”是一种典型的以生产者为中心的垂直一体化。水平一体化是由2个或2个以上渠道成员利用各自优势联合开拓农产品市场机会。如可口可乐公司与雀巢公司提供的品牌，共同成功开发出国际饮料咖啡。渠道集成化，也称多渠道化，是指同时运用2个或2个以上的营销渠道进入某一细分市场。如农业综合商社等。

3. 渠道内部关系从交易关系向合作联盟发展

传统的农产品营销渠道成员间，因目标不同而在运作过程也具有差异性，造成一种不一致的痛苦关系。目标不同而操作过程相同，又易产生一种误解关系。目标相同，过程不同，从而造成一种在管理过程中的错误关系。随着农产品市场营销竞争的激烈，这种矛盾关系必然会影响各成员的共同利益，从20世纪80年代开始，逐渐建立起在交易关系基础上的合作关系，在合作关系基础上的伙伴关系和在伙伴关系基础上的联盟关系。

三、农产品营销渠道的完善对策

1. 培育适应市场经济要求的农产品流通主体

作为农产品流通主体，无论是生产领域的农户，还是流通领域的经营户，或者是农产品的生产经营组织，他们走向完善和成熟的标志就是规模化、组织化和一体化。我国农产品营销渠道创新应从营销主体创新开始，借鉴发达国家先进经验，改变过去营销主体单一的局面，通过多种方式培育农产品营销主体。以提高农户组织化程度，增强营销能力和农产品竞争力，从而提高农产品流通效率。

(1)应该着力培养农业产业化经营企业　这些企业的发展壮大可以和原有流通主体实现资源互补，提高流通效率。

(2)可以引导农民组成专业合作组织　提高生产、销售的组织化程度，组织农户共同开拓市场。这样有利于农户之间形成利益共同体，统一技术服务、生产更有竞争力的产品，并增强抗风险能力和营销能力。

(3)应建立专业协会等辅助商　通过为农户提供物资供应、加工、贮藏、产品运销及辅助信息等服务，增强其参与市场活动的地位和能力，提高其营销能力和参与市场竞争的能力。

2. 加快农产品批发市场升级改造

与工业品营销相比，批发市场在农产品营销中具有更为重要的地位，它是农产品流通渠道中的一个十分重要的中介。其原因在于，现阶段我国农产品的生产经营具有“小规模、大群体”的特点。在农产品流通过程中，参与的个体组织众多，但规模小，组织化程度低。这就需要借助批发市场把农产品的生产者、经营者联结起来，以达到广泛、快速、有效分销的目的。

(1)市场运作应该向企业化方向发展　今后，农产品批发市场的投资建设、管理均应按现代企业制度的规范要求进行，使产权明晰，管理科学。

(2)要完善市场设施，丰富服务功能　发达国家规范化的现代批发市场大都具有各种综合服务功能，如物资集散、价格形成、信息发布等。而我国批发市场的服务非常落后，要改变这种服务功能单一的局面，一方面，要不断完善配套功能，建立具有储存、保鲜、质量检测等功能的设施；另一方面，要加强市场信息化建设。

3. 建立农产品超市连锁经营

长期以来，农贸市场一直是我国农产品流通渠道中最为重要的销售终端。这种传统的零售终端存在诸多问题，如质量难以保证、经营不规范等。随着居民收入的提高，人们更加注重农副产品的消费安全和购买便利。特别是农产品市场与国际市场的进一步接轨，农产品市场竞争更加激烈，对农产品质量、分级、包装、运输等方面有着更高的要求，这就需要积极推进农产品的超市经营和连锁经营，以规模化、集约化、连锁化的超市、连锁店取代传统的农贸市场。

超市和连锁店相比传统农贸市场具有以下优点。

①作为零售企业的农产品超市尤其是大型超市，他们直接与消费者接触，有专业的营销人员，能直接了解消费者需求的变动。因此可以对农业生产起到引导作用。同时，进入超市的农产品要符合国家的一些标准，这样也有利于对农产品质量的全面监控。另外，超市可以将农产品按不同的等级分类定价，不仅满足了顾客多样化需求，也促进了农产品深加工和农产品包装业的发展。

②大型连锁超市对商品具有大量采购、均衡供应、常年销售的显著特点。农产品超市的发展壮大必将使更多分散的农民在龙头企业的带动下组织起来，使得农产品生产中各种生产要素能够合理调整，组织化程度也将大大提高。

③超市可以为顾客提供其他农产品营销渠道无法比拟的购物环境。超市的农产品会比其他渠道的农产品更注重品质，超市舒适的购物环境和统一的定价也可以让顾客避免在传统的农贸市场忍受“脏、乱、差”和“乱要价、哄抬价”，超市还可以实现“一站式”购全。

4. 推进农产品交易方式的创新

在我国农产品交易中占主导地位的现货交易方式，存在着价格信息不公开等缺陷，积极探索新的交易方式，提高交易效率已经势在必行。拍卖交易是国际上规范的批发市场普遍运用的交易方式。由于拍卖交易采取强制拍卖的做法，即绝大多数农产品都要进入拍卖市场，不允许场外交易。并且，交易的主体在进入市场时要经过严格的资格审查。这些规定的实施可减少传统现货交易中的“暗箱操作”，在一定程度上减少欺诈行为，使交易更公正合理，有效保证了交易双方的利益。新型的网上电子商务贸易为传统农业的发展带来了机遇。

与传统农业贸易相比，农产品网络营销具有交易虚拟化、成本低、效率高、透明化等特点。利用电子商务进行农产品营销，能有效避免传统农产品营销渠道的诸多缺陷，有效解决时空上的矛盾，充分发挥营销渠道的地点和时间效用，克服农产品易腐、储藏周期短、损耗大等自身特点所引起的流通问题。同时，由于信息获取成本较低，也有利于降低农产品流通成本，化解交易风险。

5. 建立和完善农产品物流配套系统

针对我国农产品营销渠道链条长、流通效率低的状况，应逐步建立完善农产品物流配送系统，提高营销渠道效率。把传统的物流途径，即商品必须经由制造、批发、仓储、销售等诸多环节的多层次复杂流程到达消费者手中，简化为由生产者经配送中心到达零售终端。

如何完善物流配套体系：一是通过农产品批发市场的升级改造，建立一个以批发市场为枢纽，以具备一定组织化程度的农产品经营者为主体，以规范化的集贸市场和超市为末端的较为现代化的农产品流通渠道体系；二是大力发展以物流配送为枢纽，以连锁公司为经营主体，以超市为末端的现代化农产品流通体系，并取代批发市场体系。

发展农产品物流配送系统是一种必然趋势，但鉴于农产品的特殊性，在建设农产品物流配送系统的过程中，还要注意其库存管理、运输、确定配送半径、绿色物流等问题。只有妥善地解决了这些问题，才能使农产品流通渠道更为畅通。

6. 品牌提升策略

农产品实施品牌策略是我国农产品进入国际市场，增强市场竞争力的唯一选择和出路。实施农产品品牌营销策略，是符合市场经济发展要求的需要，同时也是我国加入世界贸易组织后，积极参与农副产品国际市场竞争的必然要求。农产品品牌营销要从品牌的定位入手，通过塑造品牌形象和品牌个性，实现差异化的品牌竞争优势，通过品牌的传播与维护，建立品牌认同与消费者忠诚，在适当的时机利用成功的品牌进行延伸与扩展，使品牌价值不断增值。在品牌的建设中应注意以下策略的应用。

(1)着眼重点区域市场，打造样板市场，实施精细化营销 针对我国的农产品行业特点，我们建议着眼重点区域市场，打造样板市场，实施精细化营销。可以通过对消费人群的调查定位，针对竞争品牌制定有效的竞争策略，明确产品的卖点和品牌个性，并通过对产品线的梳理，综合运用广告、包装、活动推广等手段，为产品树立起一个富有个性的品牌形象。同时，精细化营销更明晰了行业标准、发展规划、品牌阶段目标等涉及长远发展的问题。这样，品牌营销的点就串联成了巨大的市场推广线。

(2)农产品品牌营销要把握“差异化”的产品策略 在营销学中，有一个著名的“独特销售主题”的理论，这个理论最核心的内容就是寻找到与竞争对手有差异化的独特卖点。

(3)农产品品牌营销的策略要有创新性 农产品品牌营销的策略要有创新性，是指营销策略不必拘泥于传统的模式，可以结合市场的状况，充分挖掘产品的特性，提出有创见的营销策略。消费者购买商品有着求名的动机，因此要适应消费者的求名心理，不断地提升品牌。所谓品牌提升策略，就是改善和提高影响品牌的各项要素，通过各种形式的宣传，提高品牌知名度和美誉度的策略。提升品牌，既要求量，更要求质，求量即不断地扩大知名度；求质即不断地提高美誉度。提升品牌的途径，靠的是产品内在的质量和功效，让消费者用口碑传播品牌。

四、农产品分销渠道的作用

由于生产者和消费者之间在数量、品种、时间、地点、所有权等方面存在供求矛盾，为了解决这些矛盾并节约社会劳动，大多数产品不是生产者直接提供给消费者，而是要经过一层或多层的中间环节，才能到达消费者手中。在这一过程中，分销渠道既是企业实现产品销售的重要因素，也是企业了解和掌握市场需求的重要信息来源。具体地说，由中间商介入而建立起来的产品分销渠道在市场营销中所起的重要作用，具有以下作用。

（1）联结产销　产品分销渠道的起点是生产者，终点消费者，产品通过这条渠道源源不断地从生产者流向消费者。对产品生产者来说，产品价值得到了实现，再生产得以继续进行；对消费者来说，获得了消费品，需求得到了满足。从而消除了产品在时间、地点和所有权等方面的矛盾。

（2）调剂余缺，平衡供需　首先，中间商在实现产品从生产者向消费者转移的过程中，通过产品由零集整和散整为零，即将小批量的产品汇集成大批量，再将大批量的产品分割成许多小批量提供给消费者，从而解决了供需双方在产品数量上的矛盾。其次，生产者在花色品种、供货的时间和地点上都存在差异，因此中间商会根据不同地区市场的不同需要，把产品分成不同的等级，按产品的不同花色、品种进行分类，有针对性地满足消费者的需要。另外，对于季节性产品，中间商可以通过汇集、储存、加工以及集散等手段，按季节供应给消费者，达到购销两旺。

（3）简化交易，提高效益　在现实中，由于中间机构自身特有的功能，从而保证产品流通的顺利实现，缩短了产品的销售时间，简化了交易联系，减少了交易次数，提高了产品销售的效率和效益。

（4）沟通反馈信息　分销渠道是重要的信息来源，及时与渠道企业了解产品销售情况，市场供求变化以及顾客、竞争对手及其他市场要素的动态信息。因为一方面，中间商能及时为生产者提供有关市场的信息资料；另一方面，中间商能给消费者以消费指导，向消费者传递产品的信息。通过这种信息沟通和反馈，生产者能及时改进自己的产品和营销组合方案，提高自身的竞争能力，保证商品适销对路和有效流动。

（5）开拓市场，促进销售　构成渠道中间环节的中间商最主要的业务就是销售产品。现代产品社会，生产规模日益集中，企业市场的辐射面在扩大，中间商会努力将生产企业的产品信息通过各种促销方式传播给目标消费者或用户，刺激需求，扩大销售，使得专门通过媒介进行交换的商业分销渠道具有市场扩散的作用。

五、农产品分销渠道的策略

(一)影响销售渠道选择的因素

1. 产品因素

(1)产品价格　价格低的产品,如大米、面粉、玉米等,其分销环节较多,宜采用间接的长而宽的分销渠道;反之,价格高的产品,如农机械器具等,其分销环节少,宜采用直接的短而窄的分销渠道。

(2)产品的鲜嫩度、易腐性、易毁性和耐储性　鲜活农产品、易腐农产品,宜采用直接的短而窄的分销渠道;耐储性强的产品,宜采用间接的长而宽的分销渠道。

(3)产品体积和重量　体积大、重量大的产品,如木材、谷秆等,为避免多次装卸,节约储运费用,应采用少环节的、直接的、短而窄的分销渠道。

(4)产品款式、式样稳定性　产品款式、式样时常变换的产品,宜采用短而窄的渠道;款式、式样相对稳定的产品,可采用长而宽的渠道。

(5)产品的技术性能、使用要求　技术复杂、使用操作要求高的产品,一般应采用短而窄的分销渠道;反之,可采用长而宽的分销渠道。

(6)产品寿命周期　如产品寿命短,应采用短而窄的分销渠道;反之,可采用长而宽的分销渠道。

2. 市场因素

目标市场集中、地埋分布狭小、潜在顾客较少的产品,一般采用直接的短而窄的商品分销渠道;反之,目标市场分散、地理分布宽广、潜在顾客众多的产品,一般采用间接的长而宽的分销渠道。

3. 生产企业自身的因素

如果经营者具有丰富的销售经验,有一定的仓储、运输能力,能为中间商提供服务,可采用间接的长而宽的分销渠道;反之,如果经营者有资金实力,缺乏利用中间商的营销经验,无法为中间商提供服务,可采用直接的短而窄的分销渠道。

4. 社会政治因素

商品分销渠道受社会政治因素影响,如实行国家管理和专卖制度的部分产品。

(二)农产品的主要销售渠道

1. 专业市场销售

通过建立影响力大、辐射能力强的农产品专业批发市场来集中销售农产品。

优点:销售集中,销量大,能够实现快速集中运输、妥善储藏、加工及保鲜。

缺点:①农民经纪人在从事购销经营活动中,一手压低收购价,一手抬高销售价。不仅农民利益受损，而且往往造成当地市场价格信号失真，管理混乱。②专业市场信息传递途径落后，对市场信息分析处理能力差。③市场配套服务设施不健全。

例如，举世闻名的长沙城东马王堆专业市场长沙马王堆农产品股份有限公司，它下辖马王堆果品批发市场、蔬菜种子市场、园艺花卉市场、水产品（包括海鲜、冻制品）市场。

2. 销售公司销售

通过区域性农产品销售公司，先从农户手中收购产品，然后外销。农户和公司之间的关系可以由契约界定，也可以是单纯的买卖关系。

优点：可以有效缓解“小农户”与“大市场”之间的矛盾。

缺点：①风险高，特别是就通过契约和合同来确立农户与公司关系的模式而言，由于组织结构相对复杂和契约约束性弱等原因，使得这种模式具有较大风险。②销售公司和农户之间缺乏有效的法律规范。

3. 合作组织销售

通过综合性或区域性的社区合作组织如流通联合体、贩运合作社专业协会等合作组织销售农产品。购销合作组织和农民是利益均沾、风险共担的关系。

优点：既有利于解决“小生产”和“大市场”的矛盾，又有利于减小风险；购销组织也能够把分散的农产品集中起来，为农产品的再加工和增值提供可能。

缺点：合作组织普遍缺乏作为市场主体的有效法律身份，不利于解决销售过程中出现的法律纠纷；合作组织普遍缺乏资金，因而普遍缺乏开拓市场的能力；农民参加合作组织的自愿、自主意识不强，并且其本身的运行缺乏动力，决策风险较高。

4. 贩运大户销售

优点：稳定性好，由于销售大户的收益直接取决于其销量，因而“大户”具有很高的积极性，他们会想尽各种办法，如定点销售与零售商分成等方式来稳定销量。

缺点：贩运大户大多是农民，对市场经济知识缺乏深入了解，销售能力有限，而且他们本人又承担巨大风险，比如对于进行农产品外运的大户来说，会遇到诸多困难，像天气、运输、行情等。

例如，水果营销大户——吉汉中：眉山丹棱县唐河乡地处成都市西南 100 km，温光资源好、土地肥沃、土质偏酸、雨水充沛，是发展优质水果难得的好地方，是四川省有名的水果专业乡。唐河脐橙色红、味甜、口感上乘，一直备受消费者喜爱。以吉汉中为代表的水果营销户，以水果的营销进一步推动了全乡水果业的蓬勃发展，架起了一座本地果农与外地客商的“金桥”。通过对脐橙清洗、分级、打蜡、推出 10 kg、15 kg 纸箱，20 kg、30 kg 竹箱等精品包装，仅吉汉中销售脐橙近几年 400 多万千克到西安、山东、山西、重庆、湖南、湖北、河南等地。

5. 农户直接销售

农产品生产农户通过自家人力、物力把农产品销往周边或其他各地区。

优点:销售灵活;农民的获利大,农户自行销售避免了经纪人、中间商、零售商的盘剥,能使农民获得实实在在的利益。

缺点:销量小,即使是农业生产大户,主要依靠自己的力量销售农产品,毕竟很有限,而且难以形成规模效应;一些农民法律意识、卫生意识淡薄,容易受到城市社区的排斥。

6. 农业企业销售

农业企业将自己生产的农产品,或加工过的农产品销售给中间商或直接销售给消费者。

优点:一旦有了知名品牌后,企业就可以获得超过产品本身的超额价值。

缺点:一个品牌的创建初期需要投入大量的人力、物力和财力,这也许是很多小的农业企业所不能承受的。

(三)农产品的网络渠道

农产品网络渠道是互联网经济发展的必然产物,是一种全新营销理念和销售服务模式,借助于互联网络来实现农产品营销目标。通过网络交易平台和网站实现农产品信息发送、买卖交易对接、品牌营销等。与传统的营销渠道相比,在广告效果上,可以短时间让产品为全国客户知晓;在推广费用上,比传统宣传推广形式节省至少6倍的开支;在产品销售上,可以更快地获取潜在客户关注,提升销售总量。网络渠道服务的作用是多方面的,围绕农产品建立并完善网络销售通路是这一服务的显著特点,也是农产品营销的大趋势。

同传统的渠道服务相比,网络渠道服务更强调信息传达的及时性、有效性。相对于传统的销售反馈体系,反应迅速而且直接面对客户,去除了中间经销商的信息传递,使得信息更加完整,客商双方互动效果更好。

主要价值体现在以下三个方面。

(1)企业形象展示更为全面　通过现有的互联网媒体平台和农业类网站,从不同角度展示企业或者合作社的发展情况、生产情况以及其他有利于企业的新闻信息等,现代网媒的便捷性使得这种展示更为快速、有效。

(2)产品市场销售全网覆盖　产品信息通过众多的农业网站和农产品交易平台,可以更直接地为客户所了解,包括出产时间、产量、品质等信息,全面提高农产品的交易机会,促进农产品买卖畅通。

(3)构筑稳定网络销售体系　农产品销售通过网络平台联结了卖家和买家,信息有效反馈，产品销售互动以及市场动态把握等，都可以通过网络体系进行稳定和完善，对解决农产品卖难问题具有实践价值。

其主要服务特征如下。

①农产品通过信息的形式在网络平台流动，实现类似于传统的产品展示、销售对接等。

②直接实现农产品卖家和买家的对接，省去诸多中间环节，供需双方信息更加通畅。

③专业农产品网络渠道服务商提供产品发布、渠道维护、产销对接的针对性农产品服务。

④农产品供应商、专业服务商、经销商可联合实现农超、农校、农贸、农社等多种形式产销一体模式。

任务三　农产品营销定价

【引导案例】

通　贤　柚

四川安岳县通贤管委会辖区6个乡镇从20世纪以来便大力发展通贤柚(图2-1)，经过多年的发展，通贤柚种植面积达4万余亩，且该产品被评为中华名柚。因柚属纯果酸味，与纯甜味福建官溪蜜柚竞争，处于劣势，一直未打开市场的大门。在2004年10月价格仅0.4～0.6元/kg。而同期官溪蜜柚价格达1.8元/kg，柚子销售难成为政府和果农的大事，关系到辛辛苦苦培养起来的产业成败，为此，我们提出了整合营销的方案。

①邀请重庆诚信干果有限公司、重庆盘溪市场负责人参加。举办了近1 000人的整合营销的动员会，引导农民认识组织营销，实现未支付一分钱，两天时间集中柚子2 500 t。

②运柚子到重庆。为增加农民对组织营销和进入大市场的信心，于2004年11月4日早上举办了隆重的柚子启运仪式，2 500 t柚子在警车开道下前往重庆盘溪市场。

③宣传大打绿色通道牌。利用了2004年10月1日川渝开通的绿色通道，在各卡车上，打出绿色通道为重庆人民送绿色食品的条幅，并将绿色通道作为媒体炒作的由头。

④举办隆重的欢迎仪式。于 2004 年 11 月 4 日下午，在盘溪市场举办了“热烈欢迎中华名柚——通贤柚进入重庆市场”的盛大欢迎仪式，引导各大媒体宣传。

⑤借助重庆诚信干果公司分销网络营销，由农民自己销售，价格达到了官溪蜜柚的价格，销售完后扣除运费、市场费、人员工资后计算平均价格返还农民，让农产品价格提高了 1 倍。

思考题

结合上例说明如何实现农产品优质优价。

图 2-1 通贤柚

【任务分析】

一、农产品定价

农产品定价是影响市场需求和购买行为的重要因素之一，直接关系到农产品生产经营者的收益水平。农产品价格制订得恰当，会促进农产品的销售，提高农产品生产经营者的盈利；反之，会制约需求，降低收益。因此，农产品定价是农产品市场营销活动的重要组成部分。

二、农产品定价的依据

1. 产品的成本

成本是企业定价的下限，一般说来，商品价格必须能够补偿产品生产及市场营销的所有支出，并补偿商品的经营者为其所承担的风险支出。其形式主要有：生产成本、销售费用、储运费用、促销费用等。如果价格低于这些成本费用，就会亏损。

在市场中，产品成本低的企业在价格方面有很大的主动性，所以企业总是力图降低成本。随着农产品生产交易量的加大，就会为降低产品的成本创造条件，从而增加获利空间。

2. 市场需求

成本决定了价格的底线，需求则是制定价格的“天花板”。顾客通过将企业所收取的价格和购买产品所带来的可感知价值或利益进行比较，从而得出该产品是否优劣，自己是否购买的结论。企业定价不仅要考虑弥补成本，更重要的是要捕捉顾客心目中的可感知的价值。如果企业能让顾客充分地认识到产品能带来的价值，当顾客关心这种价值胜过计较价格的时候，企业就可以把价格定得较高。

3. 竞争状况

农产品生产经营者在作价格决策时，需要考虑竞争者的成本、价格及对自身价格变动可能做出的反应。例如，一个消费者当想要购买一箱伊利软包装牛奶时，往往会将伊利的这种纯牛奶与光明、蒙牛、香满楼、扬子江等相近的纯牛奶的价格进行对比，最后做出是否购买的决定。如果市场处于高度竞争的状态，产品的供应种类相似，农产品经营者想制定一个高于现行价格的价格将不会吸引太多购买者。因为如果价格太高，购买者就会转向其他生产经营者的产品。如果市场存在适度竞争，产品有较大的差异，则对产品定高价可以获得成功。因为消费者会认为其所供应的产品与众不同，有独特性。

三、影响农产品定价的因素

为产品制定一个既能为消费者接受，又符合经营者利益的价格，不是一件容易的事。只有站在整体的角度，考虑各方面因素，才能制定出具有一定市场竞争力，为各方所接受的价格。

1. 产品成本

产品成本是指生产经营者为某产品所投入和耗费的费用总和。它是构成产品价格与价值的主要组成部分，所以产品成本是价格制定的下限，除非处于非常恶劣的价格竞争或其他特殊情况下，定价是不会跌破成本的。只有清楚地了解产品成本结构，定价时才能胸有成竹。产品成本包括变动成本和固定成本之和，具体可分为生产成本、储运成本和销售成本三部分。

2. 市场供求关系

市场供求状态是引起产品价格变化的外在主要因素。一般认为，价格与供给量成正比关系，价格越高，供给量越大；反之，价格越低，供给量越小。价格与需求量成反比关系，价格越低，需求量越大；价格越高，需求量越小。

农产品市场供求与价格的关系同样遵循一般产品市场的规律，当市场供大于求时，农产品价格就趋于下降；当市场供不应求时，农产品的价格就会自然上升。这在蔬菜、水果市场上表现得特别明显。

3. 需求价格弹性

所谓需求价格弹性，是指单位价格变化引起的需求量的变化程度。需求量受价格变化影响大的，称为需求价格弹性大，又称为富有弹性；反之则称为需求价格弹性小，或称为缺乏弹性。产品需求价格弹性的大小，可以通过价格弹性系数来表示，即：

需求弹性系数＝需求量变动百分比/价格变动百分比

例如，某种商品价格增加了10%，需求量相应减少了5%，则这种商品的需求弹性为－0.5，负号只表示需求量与价格变动方向相反，因此，通常将负号省去，只取正值。需求弹性系数非常有用，它能告诉我们市场需求量对价格变化的敏感程度，是制定和调整价格的重要依据。需求弹性系数一般有以下几种情况。

一是需求弹性系数等于0，表示不管价格如何变化，需求量都不会发生任何变化。如贵重药材，因为其稀缺性和不可替代的治疗作用，如果人生了病，无论价格多高也要买，如果没有病，降价也没人要。此类产品的价格一般都定得比较高。

二是需求弹性系数等于1，表示价格变化百分比是多少，需求量变化的百分比也是多少。这类产品价格无论如何变化都不会影响盈利，比较稳定。

三是需求弹性系数小于1，表示需求量对价格的变化比较迟钝，提高价格对需求量影响不是很大，例如作为生活必需品的大米，人们不会因为降价而增加消费，也不会因为提价而减少消费。此类产品宜采取提价措施增加农民收入。

四是需求弹性系数大于1，表示价格变化对需求量的影响较大。价格发生较小的变化，就会引起需求量较大的变化。这类产品主要是高档农产品商品，如高档茶叶，价格提高人们就减少消费，价格降低人们就增加消费。此类产品宜采取降价措施扩大销售，增加利润。

需要注意的是，前两种情况在现实生活中极少见到，常见的是后两种情况。

4. 目标投资收益率

在正常情况下，每一个生产经营者都会追求一定的利润目标，这些目标通常是以投资收益率或资产收益率来评估的。农产品生产经营者可供选择的利润目标一般有三种：一是长期利润目标。此时生产经营者制定正常的行业价格，但却生产优质的产品，将来可渗透打入到竞争者的市场中去。二是最大当期利润目标，指根据已知的需求和成本情况，制定一个在当季或当年可获得最大利润的价格。三是固定利润目标。农产品经营者在投资前制定一个具体的利润目标，以保证获得固定的投资收益。

5. 消费者对产品的认知

消费者对产品所持有的认知价值，对他们所能接受的价格有重大影响。当他们对产品的认知价值较高时，就能接受一个较高的价格；相反，价格高时，他们会拒绝接受。一个产品的认知价值的建立需要经营者做好营销工作，只有建立其良好的产品形象，才能提升消费者对产品的认知价值。如寿光的绿色蔬菜在这方面的成功经验值得借鉴。

四、农产品定价目标

农产品定价目标就是经营者通过给农产品定价要达到的主要目的，它是确定定价策略和定价方法的依据。

1. 以维持生存为目标

在激烈的市场竞争中，如果经营者将维持生存作为自己的主要目标，这时利润对他来说就显得不十分重要了。经营者会降低产品价格，也就是说，价格只要能弥补变动成本和部分固定成本，经营者就能维持生存。当然这种定价方法不可能是长期的，因为任何经营者都不可能将维持生存作为长期目标来追求，长期目标肯定是实现盈利，取得经营效益。

2. 以利润最大化为目标

许多经营者喜欢制定高价格来快速取得市场利润，但这应该是在经营者推出新产品的时候，而且应该是一个能够让消费者感到物有所值的价格。当市场销售额下降时，应该迅速调整商品价格，以吸引一些对价格敏感的消费者，以薄利多销使总体利润增加。

3. 以销售增长率最大化为目标

销售增长率是指企业本年销售增长额与上年销售额之间的比率，反映销售的增减变动情况。即：

销售增长率＝(本年销售额－上年销售额)/上年销售额

一般情况下，销售额越大，单位成本就越低，经营者所获利润也就越高。以此为目标的经营者一般采取低价格抢占市场，依靠扩大销售达到总的盈利目的。

4. 以产品高质高价为目标

温饱问题解决以后，人们更为重视农产品的安全、口感、健康和环保。一些著名农业企业生产的无公害农产品、绿色农产品、有机农产品等，其质量过硬，安全有保障，价格虽比一般产品定得高，但对消费者仍有巨大的吸引力，企业也因此创造了很好的经济效益。

5. 以市场份额为目标

在竞争性市场上，经营者用保持和增加市场份额作为定价目标，有利于参与竞争。稳定占有某种（或多种）农产品一定量的市场份额，获得绝对的市场定价权，可长久占有市场份额收益。如美国农业集团长久占有中国大豆市场份额收益就是发达国家补贴本国超强农业集团抢占发展中国家某些重要农产品市场份额的一个例子。

6. 以适应竞争为目标

大多数经营者对于竞争者的价格都十分敏感，定价之前要广泛收集资料，将本企业产品品质、规格与竞争者类似产品作认真的比较，并主要以对市场有决定影响的竞争者的价格作为定价基础：一是制定与竞争者相同的产品价格；二是高于竞争者的价格，一般资金雄厚、技术条件好和产品优良的企业经常采用此定价方法；三是低于竞争者的价格，比较小的企业或谋求扩大市场占有率的企业，常常采取此种定价方法。

7. 以稳定价格为目标

在市场竞争和供求关系比较正常的情况下，为了避免不必要的价格竞争，保持生产的稳定，以求稳固地占领市场，常常采取保持价格稳定为目标的定价策略。这类经营者通常是同行业中具有举足轻重的大企业，这个大企业处于领导地位，左右着市场价格，其他企业往往采取跟随策略。

五、农产品定价策略

农产品定价策略是在定价目标的指导下，根据农产品特征和市场条件，综合考虑影响价格的各种不同因素，运用具体的定价方法，对农产品价格进行决策。常用的定价策略有以下几种。

1. 渗透定价策略

农产品的同一个品种具有较大的同质性，因此经营者往往采取低价来吸引众多消费者。其理论根据是市场上存在一大群普通消费者，他们的购买行为相当理智，希望支付较低的价格来获得较高的满足。所谓低价，是相对于产品品种和服务水平而言的。这种策略的优势在于：低价低利能够有效地阻止竞争者加入，产品能较长时间地占领市场。这种策略主要包括以下三种。

(1)高质中价定位　指企业提供优质的产品和服务，但价格却定在中等水平上，以价格的优势吸引众多的消费者，使消费者感到花中等的价钱获得高品质消费。

(2)中质低价定位　指企业以较低的价格,向消费者提供符合一般标准的产品和服务,使顾客以较低的价格,获得信得过的产品。这一目标市场的顾客群对价格敏感,但又不希望质量过于低劣。例如,目前在我国正在兴起的仓储式商店的发展就是针对这一顾客群的。

(3)低质低价定位　产品没有质量优势,唯一有的是价格优势。这一策略主要迎合一些低收入阶层。使用低质低价策略的条件是:能够通过销售量的增加使产品的生产成本下降,且目标市场的顾客对价格非常敏感。如果发现竞争加剧,经营者应考虑有更低成本的产品推出。

渗透定价策略的适用范围是:新产品进入市场;产品市场规模大,市场竞争性较强;产品需求弹性较大,消费者对产品价格反应敏感,稍微降价就会刺激需求;大批量生产能显著降低成本;薄利多销的利润总额大于按正常价格销售的利润总额。

2. 撇脂定价策略

撇脂的意思是指从牛奶表面逐层撇取奶脂,撇脂定价是指新产品进入市场后经营者有意识地把产品价格定得大大高于成本,使其能在短时间内把开发新产品的投资和预定的利润迅速收回。采用这一策略的经营者在促销时,产品价格定到什么程度不以成本为标准,只要能满足顾客的炫耀心理,能显示出商品的高品质、高附加值即可。这一策略的实施往往配合以强大的宣传攻势,将产品推向市场,使消费者尽快地认识新产品,在短时间内形成强烈的需求欲望和购买动机。当然,采取高价策略要有支持高价的产品特性。比如,高价产品应该能突出显示消费者的地位和财富,意味着产品高品质,高档次等。

3. 尾数定价策略

一般消费者往往认为尾数价格是经过精密计算的,因而产生一种真实感,信任感、便宜感。尾数定价策略可以顺应某些地区、民族的风俗习惯,从而有利于扩大销售。如 1 kg 鸡蛋标价 5.90 元,比标价 6.00 元更能吸引顾客。现在用得尾数比较多的还有 8,取“发财”中“发”的谐音。

4. 整数定价策略

根据消费者自尊心理的需要,对一些高级商品要采取整数定价,因为这种定价能满足顾客的虚荣心。例如一盒人参礼品如果定价为 59 元,就不如定价 60 元为好。因为顾客心理感觉 59 元只是 50 多元,没有超过 60 元,心理上得不到满足,不易引起购买动机。

5. 分档定价策略

分档定价就是根据不同顾客、不同时间和不同场所,在经营不同牌号、不同花色和规格的同类产品时，不是一种商品一个价格，而是把商品分为几个档次，每一档次定一个价格。分档定价的形式有以下几种。

(1)针对不同顾客群体定不同价格　如许多会员商店，对会员顾客实行标明的价格售货，而对非会员顾客购物则要加收价格的5%～10%。

(2)同一产品，按不同花色、样式和规格实行分档定价　如把同为红富士品种的苹果按照大小分成不同的等级，每个等级确定一个价格；出售猪肉时，根据不同部位确定不同的价格。

(3)按位置分档定价　根据销售场所的区位优势，交通便利程度、商服繁华度、消费群体层次等因素确定不同的价格。

(4)按时间分档定价　比如在日本一些大的超市里鲜鸡蛋早上和晚上的价格不同。再如同样的新鲜蔬菜元旦、春节期间价格要比平时高出1倍，甚至几倍。

分档定价可以使消费者感到商品档次高低的明显差别，为消费者选购提供了方便。但分档不宜太少也不宜太多，因为档次太多，价格差别太小，起不到分档作用；档次太少，价格差别太大，则容易使期望中间价格的顾客失望。

实行分档定价要注意几点：第一，市场是可以细分的，且每个细分市场的需求强度不同；第二，商品不可能从低价市场流向高价市场，不可能转手倒卖；第三，高价市场上不存在削价竞争；第四，分档定价不应引起顾客不满等。

6. 折扣定价策略

折扣定价策略指经营者在顾客购买商品达到一定数量或金额时予以价格折扣。折扣定价策略包括以下几种。

(1)数量(金额)折扣　是指卖主为了鼓励顾客多购买，达到一定数量(或金额)时给予某种程度的折扣。其形式有累进折扣和非累进折扣两种：累进折扣为买方在一定时期内累计购买达到一定数量或金额时，给予一定折扣，购买越多，折扣比例越高；非累进折扣是当一次购货达到卖主要求的数量或金额时，就会给予折扣优待。

(2)现金折扣　现金折扣是指消费者在赊销购物时，如果买方以现金付款或者提前付款，可以得到原定价格一定折扣的优惠，主要是销售商为及时回收货款而采取的一种价格促销方式。

(3)交易折扣　根据各类中间商在市场营销中功能的不同给予不同的折扣。交易折扣的多少，视行业、产品的不同以及中间商所承担的责任多少而定。一般来说，批发商折扣较多，零售商折扣较小。按照美国百货业的习惯，是按零售价格的40%和10%给予同业折扣，例如商品农产品零售价格为50元，商业折扣为40%与10%，意思是：零售商对批发商付款30元(50－50×40%)，批发部门给生产者付

27 元(30－30×10%)，对不同功能的商业部门给予不同的折扣，使它们在不同的环节上都能得到合理利润，乐意经销生产者产品。交易折扣表现在农产品销售中为产地价、批发价、零售价的差价。

7. 地区定价策略

地区定价策略，就是当把产品卖给不同地区的顾客时，决定是否实行地区差价。地区定价策略的关键是如何灵活对待运输、保险等费用，是否将这些费用包含在价格中。因为在农产品定价中运费和保险费是一项很重要的因素，特别是运费和保险费占成本比例较大时更应该重视。具体方法如下。

(1)产地定价　指顾客在产地按出厂价购买产品，卖主负责将产品运至顾客指定的运输工具上，运输费用和保险费全部由买方承担。这种定价方法对卖方来说是最简单和容易的，对各地区的买主也是适用的。

(2)统一交货定价　是指不论买主所在地距离远近，都由卖主将货物运送到买主所在地，并收取同样的运费。这种策略类似于邮政服务，因此又被称为“邮票定价法”。该策略适用于重量轻、运费低廉、变动成本占比重较小的产品。它可以使买方感到免费运送而乐于购买，有利于提高市场占有率。

(3)分区运送定价　这是卖方将市场划分为几个大的区域，在每个区域内实行统一价格，与邮政包裹和长途电话收费近似。

六、农产品定价技巧

(一)利用消费者心理定价

对于大众化、没有经过加工的一般农产品，尤其是自家消费的农产品，消费者一般存在实惠心理，1 斤蔬菜定价 0.9 元，远比定价 1 元要吸引人，所以这类农产品定价最好不要超过整数，1.8 元、1.9 元比定价 2 元要好卖得多。对于粗加工农产品，消费者存在“一分价钱一分货”心理，消费者认为单价为 2.1 元的商品比单价为 2 元的商品质量要好，这类商品就不要采取薄利多销方法。不过，企业对这类商品一定要把好质量关，让消费者认为多掏一毛钱值得。因为，消费者一般是重复购买，并且是买几种牌子进行比较，因此经营者要搞出质量差异，否则，价格比别人高，质量却不如别人，消费者就不会买账。市场上乌江榨菜价位比其他厂家要高，但仍然卖得好，原因是它确实比其他品牌榨菜好吃。

对于作为送礼用途的农产品价格要适当高一些，因为价格太低，消费者会认为拿不出手，但价格太高，消费者会认为不值得，将寻找其他礼品替代。

(二)农产品分档定价

一般来讲，同档次的农产品价格要与竞争对手价格保持一致，定价时以竞争对手价格为主要依据。根据本产品竞争能力，同时推出另外一种规格产品，质量稍微好一些，价位稍高一点，这样，当消费者选择低价位时，你的农产品可能被选中；当顾客选择高价位时，你的农产品也可能被选中。

（三）随行就市定价

一般农产品差别不是很大，价格太高消费者会嫌贵，价格太低消费者会产生怀疑心理，因此经营者可以把农产品价格保持在同行业平均价格水平上，这种定价方法比较保险。

（四）先低后高定价

对于刚刚进入市场的新产品，为了在竞争中获得一定市场份额，前期可以低价位进入，但这种产品需求弹性必须较大，消费者对产品价格反应敏感，低价能够刺激需求量增多，当低价赢得消费者、产品已经深入人心时，可适当找机会提价，如物价普遍上涨、遇到国家上调工资时。

（五）取脂定价

取脂定价策略是指新产品进入市场后，为能在短时间内把开发新产品的投资和预定利润迅速收回，经营者有意识地把产品价格定得远远高于成本。采取高价策略，要有支持高价的特性，如营养更丰富、产品食用更安全，符合绿色环保理念。采用这一策略的经营者促销产品，要能显示出商品的高品质、高附加值，同时其实施往往要配合以强大宣传攻势，将产品推向市场，使消费者尽快认识新产品，在短时间内形成强烈需求欲望和购买动机。

（六）让顾客自己定价

给予对方信任，对方将给予你更大信任。在可以讨价还价场所，尊重消费者，让顾客给出产品价格，这时消费者一般会客观报价，基本与市场价格持平，有时为报以信任，给出的价格还高于你自己的定价。

（七）形象定价

一枝枝鲜花单独销售可能不太值钱，但是把它装进透明好看的花瓶里，视觉上会给人带来愉悦的享受，因此鲜花伴随着花瓶一起出售，价位就会稍微偏高，顾客购买欲望也越发强烈。

（八）分部位定价

将农产品分拆为几部分分别定价。比如，整鸡价钱较便宜，可将整鸡分部位分别定价，如分成鸡腿、鸡爪、鸡心来卖；把猪肉分等级深加工上市，把猪皮、猪毛、肥膘、猪骨等卖给不同厂家单独加工，如此便能大大增加收入。

七、农产品定价的程序

在选择合适的定价目标后，需要对农产品市场需求、成本、市场价格进行测定，然后确定最终价格。

(一)测定市场需求

主要测定目标市场上消费者对拟投放市场的农产品价格的主观评价，不同营销变量组合对应的农产品需求量，不同价格条件下农产品的需求量和需求价格弹性，为后续定价的顺利进行提供依据。

(二)测算成本

根据成本类型，分析不同生产条件下生产成本的变化，估算不同营销组合下的农产品成本，以此作为定价的依据之一。

(三)分析竞争者的产品与价格

通过调查顾客对市场上竞争者销售的农产品的态度、价格等办法了解这些情况。重点调查分析同一产品，竞争者的产品质量、价格水平、可能做出的反应、替代产品的生产等有关情况。

(四)选择定价方法，确定最终价格

获取上述资料后，产品价格区间就基本上可确定下来。产品成本决定了产品价格的底线，竞争者的价格和代用品的价格以及自己产品所独有的特色为估算其最高价提供了依据。产品价格上下限区间确定后，还需参考营销组合的其他因素，并且查考价格水平是否符合国家有关的政策法规，以及对自身市场经营的影响，在此基础上最终确定价格。

任务四　农产品促销

【引导案例】

山东成功人果蔬专业合作社

山东成功人果蔬专业合作社被中华全国供销合作总社评为“农民专业合作社示范社”。山东成功人果蔬专业合作社是2009年4月以金乡县成功果蔬制品有限公司为依托，在金乡县供销社具体指导下成立的一家以大蒜经营为主的农村合作经济组织，注册资本518万元，发展社员620余户。近年来，合作社按照

“龙头企业＋专业合作社＋基地”的产业化发展模式，大力发展现代农业、高效农业，建成了从生产一直到市场终端的农产品经营服务体系，实现了小生产与大市场的有效链接，增加了农民收入。合作社现已建立国家级标准化出口大蒜示范基地23 000亩、绿色食品基地13 000亩、有机大蒜基地3 200亩、GAP基地650亩，美国有机大蒜基地1 000亩。建立健全产品追溯体系，严格实行“五统一”管理，即统一供种、统一施肥、统一管理、统一收购、统一销售。从大蒜种植、加工一直到餐桌，实行全程跟踪，确保产品质量安全。合作社每年与基地社员签订收购协议，实行保护价收购，公司收购基地社员的大蒜每斤高于市场价0.2元，2010年合作社与有机大蒜基地社员签订的销售合同中明确承诺将有机大蒜销售利润部分的30%二次返利给基地社员，从而实现了社、农“双赢”。2010年合作社基地农户大蒜比普通农户大蒜每亩增收效益400元，每年辐射带动全县2 000多户农民增收1 600万元。近年来，合作社积极开拓国际、国内两大市场，先后参加了德国科隆国际食品展，柏林果蔬展，日本农产品展会，中国深圳、香港国际果蔬展，扩大了国际贸易。加快“农超对接”步伐，抢占国际、国内高端市场，先后与北京物美超市、天津易买得超市、济南银座签订了长期的合作协议；2010年承办了金乡大蒜进世博、进广州亚运会活动，成功打入了世界500强企业的麦德龙超市。

思考题

1.农村经济合作组织在农产品经营过程中如何发挥作用？

2.运用市场营销的知识，总结山东成功人果蔬专业合作社的成功经验。试结合本地实际加以说明。

【任务分析】

一、农产品促销的概念

农产品促销是指农业生产经营者运用各种方式方法，传递产品信息，帮助与说服顾客购买本企业的产品，或使顾客对企业产生好感和信任，以激发消费者的购买欲望，促进消费者的消费行为，从而有利于扩大农产品的销售。常见的农产品促销方式有人员推销、广告促销以及农产品展销会等三种形式。在考虑农产品促销时，需要根据农业生产的实际情况和农产品的消费特点，选择适合农产品的促销方式。要灵活运用促销策略，与顾客建立长期关系，培养一批忠诚的顾客群。

二、农产品促销特征

(1)从促销主体看　农产品促销活动主要由规模较大的专业户、龙头企业、农产品流通组织或政府来实施。

规模较小而且分散的农户由于受到资金、利润、收益的限制往往不能也不愿投入产品促销活动，而一般只参加与自己利益相关的、规模较小的营业推广活动。广告促销、各种特色的农产品博览会、交易会、促销会和各种主题的公共关系活动都需要由政府或相应的龙头企业来组织并承担费用。由于这些大型促销活动是农产品促销活动的主要内容，而农民却不是活动参加者，因此农产品促销活动具有很大的外部性。小农户一般从事零散的营业推广活动，这类活动费用少，成本低，而且与摊点农民利益直接相关，因此受到很多小买卖农户的欢迎，但这类促销活动并不是农产品促销的主要内容。

(2)从促销的对象看　促销的产品具有产地化、差异化和个性化特征。

产地化是指促销活动传递的信息是某个特定产地的产品信息，促销活动是为了激发顾客对该产地产品的购买行为。一方面，某一产地的特色产品体现了该产地的品牌作用；另一方面，产地的大气、水源、土壤环境质量等是影响产品卫生、安全、质量的主要因素。差异化是指农产品的促销应该更多地传递本产品与众不同的信息，满足顾客多样化的需求。由于农产品的需求弹性较小，不宜采取大幅降低价格的手段进行促销，价格对顾客购买行为的刺激作用并不强，因此农产品促销应该向顾客传递产品的差异之处，依靠产品的差异化（比如绿色、安全、营养特性等）影响顾客的购买行为。个性化是指促销活动传递的信息应该强调产品的个性特征，如地方特色产品的促销。随着人民生活水平的提高，特别是消费观念的转变，人们对传统的农产品兴趣趋淡，而对供不应求的新、鲜、奇、特、精、优的农产品兴趣盎然，使这些农产品逐渐成为消费热门和新时尚。为了解决大宗农产品过剩与消费者需求不足的矛盾，必须把准市场脉搏，紧跟市场竞争形势，大力发展热点、时尚的农产品，并通过促销活动传递这些产品信息，最大限度地刺激和满足人们的需求与欲望，才能使这些农产品雄踞一方，畅销不衰。

(3)从促销的手段看　农产品促销形式多样，且有其特征。

农产品促销除了传统的人员推销、广告和营业推广外，各种网络营销、关系营销的促销方式也多种多样。由于农业经营者在农产品生产过程中往往获得多种主产品及副产品，如果将产品进行最初级的加工，便能形成更多的派生产品，再对各种产品进行组合，就形成多种多样的赠送、推广促销形式。农产品促销手段的独特性体现在许多方面，如由于农产品需求价格弹性较小，所以降价促销一般效用不大；由于人们对卫生、安全食品需求较大，因此对绿色产品信息进行传递往往效用较大。近年来，由于人们生活节奏加快，因此“送货上门”“净菜去壳”等新的促销技巧很受消费者的欢迎。

三、农产品促销的类型

从促销形式上看，可以将农产品促销分为人员推销、广告、营业推广、公共关系四种形式。

(一)人员推销

人员推销是指通过销售人员深入中间商或消费者进行直接的宣传介绍活动，使其采取购买行为的促销方式。人员推销是人类最古老的促销手段，远在小商品经济时代，商人的沿街叫卖、上门送货等就属于人员推销。在商品经济高度发展的现代社会，人员推销这种古老的形式更焕发了青春，成为现代社会最重要的一种促销形式。

同非人员推销相比，人员推销的最大特点是直接性。人员推销是一种推销员与消费者面对面地双向沟通的活动，它是一种非常有效的产品促销方法，具有以下7个主要特点。

①人员推销注重人际关系，有利于消费者与销售人员之间建立友谊关系。

②人员推销具有较大的灵活性。

③人员推销针对性强，无效劳动较少，具有即时成交性。

④人员推销在大多数情况下能实现潜在交换，形成实际销售。

⑤销售人员充当双重角色，有利于企业经营决策。

⑥信息反馈迅速，可提供售后服务。

⑦人员推销的费用较高，覆盖范围有限。

人员推销是促销组合中的一个重要组成部分，我国大量存在的农产品经纪人的行为是农产品人员推销的主要形式之一。

(二)广告

广告是指由广告主采取付费方式，委托广告经营部门通过传播媒体，以现代科学技术和现代化设备为手段，以策划为主体、创意为中心，对受传者进行的以有关企业目标、经营方式、产品或服务项目为主要内容的宣传活动，旨在使受传者心目中牢固树立企业形象、品牌形象及产品形象，从而达到刺激、扩大市场需求，开拓潜在市场、扩大市场份额与产品销售，进而指导消费者、培养受传者新的生活方式的目的。

广告促销具有以下特点：

①覆盖范围广。

②传播迅速。

③形式多样。

④人均成本低。

⑤短时间内造势效果好。

⑥单向沟通。

⑦信息量有限。

⑧传播效果受到内外因素影响。

⑨总成本高。

我国许多农产品的营销者仍然遵循着旧观念，固守市场，导致市场范围越来越小，竞争力越来越弱，占有率越来越低。随着市场营销环境的变化，广告已成为促销的主角，肩负着创名牌和增效益两大特殊使命。但综观国内各类广告媒体，除在地方媒体上出现寥寥无几的农产品广告外，全国性媒体上还很少有农产品广告。极小的广告范围是很难使中国的农产品走向国内外市场的。因此，应结合农产品个性特征挖掘其独有魅力，做好广告宣传。

(三)营业推广

营业推广又称销售促进，是指为刺激需求而采取的能够迅速激励购买行为的促销方式。

与其他的促销方式不同，营业推广多用于一定时期、一定任务的短期特别推销。一般来说，人员推销、公共关系、广告等促销方式都带有持续性和常规性，而营业推广则常常是上述促销方式的一种辅助手段，用于特定时期和特定商品的销售。

营业推广主要是一种战术性的营销手段，而非策略性的营销手段。作为一种短期的促销方式，营业推广一般具有两个相互矛盾的特征。

(1)强烈呈现　营业推广的许多方法往往是把销售的产品在消费者的选择机遇前强烈地呈现出来，似乎告诉消费者这是一次永不再来的机会，购买该产品可以带来额外的好处。通过这种强烈的刺激，迅速消除顾客疑虑、观望的心理，打破顾客的购买惰性，使其迅速购买。

(2)产品贬低　由于营业推广的很多方法都呈现出强烈的吸引氛围，有些做法难免显出企业急于出售产品的意图，如果使用不当，就可能使消费者怀疑产品的品质，甚至产生逆反心理。

根据农产品的特点，农产品的营业推广适合采用特价、价格折扣与优惠券、免费品尝、展销会、加量不加价等方式。如生鲜超市常对某一种蔬菜进行特价限量购买，以树立一种物美价廉的形象，带动其他商品销售。

(四)公共关系

公共关系指一个组织为了改善与社会公众之间的关系，通过双向信息沟通，增进公众对组织的认识、理解与支持，树立良好的组织形象，为自身事业的发展创造最佳社会环境而开展的一系列活动。公共关系是企业促销策略之一，与其他促销策略相比，公共关系具有如下特点。

(1)广泛性　公关客体是与社会组织密切相关的各种社会公众、企业、政府和社会团体。

(2)主动性　在市场经济条件下，公关主体要生存、求发展，就必须积极主动地参与竞争。

(3)长期性　公关活动的目标是在社会公众心目中树立良好的企业形象，使社会公众难以忘怀，对社会公众的影响是长期的。

(4)双向性　社会组织通过一系列公关活动，吸引了大量的社会公众参与，可以将社会组织的信息传递出去，同时还能广泛收集所需要的大量信息，实现信息沟通的双向性。

由于农产品的促销活动一般由政府和当地新闻媒体一起发动，所以依靠公共关系进行产品促销往往能够取得较好的效果。

(五)农产品促销

1. 农产品的人员推销

农产品的人员推销包括集体组织的产地人员推销和农业企业专职营销员的推销活动。产地人员推销农产品主要是当地政府有关部门组织的农产品推销活动。在一些农产品集中进行商品化生产的产地，如蔬菜产地、瓜果产地等，由于生产量大和销售季节集中，一到收获季节，产地就会出现局部的供大于求，导致价格下降、出现卖难问题。产地政府和农民合作经济组织对此都十分重视，为了帮助农民解决卖难问题，每当农产品快要上市的季节，产地就会组织人员到各地去，通过熟人、老客户等关系开展推销业务。他们主要前往大中城市的农产品批发市场，通过与市场上常年从事批发业务的经销公司或经销大户签订供货合同，为产地的农产品扩大销路。产地组织的人员推销多带有政府对农业的营销支持行为，当地政府部门组织和抽调人员参与推销，并有一定的资金投入。

这种产地人员推销多发生在产地形成的初期，是一种临时采取的促销措施。随着产地规模的扩大和知名度的提高，产地农产品集货市场随之建立，产地自发形成的营销商队伍也将会不断发展壮大，而且会吸引大量外地的农产品经销商前来购货。这时人员推销的作用就会减弱，逐渐被其他的促销方式所取代。

农业企业专职营销人员推销与产地人员推销不同。企业人员的推销包括两个方面：其一是联系经销商，通过建立自己的经销商网络，形成稳定的销售渠道；其二是向人流大的商场和超市等派出助销信息员，专门向顾客介绍自己企业的产品，引导消费者了解和选择购买本企业的产品。同时，企业的助销信息员还肩负着观察顾客购买行为和听取顾客意见的任务，有利于企业及时了解消费者的需求变化和市场竞争情况，不断调整自己的营销策略。

2. 农产品的广告促销

由于农业生产的比较利益低，农产品又是人们的生活必需品，需求弹性小，所以过去很少有农民给自已的产品做广告。当农产品市场供大于求后，农业生产者之间、产地之间就形成了相互竞争的市场格局，谁不向外传递信息，不搞促销宣传，谁的产品就不会被人知道，就卖不出去。现在，越来越多的农业经营者开始注意到了广告的作用，也开始利用广告手段来促销自己的产品。农产品广告最多的是供求广告，主要以调节余缺为目的，卖方寻找客户，买方寻找货源。供求广告的内容包括商品名称、数量、价格、交货地点和联系方式等。由于供求广告的内容简短，广告费用低，在各地被普遍采用，客户很容易根据广告提供的信息与买方达成交易，取得预期的效果。供求类广告属于信息告知，要求广告信息在一定时间内可保存，客户可查询，而且受众多是生产者、加工者、经销商或购物团体等，因此，可多选择与农产品相关的行业类报纸、杂志等作为广告媒介。

随着我国农村计算机信息网络的普及，网上做广告已经成为广大农业经营者发布产品信息的主要方式。网络广告具有成本低、易检索查询、可在网上直接洽谈协商等优点，对农产品经营者来说，是一个实用性强、效果好、很有发展前景的广告媒介。

3. 农产品展销会

参加各种农产品展销会是农业生产者和企业促销农产品的好机会。这些展销活动多数是由产地或行业组织在政府支持下举办的。活动之前通过发通知、做广告等进行广泛宣传，活动的组织机构还向有关部门和企业发出参会邀请。展销会一般都有开幕式、领导剪彩等仪式，期间邀请各种媒体参与采访报道，声势浩大，参加者踊跃，是促成大批量订货的好机会。有些展销会在农产品产地举办，邀请众多客商前来并安排现场参观和座谈交流，不但产品促销效果好，而且树立了良好的产地形象，扩大了产地的知名度。如农业部举办全国优质农产品展销周活动就是要向中外客商展示全国各地的优质特色农产品、绿色食品和有机食品，进一步促进农产品贸易流通，丰富农产品市场供应，促进农产品销售。

四、农产品促销组合

根据促销目标、资源状况，综合运用人员推销、广告宣传、营业推广和公共关系等促销手段，形成一个整体策略组合，称促销组合。研究促销组合，目的是更有效地把商品、劳务与企业介绍消费者，从而树立良好的形象，促进商品或劳务的推销。企业在制定促销组合及促销策略时要考虑以下几个因素。

1. 目标市场

促销需要有明确的针对性，面对不同类型的消费者，应采用不同的促销组合。经营者可以根据不同的目标市场的特点，运用促销组合向消费者宣传农产品。

2. 商品性质

由于各类农产品性质不同，所以应采用不同的促销组合。如批量大、价值高、生命周期长的商品，多用人员推销。一般农产品推销，多用广告宣传。

3. 商品寿命周期

促销组合应随商品经济寿命周期的变化而变化。一般消费品在试销期，需报道性地宣传，多用广告、营业推广。成长期竞争激烈，多用公共关系，突出商品、厂牌特点。成熟期商品质量、价格趋于稳定，宣传重点为保持和争取顾客。衰落期多用提醒性、备忘性广告。

4. 市场环境

商品销售市场较集中，应以人员推销为主，它既能发挥人员推销的作用，又能节省广告费用。销售市场比较分散，则宜采用广告宣传，快速全方位地把信息传递给消费者。

5. 企业信誉

企业在消费者心目中的信誉较差，亟待发送关系，宜以人员推销为主，以听取意见，协调利益，改善关系。反之，企业信誉较好，则以广告推销更为有利。

6. 企业实力

规模小，产量小，资金不足，应以人员推销为主；反之，规模大，产量高，资金雄厚，则应以广告为主，人员推销为辅。

五、农产品促销策略

(一)价格策略

对于大多数农产品来说，价格是最主要的竞争手段之一。为了刺激消费者更多地购买，可以采取灵活多样的定价方式，对于不同的目标市场、产品形式、销售时间、销售地点实行有差别的价格，从而满足不同的市场需求，以扩大销售，提高经营者的经济效益。

(二)选择适宜的推销技巧

讲究推销技巧，是指经营者在推销自己的产品时要根据消费者心理动态、消费习惯等有针对性地采取推销策略。

1. 针对不同阶段的心理特点，采取相应的推销技巧

从消费者购买产品的过程来看，大致可以分成四个阶段，在每个阶段要使用不同的推销方法。

(1)寻找商品的阶段　消费者出于某种需求，希望寻找某种商品来满足需求。这时，经营者要积极介绍自己的产品，特别应针对消费者需求来介绍产品的特点，引起消费者的购买欲望。

(2)比较的阶段　消费者可能要将同类商品作一个比较，其中主要是比质量、比价格。这时经营者要强调自己的产品具有优势的一面，或者给予某种优惠，促成消费者下决心购买。

(3)购买阶段　要满足消费者在购买时的要求，并且要用热情的态度招呼消费者，希望再次购买。

(4)评价阶段　有的消费者购买商品后感觉比较满意，可能再次购买，成为“回头客”。这时经营者一方面要热情接待，另一方面可利用“回头客”的良好评价说服其他消费者购买。

2. 迎合不同消费者的购买心理，选择不同的营销技巧

面对商品品种繁多的市场，顾客是否购买某一商品，是由其购买心理动机决定的。顾客的购买心理可分为以下 6 种类型，应针对不同的心理状态的消费者，采取不同的推销技巧。

(1)理智型　这类顾客具有一定的商品知识，注重商品性能和质量，讲究物美价廉。

(2)选价型　一是以价格低廉为选商品的前提条件，对“优惠价”商品感兴趣；二是对高档、高价商品感兴趣，认为一分钱一分货，要买就买好的。

(3)求新型　这类顾客追求时尚与款式，往往不问价格、质量。

(4)求名型　崇拜名牌产品，对价格高低并不过多考虑。

(5)习惯型　顾客对某些厂家、商标的商品熟悉、信任，或因生活习惯等的不同，形成一种使用某种商品的习惯。

(6)不定型　不常买东西，对市场情况和商品不熟悉，购买时犹豫不决，反复征求他人意见。

3. 根据消费者的购物习惯，采取不同的推销技巧

购买习惯，主要指顾客何时购买、何处购买。搞好农产品的营销工作，必须认真分析顾客的购物习惯，采取有针对性的促销手段。

(三)搞好售后服务,扩大经营者的影响

经营者要扩大自己的影响,必须搞好产品售后服务。

①做好准备,以便及时、准确地处理好各种询问和意见。

②必须有实效地解决顾客所提出来的实际问题,这比笑脸相迎更为重要。

③提供给顾客多种可供选择的服务价格和服务合同。

④在保证服务质量的前提下,可把某些服务项目转包给有关服务行业的厂家。

⑤不能怕顾客提意见,应把此看成改进自己的产品和服务,搞好生产经营的重要信息来源。

(四)做好广告宣传,扩大产品知名度

广告通过各种方式将自己产品的性能、特点、使用方法等广泛地向消费者介绍,引起对自己产品的购买欲望。经营者要制订正确的广告计划,选择适当的广告策略,设计适宜的广告,并选择好广告媒体。

六、农产品促销的作用

促销对农业发展具有重要意义,但也应看到,在开展农产品生产的同时,不少农户市场意识较差,只停留在生产观念和产品观念上,坐等中间商或消费者上门购买,往往错过最佳销售时期,只好降价出售,少数地区甚至出现自毁农产品的现象,损失巨大。所以促进农产品销售应引起农业生产者的重视。

1. 传播信息、收集市场情报

如今农产品的种类繁多,品种特性各异,如何使消费者的需求和希望得到满足是促销活动的中心。如传播待售农产品的特点、价格、什么地方可以买到等信息,使顾客感兴趣并逐渐产生购买动机、引发购买欲望直至产生购买行为。同时,通过促销不仅可以增进顾客对生产单位和农产品的了解,而且通过观察、询问以及消费者的反应还可以得知农产品及其服务和农产品的竞争力等情况。农业生产者要通过信息反馈改进工作,使农产品适销对路,扩大市场。

2. 增加农产品需求,协调供求

由于消费者需求动机的多样性和复杂性,通过促销活动可以诱导和激发消费者对某一农产品种类或品种产生兴趣,从而达到合理安排供货和调剂余缺的目的。

3. 树立农产品品牌形象和公司形象,稳定销售

促销活动的一个重要内容是树立和表现不同农产品种类和品种的个性,传递农产品质量和提供优质服务的信息,树立农产品在消费者中的信誉,引起消费者对

农产品的偏爱；同时，树立公司形象，使购买者不仅决定购买什么，还决定从何处购买，从而使自己的农产品在市场中处于稳定的销售地位。

4. 开发新市场

据美国市场研究资料显示，消费市场的商品一年内有20%～25%的顾客会因种种不可控制因素而有所变动，为了使公司继续生存，或进一步发展，就要不断发掘新顾客，而促销工作正是打开新市场的重要手段。

【知识巩固】

一、多项选择题

1. 农产品促销的类型有（　　）。

A. 人员推销　　B. 广告　　C. 营业推广　　D. 公共关系

2. 农产品促销的类型有（　　）。

A. 农产品的人员推销　　B. 农产品的广告促销

C. 农产品展销会　　D. 电视广告

3. 顾客的购买心理可分为（　　）。

A. 理智型　　B 选价型　　C. 求名型　　D. 习惯型

4. 农产品促销的作用是（　　）。

A. 传播信息、收集市场情报

B. 增加农产品需求，协调供求

C. 树立农产品品牌形象和公司形象，稳定销售

D. 开发新市场

5. 影响农产品定价的因素包括（　　）。

A. 产品成本　　B. 市场供求关系

C. 需求价格弹性　　D. 目标投资收益率

6. 农产品定价目标为（　　）。

A. 以维持生存为目标

B. 以利润最大化为目标

C. 以销售增长率最大化为目标

D. 以产品高质高价为目标

7. 农产品定价策略包括（　　）。

A. 渗透定价策略　　B. 撇脂定价策略

C. 尾数定价策略　　D. 整数定价策略

8. 农产品定价技巧包括(　　)。

A. 利用消费者心理定价　　B. 农产品分档定价

C. 随行就市定价　　D. 先低后高定价

9. 农产品营销渠道的作用包括(　　)。

A. 促进生产,引导消费

B. 吞吐商品,平衡供求

C. 加速商品流通,节省流通费用

D. 扩大销售范围,提高产品竞争能力

10. 农产品分销渠道的作用包括(　　)。

A. 联结产销　　B. 调剂余缺,平衡供需

C. 简化交易,提高效益　　D. 沟通反馈信息

二、判断题

1. 农产品促销是指农业生产经营者运用各种方式方法,传递产品信息,帮助与说服顾客购买本企业的产品,或使顾客对企业产生好感和信任,以激发消费者的购买欲望,促进消费者的消费行为,从而有利于扩大农产品的销售。(　　)

2. 从促销主体看,农产品促销活动主要由规模较大的专业户、龙头企业、农产品流通组织或政府来实施。(　　)

3. 从促销的对象来看,促销的产品具有产地化、差异化和个性化特征。(　　)

4. 人员推销注重人际关系,有利于消费者与销售人员之间建立友谊关系。(　　)

5. 人员推销的费用不高,覆盖范围有限。(　　)

6. 营业推广一般具有两个相互矛盾的特征:强烈呈现和产品贬低。(　　)

7. 农产品价格制定得恰当,会促进农产品的销售,提高农产品生产经营者的盈利;反之,会制约需求,降低收益。(　　)

8. 农产品定价目标就是经营者通过给农产品定价要达到的主要目的,它是确定定价策略和定价方法的依据。(　　)

9. 农产品定价策略是在定价目标的指导下,根据农产品特征和市场条件,综合考虑影响价格的各种不同因素,运用具体的定价方法,对农产品价格进行决策。(　　)

【综合实训】

案例一　海南香蕉网络销售

近几年,海南蕉农卖香蕉难已成为全社会关注的热点话题。每年7月份,海南夏蕉又开始大规模上市,面对海南迫在眉睫的“蕉急”,网友们除了关注,其实能做的还有更多。淘宝网团购平台“聚划算”发起的“聚蕉行动”联合超市,借助广大淘宝买家的力量,帮助海南蕉农解“燃眉蕉急”。信息发出后,1 min 团出 867 份,10 min 6 000 份,20 min 迅速上升到 9 000 份。在当天淘宝网的“聚划算”发起的“聚蕉行动”中,成千上万的网民将关注化为切实的行动,一起团购海南香蕉。30 min 不到,1.3 万份、共计 70 多吨海南香蕉团购一空。此次爱心团购的第一站设在杭州,以网上预售、线下提取的方式进行香蕉团购。购买香蕉券的网友可以凭二维码在当月到杭州市指定的 10 个联华超市去提货。这也是国内以本地化方式进行公益团购的首次尝试。随后在北京、上海、广州、深圳、成都、长沙、武汉和宁波 8 市发动网友爱心团购海南滞销香蕉,让海南不再“蕉”急!

思考题

结合案例回答:怎么理解“渠道为主”。

案例二　汇康沙棘汁营销案例

沙棘是什么? 沙棘,俗称“酸柳”“酸刺”“黑刺”,浑身具有棘刺,叶子呈条形至条状被针形,两端趋尖,沙棘花先于枝叶开放,花小,淡黄色。果实为肉质花被筒包围,近于球形(图 2-2 和图 2-3)。

沙棘特色:富含维生素 C 和维生素 E,居果蔬之冠,止渴生津,保胃护肝醒酒。内含 20 多种微量元素和 18 种人体必需氨基酸,均衡补充营养。浓缩沙棘精华,含有高原植物的独特风味。

沙棘妙用:沙棘果能够活血散淤、化痰舒胸、补脾健胃。沙棘种子可治疗肺结核、胃溃疡、月经不调等症,可增进人的心肌功能,沙棘油可促进机体新陈代谢,是良好的外伤药。沙棘树可绿化荒山、保持水土、调节生态平衡。

各种沙棘产品如下:

(1)食用类　沙棘油、沙棘果珍、沙棘果汁、沙棘醋、沙棘茶。

(2)化妆类　沙棘日化、沙棘口服液、沙棘化妆品。

(3)药用类　沙棘胶丸、沙棘精油。

这种农产品成功营销的案例是今后农产品发展的主要方向。

思考题

结合案例分析农产品营销策略有哪些。

图 2-2 沙棘树

图 2-3 沙棘果

案例三 南通市知名品牌——海蜜甜瓜

南通市农业科学研究所自主开发的“海蜜”品牌喜获2007—2009年度南通市知名商标，也是2003年以来连续第3次获此殊荣。

“海蜜”商标始创于2001年，主要用于甜瓜、种子以及无公害蔬菜等(图2-4)。其中，海蜜牌甜瓜自投放市场以来，受到上海、南通等大中城市消费者的青睐。2002年海蜜甜瓜被中国绿色食品发展中心认定为A级绿色食品；2003年和2007年分别在第三届和第五届的江苏省园艺博览会上荣获园艺精品二等奖。

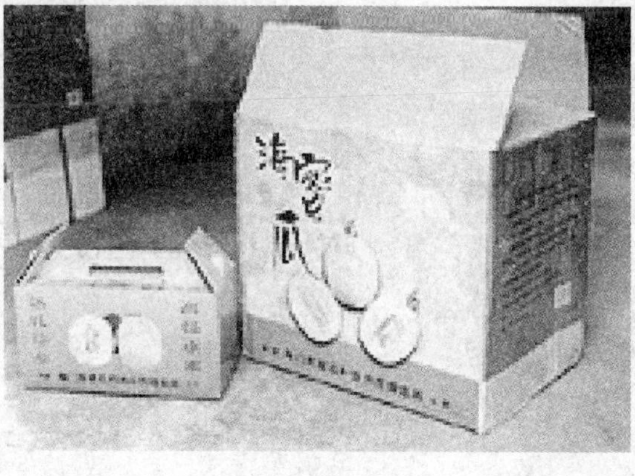

图 2-4 海蜜甜瓜

学习情境三　农产品市场营销实例

【职业能力目标】

知识目标:掌握蔬菜营销策略与品牌培育。
掌握禽蛋营销策略与风险控制。
掌握水果网络营销与微信营销。
掌握谷物营销策略与品牌培育。
掌握有机农产品营销策略。

【情境任务导入】

如何解决农副产品卖难的问题?
如何将农副产品卖出好价钱?
什么是农产品的“三品一标”?
有机农产品如何实现优质优价?

任务一　蔬菜市场营销

【引导案例】

看准“卖点”种蔬菜

目前市场对“放心菜”的呼声越来越高,部分蔬菜生产供过于求的现象时有发生。产业链不协调,蔬菜种植户分散经营,“跟风”生产现象仍然存在。蔬菜种植要顺应市场需求,看准市场“卖点”。

1. 营养保健型蔬菜

随着消费者健康意识的提高,营养又有保健作用的蔬菜受到城市居民的青睐。

因此近年来野菜、药用蔬菜、森林蔬菜已成为菜市上的“亮点”并受到城市居民的青睐。藜蒿、鱼腥草、荠菜、蒲公英等野菜和保健蔬菜已不能完全满足市场需求，因而人工才、栽培前景广阔。

2. 反季节蔬菜

随大棚蔬菜外，可利用高寒山区发展反季蔬菜、延季蔬菜等，入高山夏萝卜、夏白菜，秋延季番茄、辣椒、茄子，反季节香菇、蘑菇（双孢菇）、姬菇等。也可以从海南、广东等地调进对本地有互补性的露地蔬菜。还可以利用小棚、地膜覆盖等方式，选用一些早熟优质丰产品种开始春季早熟促成栽培；采用遮阳网等设施，生产夏白菜、夏萝卜、夏芹菜等。

3. 方便功能型蔬菜

在大中城市菜市上，蔬菜开始向净菜小包装阶段发展。即对蔬菜适当整理后进行消毒灭菌、分级，并用薄膜包装密封，然后上市出售。净菜之所以受到城市居民的欢迎，是因为它适应城市快节奏、高效率、追求方便的生活方式。在城市餐桌上，番茄、西瓜等蔬菜汁也开始出现。这些蔬菜汁经过取汁后直接进行灭菌，包装成成品，与苹果汁、脐橙汁一样可直接食用，非常方便；不经热处理，防止维生素等热敏性物质的破坏与损失，营养性好。另外，蔬菜功能性成分的提取开始成为蔬菜加工的一个重要方向，如从南瓜中提取环丙基降糖因子，从番茄中提取番茄素防治前列腺炎，从大蒜中提取含硫化合物用于糖尿病人等。

4. 无公害蔬菜

目前，社会对“放心菜”的呼声越来越高。事实上无公害蔬菜已引起各级政府的足够重视，并且无公害蔬菜的相关政策与法规已陆续出台，在大中城市的菜市上开始逐步实行蔬菜市场准入制，无公害蔬菜已成为蔬菜顺畅进入市场并受消费者垂青的“身份证”和提高市场竞争力的重要筹码。无公害蔬菜开始成为市场卖点。因此，在蔬菜生产过程中，要注意使用生物农药或高效低残留化学农药，禁止使用高毒、高残留、“三致（致癌、致残、致畸）”农药，尽量少施化肥，多施有机肥料，以避免或减少对蔬菜的污染，达到提高卫生品质、适应国内外市场需求的目的。

【任务分析】

一、蔬菜市场预测

丰富的信息和对信息的科学分析是正确预测市场的基本前提。只要信息客观、分析正确，都有可能得出对市场预测的正确结论。

（一）宏观信息分析

宏观信息是指在一个较大范围的市场上和较长时间内有关蔬菜生产、经营、消费的相关信息。对这些宏观信息的分析可以帮助我们对未来市场蔬菜供求的演变做出基本性预测。

信息的获取可以通过查阅政府的相关文件,咨询相关的专业机构,通过相关媒体获得。

获取的信息必须是权威性的。分析的结论要运用自己的经验给予比较。要找到蔬菜市场总体趋势与自己经营品种之间的联系。经营者一定要找到自己经营品种与蔬菜大市场之间的同质性和差异性。

(二)微观市场调查

微观市场调查可以帮助我们对当地蔬菜市场和自己直接生产经营的蔬菜品种的今后一段时间内的供求走势作出判断。微观市场调查可采用访问、观察和发放调查表等多种方式进行。

(三)媒体预测鉴别

媒体预测是指相关的专业性报纸、杂志、电视、网络等所发布的有关蔬菜市场未来一定时期发展走势的信息,或者是有关专业人士发表的相关蔬菜市场的分析文章。

(四)同行言行预测

语言和行为是人们内在思想的外在表现,通过对蔬菜从业同行言行有目的的观察,我们也可以获取有关蔬菜市场未来走势的相关信息。如对某蔬菜生产效益的认识,投资积极性、趋同性观察,生产过程观察。

(五)种子销量跟踪

种子销售量决定蔬菜的生产量,因此学会对种子销量及销售方向的调查和跟踪,也会帮助我们对未来市场某类蔬菜的生产量情况做出相应的判断。包括了解种子价格、种子销售方向,观察种子商的行为。

(六)行情曲线利用

蔬菜的行情曲线是该类蔬菜市场供求形势的基本反映,一般常用的为年行情曲线。其中需考虑剔除特别因素的影响,考虑行情曲线上升的趋势,和年际间波动幅度的变化。

二、蔬菜的定价

(一)蔬菜价格的特点

1. 变动频繁

价格变动频繁,甚至一天之内变动数次,是蔬菜价格突出的特点。中国有句古语“快马赶不上青菜行”,“行”指的是蔬菜市场行情,此话是形容蔬菜市场价格变化太快。蔬菜具有鲜活性,大部分不易存储,决定了其价格变动的频繁性。刚上市时新鲜,则价格较高;到了下午和晚上新鲜度降低,甚至腐烂,则价格就会降低。

2. 波动幅度大

市场商品价格变化一般是围绕价值上下变动,短期内变动幅度不会很大。而蔬菜价格则有时显现大幅度的特点。其原因是不少蔬菜生产出来以后,随着时间的推移其质量随时会发生变化,如果不及时销售出去,就可能完全失去使用价值。同样的蔬菜,在不同年份、不同季节、不同时间的销售价格会有很大的变化,经常出现大起大落的现象。从前面的案例可以看出,2008 年北京地区 10 月份白菜的价格仅为 2007 年的 1/3。

3. 地区、季节差异大

蔬菜的生产大多数与土地、气候等自然条件有密切的联系。有些蔬菜虽然在不同地区、季节都可以生产,但生产成本有很大差别,造成不少蔬菜销售价格在地区和季节之间有很大的差异性。在冬季,南菜北运或北方菜农建立大棚生产鲜菜都是成功利用蔬菜地区、季节之间价格差异的典型,虽然成本较高,但价格也高,收入仍然可观。

4. 低价位性

低价位性是指单位蔬菜产品的价格低,很少会出现消费者买不起的情况。而生产者虽然生产的数量较大,但实际收入并不多,对生产者来讲,基本没有暴利可言。蔬菜的低价位特点有时还表现为销售价低于生产成本,使得生产者生产得越多,赔钱就越多。

(二)蔬菜的定价程序

1. 确定定价目标

主要的定价目标有:以实现预期利润为定价目标;以提高或维持市场占有率为定价目标;以对付竞争者为定价目标。因为定价目标不同,商品价位高低和采用的定价方法就会有所不同。

2. 估计成本

不仅要考虑生产总成本,还要考虑流通总成本。大多数情况下,随着产量的上升,产品平均成本会相应下降,尤其是在固定成本比重较大时更是如此。如果新产品的目标是替代市场上现有的某种产品,则企业还会制定产品的“目标成本”,以使新产品能够符合“目标价格”的要求。

3. 分析市场需求

根据市场的特点和消费者的需求水平和层次进行市场需求分析。

4. 分析竞争对手的产品、成本和定价策略

如果说产品成本为产品定价确定了下限市场需求为产品定价确定了上限，其他经营者的定价策略则是树立了一个参考的标准，尤其是在为新产品制定价格时。

5. 选择基本定价方法

成本导向、需求导向和竞争导向是制定商品基本价格的方法，它们各有其合理性和便利性，也各有其最适合的条件。现实中，三方面因素都要考虑，但具体操作起来只能用一种方法。

最后要运用定价技巧和策略，确定最终价格，以及随着外部环境因素和自身条件的变化适时调整产品的价格。

①成本加成定价法。

②边际贡献定价法。

③收支平衡定价。

④需求导向定价法。包括：差别定价、习惯定价、比较定价、批量定价。

⑤垄断定价法。

⑥随行就市定价法。

三、蔬菜包装

蔬菜包装是使蔬菜产品标准化、商品化、保证安全运输和储藏、便于销售的主要措施。合理的包装可减少或避免在运输、装卸中的机械损伤。防止产品受到尘土和微生物等的污染，防止腐烂和水分损失，缓冲外界温度剧烈变化引起的产品损失；包装可以使蔬菜在流通中保持良好的稳定性，并起到美化商品、宣传商品、提高商品价值及卫生质量的作用。所以，良好的包装对生产者、销售者和消费者都是有利的。

四、蔬菜包装的策略

市场上销售的蔬菜、数量很大，品种众多，与人民生活关系密切。由于其种类繁多，不同类别的、不同作用的蔬菜在包装要求上也不尽相同。

新鲜蔬菜的包装策略应根据产品的形状和容易腐烂的程度来决定。

茎类蔬菜很容易败坏，因为它们脱水速度很快。这类蔬菜应该采用防潮玻璃纸或聚乙烯塑料薄膜裹包，同时要求能够换气，以免造成厌氧性腐败。也可以采用聚氯乙烯等热收缩薄膜裹包。典型的茎类蔬菜如芹菜、大黄和芦笋等。

块根蔬菜不容易败坏，储存期比较长，但应该防止它们脱水。通常，先经过洗净，分等级，然后装入聚乙烯塑料袋。属于这一类的蔬菜有胡萝卜、萝卜、防风、甘

蓝、甜菜、马铃薯、葱头、山药和白薯等。白薯对光线很敏感,受光线照射后会发青。因此,往往将包装薄膜加以印刷或者制成白色塑料薄膜。

绿叶类蔬菜很容易脱水干燥,造成萎蔫,因此需用防潮材料包装。同时,应该注意的是,这类蔬菜的呼吸速度很快,而且对厌氧条件很敏感,因此包装材料的换气性也是非常重要的。属于这类蔬菜的有包心菜、菠菜、抱子甘蓝、莴苣、茎椰菜和菜花等。

(一)干燥蔬菜的包装策略

蔬菜的种植有较大的季节性。在蔬菜青黄不接的季节,销售干燥蔬菜也能够带来一定的经济效益。在蔬菜的盛产季节,将销售之外的部分蔬菜进行干燥处理,包装销售,既可以减少重量、缩小体积、便于运输和储藏,也为蔬菜在市场上的流通提供了便利。虽然干燥蔬菜不如新鲜蔬菜新鲜、水分多,但其易储藏、便于携带,并且在烘干过程中,尽量保持其营养不缺失,所以也深受消费者青睐。常见的干燥蔬菜有笋干、蘑菇、辣椒、海带、紫菜等。干燥蔬菜的包装,主要目的是防止受潮、香味散失和虫害。包装材料应该选用昆虫不能穿透的,而且水蒸气透过率很低的,以防止干燥产品受潮结块或长霉。干燥的菜豆、豌豆和小扁豆等豆荚类蔬菜对包装的防护要求不高,用一般的塑料袋包装已足以满足要求。

(二)冷冻蔬菜的包装策略

采摘的新鲜芦笋,如果暴露在20℃空气中,平均每天损失维生素C 50%左右。如果储存在0℃的环境中,其损失量显著降低。菠菜、菜豆、蘑菇和马铃薯,在较高环境温度下放置,会丧失大量的谷氨酸盐和香味。对这类食品的极速搬运和及时冷冻是包装的上策。

冷冻的蔬菜主要采用深冷级聚乙烯薄膜包装,包装的形式呈枕状。冷冻果蔬的包装主要应防止脱水,同时给搬运提供方便,免受物理机械损伤。冷冻蔬菜的包装多数采用聚乙烯薄膜或其涂塑和复合材料,有的也采用聚乙烯和乙烯(醋酸乙烯)薄膜。这类薄膜的成本低、透明度好、水蒸气透过率低,低温脆性也能满足要求。

国外采用聚乙烯涂塑的聚酯(涤纶)薄膜制成的袋子来包装配好佐料的混合蔬菜(例如蘑菇、豆类、胡萝卜、辣椒等几种蔬菜配制成的)冷冻保藏,消费者买回家后,可以直接将塑料袋放入锅里煮熟,打开袋子即可取出菜肴食用,这种袋子也属于蒸煮袋的一种类型。两袋装一纸盒,是零售冷冻蔬菜的一种包装形式。冷冻果蔬的其他包装形式有涂塑防潮玻璃纸、防潮(涂塑或涂蜡)的纸盒以及用泡沫聚苯乙烯作为外包装盒(或箱)等。

五、蔬菜销售方式

(一)蔬菜销售方式的种类

从大的方面来说，蔬菜销售方式主要包括批发和零售两大类，根据交易形式的不同还可作进一步的分类。

1. 按交易关系可分为合同交易和非合同交易

蔬菜合同交易是指买卖双方通过洽谈达成交易后，将有关交易条件以合同形式固定下来，是受法律保护的交易方式。这里所说的合同，是指书面合同，并非指口头合同，多用于蔬菜远期合同交易、赊账等方式。在签订交易合同后，可以先货后款，也可以先款后货，或货、款均在以后兑现。

蔬菜非合同交易则是指买卖双方通过讨价还价取得一致意见后直接成交，或者说是根据谈判价格“一手交钱一手交货、钱货两讫”式的交易方式。

2. 按交易媒介可分为现金交易和非现金交易

蔬菜现金交易是直接支付现金来进行交易的方式，多用于小额蔬菜交易。蔬菜非现金交易是指以现金以外其他支付手段进行货款清算的交易方式，多用于大额蔬菜交易。非现金支付手段包括票据、信用卡、电子结算等。蔬菜非现金交易可以银行信用为基础，是银行信用制度和结算制度的产物。蔬菜采用非现金交易可以促成买卖，节约交易时间，降低交易费用，是未来大额蔬菜交易的发展趋势。

3. 按交易的地域可分为当地交易与异地交易

蔬菜当地交易是蔬菜购销双方在蔬菜生产地及附近区域直接进行交易的方式，而异地交易则是生产者、批零商等把蔬菜从生产地运输到其他区域进行交易的方式。根据蔬菜交易的地域差异，逐渐形成了蔬菜产地交易市场和蔬菜销地交易市场。

(二)蔬菜销售方式选择的原则和影响

合理选择蔬菜销售方式和不同的交易形式，不仅有助于蔬菜生产和流通企业改善经营，提高服务质量和经营效益，而且有利于密切购销双方关系，促成蔬菜生产与蔬菜流通，繁荣市场，更好地满足社会生产和人们的消费需求。

不同的蔬菜销售方式和交易形式都有其客观存在的条件和适宜性，生产者、流通者或企业在选择销售方式时，应该综合考虑多方面因素，灵活地加以选择和采用，要本着“三个有利”的原则：

①有利于发展蔬菜生产和蔬菜交易，繁荣市场。

②有利于蔬菜生产和流通相关主体采用先进的交易技术手段，不断提高经营

管理水平和效益。

③有利于蔬菜生产和流通相关主体参与市场竞争，不断开拓市场，扩大经营销售，增加效益。

同时，在蔬菜销售方式的选择上还要考虑以下相关因素：

①蔬菜生产和流通发展的水平和实际需要。

②蔬菜生产和流通企业的发展目标和经营要求。

③蔬菜生产和流通企业的组织化、专业化、规模化程度。

④市场竞争状况及其发展态势。

⑤各种蔬菜销售方式的特点和适用条件。

⑥蔬菜生产和流通企业自身经济实力和经营能力等。

六、蔬菜推销

(一)蔬菜人员推销的形式

1. 上门推销

上门推销是最常见的人员推销形式，它是由推销人员携带产品的样品、说明书和订单等走访顾客，推销商品。上门推销多应用于蔬菜使用大户，如学校、企业、机关、超市或者其他中间商。因其使用量大，一旦推销成功，就可建立长期业务关系。

2. 门市推销

门市推销是指在适当的地点设置固定的门市部，由营业人员接待顾客，推销产品。这种方法适合大宗蔬菜的营销。

3. 展销会推销

对政府、供销、商务、协会等部门或者组织举办的各种农副产品展销会、展览会，蔬菜经营者(尤其大户、企业)都要积极参加，通过样品展示、资料发放、人员沟通来达到产品销售的目的。

(二)蔬菜人员推销的步骤

一般来说，人员推销包括几个步骤：寻找客户—顾客资格审查—接近准备—约见—面谈—成交。

寻找顾客的目标是找到准顾客。准顾客是指一个既可以获益于某种推销的商品，又有能力购买这种商品的个人或组织。寻找顾客有很多种方法，如资料查阅法、市场信息咨询法、广告开拓法、连锁介绍法、慕名访问法等。

1. 资料查阅法

资料查阅法，即企业通过工商名录、银行账户、商标公告、信息报纸杂志，以及经常注意电视、广播、报纸、杂志的收听、收看了解和发现新目标。

2. 市场信息咨询法

市场信息咨询法，即企业通过各类信息咨询服务部门，国家行政部门（如工商局、税务局、统计局、物价局及大专院校的科研单位等），全国性或地区性展销会、供货会、订货会，新产品技术鉴定会、咨询会等发现理想的潜在目标对象。

3. 广告开拓法

广告开拓法，即通过选择适当的媒介（如电视、广播、报纸、杂志、广告信件等）开展促销活动，吸引潜在顾客主动来企业联系或洽谈业务。

4. 连锁介绍法

连锁介绍法，即营销人员通过现有顾客的牵线搭桥，介绍与其相似需求的顾客，作为自己扩大选择的潜在目标对象。由于人以群分，具有相同职业、相同需求、相同爱好的人之间，总是有形无形地联系在一起，形成多种群体，只要抓住其中一个，就有可能顺藤摸瓜发现其他成员。连锁介绍就是根据这个道理发现和寻找新的目标对象。

运用连锁介绍法的关键，在于取信于种子顾客。只有与种子顾客建立密切信任的关系，才有可能得到种子顾客的支持，热心为你介绍新顾客。为此，对于选中的种子顾客，必须关心其利益，热忱为他们服务，只有这样才能收到投桃报李的效果。

5. 慕名访问法

慕名访问法，即选择比较知名的目标对象，通过与对象有密切关系的人介绍，专函推荐，前往拜访，争取与拜访对象建立业务关系。拜访的对象一般应选择社会知名度高，经济实力较强，业务关系网广的人。对于这类人物，一经选定，就应集中力量做好工作，取得对方的信任。因为，他们凭借自身的有利条件，能为企业提供比较稳定的销售渠道。

第一步，接近准备。

(1)物资准备　主要包括样品准备和资料准备。推销人员在约定顾客前一定要将样品、产品说明、鉴定书、获奖证明、专家推荐书，以及自己的身份证明等进行认真细致的准备，做到有的放矢，不打无把握之仗。

(2)精神准备　推销最重要的一条是先让目标对象接受自己。如何做好推销自己，除前面介绍的仪表、仪容、语言艺术外，还要充满信心，才能从容不迫，放松自己，即使气氛严肃紧张，也能果断行事；自卑胆怯，态度迟疑的人，是不可能取信于对方的。另外，要保持精神饱满、庄重大方、风度潇洒、态度认真，给人一种严肃、可信任的印象。总之，在市场竞争激烈、风云多变的情况下，每个营销人员都应做好迎难而进的思想准备，接受考验，不论遇到多大挫折，都要沉着应战。

(3)确定销售目标 订立销售原则。根据不同的目标对象，营销人员在推销前要确定不同的目标侧重点。如有的以价格优惠争取朋友为目标，有的以薄利多销扩大销售为目标，有的则以突出产品特征，打开产品销路为目标等。

目标确定以后，还要制定销售原则。就是要根据双方不同的利益取向，定出哪些方面要有所获，争取获利到什么程度；哪些方面可做出让步，让步到什么程度。只有把“获”与“让”的上、下限确定下来，才便于在洽谈中讨价还价，灵活掌握。

(4)制定洽谈要点

①找谁谈。约见前，要把拜访对象确定具体到某个人，并注明这个人的姓名、职务、年龄、家庭住址、业务经历和个性特征等，以备洽谈之用。

②怎样自我介绍。选择一种最适合的方式，作为自我引荐的第一步。

③拜访要达到哪些目标。把要达到的目标，逐条、简明扼要地写清楚。

④何时出示产品。按照约见面临的客观环境，决定是初访时出示产品，抑或初访只建立接触，待双方进入正式洽谈时再出示产品。

第二步，约见。

(1)选择约见方式 约见方式有：专访、电访(电函预约)、托人引荐等多种。

①专访。适用于探访名气大的对象，直接进行沟通与交流。但专访由于事先未通知对方，容易因某种原因，造成对方不便而遭拒绝。因此，一般应事先电函提出要求，待双方应允后再登门探访，这样做比较符合礼貌要求。专访的缺点是万对方托词拒访，会使推销陷于被动。

②电访(电函预约)。对熟悉的老主顾，彼此了解，可电话探访，并阐述主要要求。如在电访中得不到解决，则可约定面谈，先让对方有所准备，缩短解决问题的时间。

③托人引荐。就是委托约见对象的知己、同事、亲戚及其他有影响的人物推荐或介绍，达到接近目标对象的目的。托人引荐常用于三种情况：一是因某种原因，不能或不便亲自约见对方；二是推销内容有一定难度，需要托约人先对对象施加影响；三是直接约见可能被拒绝，必须通过托约人从中斡旋。

(2)确定约见时间与地点 不论采取何种方式，都要解决好约见的时间与地点问题。约见时间的确定，最好先由己方提出建议，然后由对方决定。至于约见地点，一般是对方工作地点。但在对方不拒绝而又有利于洽谈的情况下，也可选择对方居住地点或社交场所。如宾馆宴会、夜总会、卡拉 OK 厅、咖啡厅等。许多订货会、展销会上的成交，往往是在社交场所完成的。不论在何处的约见，营销人员都应提前到达，做好安排，万万不可迟到。

(3)拒绝约见的对应措施　约见被拒绝是常事，对此，首先，要分析被拒原因，对症下药以补救；其次，应以积极的态度，准备好令人信服的资料，再说服对方；再次，极力争取下次约见，切忌意气用事，把门关死。

第三步，面谈。

面谈就是推销人员运用各种方式、方法、手段与策略去说服顾客购买产品的过程，是推销人员向顾客传递推销信息并进行双向沟通的过程，它是整个推销过程的关键环节。实施面谈应掌握以下要领。

(1)运用良好的表达形式，发挥口语感染力　国外推销专家的实践证明，一次没有特点的谈话，其谈话内容在对方脑海只能保持10%的记忆，但如果动用表达技巧引起对方的兴趣，记忆保留率能提高到30%。基于此，营销人员应从以下几个方面增强口语感染力。

①语意分明，节奏适度。所谓语意分明是指口头表达的内容，要分层次分步骤地表达，讲完一个层次，应作短暂停顿，以增强对方的理解，不要一次全盘托出使对方来不及理解。所谓节奏适度，就是要求在语调的快慢高低方面要适当。阐述重点问题，要提高语调放慢速度，引起对方注意；当对方情绪激动可能引起争议时，语调则应放低拉长。因为低能以柔克刚，长则可使对方情绪放松，进而趋向平静。

②措辞准确，重复强调。心理学家认为，凡是一再重复强调的东西，印象就比较深，为此面谈中需对方加深理解的部分，可适当地重复强调几遍。此外，准确地措辞也是面谈中应特别注意的。尤其是对产品的特性、质量、价格等关键问题，更应表达准确，避免产生误解。

③随机应变，创造乐趣。面谈中采取各种形式创造乐趣，是融洽谈判气氛的重要条件，也是随机应变的一种手段。比如在与目标对象面谈时，运用点头、微笑、抬手和身体转动伸屈等，来向对方表示赞美、鼓励、惊讶、亲昵的感情，缓和面谈中有时出现的紧张气氛，往往能起到意想不到的效果。

(2)求同存异，创造和谐的面谈气氛　在面谈中应尽可能避免与对方发生争执，以创造一个和谐面谈环境。为此应做到以下几点。

①注意谈话技巧。绝对不准使用不尊敬对方的语言，不准在行为上表现出对对方的轻慢或不敬。如产生认识分歧，能回避的尽量回避，不要在一些与成交无关紧要的问题上纠缠，更不必非争出一个水落石出，让对方下不了台。

②不要与对方讨论与推销产品同类的其他产品。因为与之比较的产品不在现场，凭空讨论很不现实，极易引起对方意见上的对立，破坏面谈气氛，影响达成交易。

③不要随便反驳对方的意见。如对方有意挑剔，为了澄清事实，最好采用先原

则承认，然后具体否定的方法，巧妙说服对方。比如说："您的意见有一定的道理，不过我们的产品有它的优点，比如……"或者说："您真是行家，谢谢您提出的宝贵意见，不过我相信您已注意到我们产品的优点，如……"用这种恭维在先、否定在后的办法，往往能为对方接受。

(3)坚持鼓励启发的原则　所谓鼓励启发是指，在洽谈中应善于启发目标对象发表看法和意见，实行双向沟通，增进双方的了解与合作。由于推销活动只有在双方认同的条件下才能实现，因此必须启发对方积极参与，争取对方的合作。为争取对方参与，要采取认同策略。即从发现对方兴趣、爱好、见解、利益取向以及对某些具体问题的认识入手，尽量采取与对方相同或相似的行为，消除对方的心理障碍，使对方乐意与你合作。对于双方实质性分歧，应在友好的基础上，通过动之以情、晓之以理，公平合理地解决。

(4)坚持和气生财的原则　所谓和气生财是指，营销人员任何时候都要保持态度和蔼、语言谨慎、彬彬有礼，绝对不允许与目标对象争吵，宁可对方失礼于我，不可我失礼于人。为做到和气生财，营销人员必须在思想上立足于求同存异，团结合作；行为上微笑在先，尊重对方；态度上谦虚友善；语言上，亲切感人，彬彬有礼。

(5)坚持合情合理的原则　所谓合情合理是指营销人员在洽谈业务的过程中，应该做到以情为先，以理服人，情理结合，把洽谈置之于合情合理的基础上。贯彻合情合理原则的具体要求：一是创造情理交融的洽谈气氛。比如洽谈前要进行礼貌的问候，谦虚地自我介绍，恰到好处地给对方以尊重和表扬；洽谈中，发言要有理有据，做到理性上无可辩驳，感情上乐于接受。二是采取情理并重的消除分歧的方法。解决矛盾一方面要从关心对方出发，体谅对方的实际困难，消除对方的对立情绪；另一方面也要公平合理、互利互让，切不可强词夺理。三是运用有理、有节、留有余地的策略结束面谈。对某些成交条件还不具备，双方意见一时无法统一的面谈，要坚持有理有节，表明自己的诚恳的态度，说明洽谈之门并未关死，随时准备接受对方继续洽谈的邀请，做到留有余地，为日后交往准备条件。

第四步，成交。

提高面谈艺术，使用恰当的商品推介方法，处理好顾客的异议，是促进成交的几项基本技巧。常见促进成交的方法有以下五种。

(1)直接请求法　就是根据目标对象发出的成交信号，适时地提出要求成交的一种方法。在提出成交请求时，要求语言适当，态度从容恳切，表达简练，以加深目标对象对你的信任，引起对方认同，从而迅速达成交易。

(2)缩小选择法　在成交阶段，如品种款式过多，对方在众多的品种中选择无所适从时，推销人员可采取缩小选择法，根据对象需求的特征，重点突出介绍一两个产品的特点，引导其在重点介绍的产品中做出选择，尽快促成交易。

(3)疑虑消除法 消除目标对象对产品的疑虑，是促成交易的必要前提。为消除疑虑，首先要弄清目标对象有什么疑虑。为此，要诱导目标对象对产品提出反对意见，当弄清目标对象疑虑的实质以后，可按前面介绍的方法，有的放矢地予以解决。

(4)无选择成交法 是指推销人员直接向目标对象提示最后成交机会，促使对方立即做出购买决定的一种成交方法。由于购买机会本身具有一定的经济价值，失去它是一种损失。利用目标对象对“最后一批货”“最后一次让利”“最后一天优惠期限”的错失心理，促使其做出购买决定，达成交易。此法，应用时应看准机会，不可滥用，否则将失去目标对象的信任，对长期推销不利。

(5)优惠成交法 就是通过提供优惠的推销条件，促使目标对象立即购买推销品的一种成交方法。它的优点是可以创造热烈的成交气氛，促成大量交易，特别适用于推销大量滞销蔬菜。但使用此法有一定弊端。首先是可能使目标对象继续观望，等待再降价；其次是滥用优惠成交法会增加销售成本，降低经营效益；再次是可能引起部分顾客的误解，认为推销的是次品，影响产品信誉。

七、蔬菜品牌策略

在所有产品的品牌中，农产品的品牌为数不多。而在农产品品牌中，蔬菜较之水果类、水产品类却少得可怜。目前，市场上出售的各种蔬菜大部分是农户分散生产的，无产地、无产期、无质量标志、无保鲜期，更无担保的“无名无姓”产品，消费只以洁净、新鲜作为选择的标准。实行品牌营销的蔬菜种类、份额还较小；著名产品的品牌很多，但著名蔬菜的品牌却非常少。

在人们消费方式日益理智，消费理念日趋“绿色、健康”的今天，对于企业来说，“品牌蔬菜”的市场具有继续做大做强的潜力和前景。

蔬菜品牌战略是新时期蔬菜产业发展的必然选择。

1. 属性定位战略

竞争者很容易就能复制属性。如胡萝卜的属性是健胃、助消化、含丰富胡萝卜素。每一个竞争者种植的胡萝卜都有这些属性。而一些蔬菜种植过程和包装及加工的特性可以作为品牌定位的一种，如无污染、安全、有营养是无公害蔬菜的特定属性。

2. 利益定位策略

品牌可以通过将其名称与消费者期望的利益相连来进行更好的定位。如“农康”给人第一印象就是健康、活力；“翠仙”给人的感觉是翠绿、美味；“绿健”让人联想到环保、生态。

3. 使用定位策略

根据产品的某项使用性能来定位。如对一些冷冻蔬菜的定位、对一些干燥蔬菜的定位。对于做佐料的干燥辣椒，在品牌定位宣传上可以突出其对其他蔬菜的附加口感、味觉的使用性能。如“老干妈”辣椒酱，定位为佐料、配料。

4. 使用者定位策略

使用者定位策略是指把产品和特定的用户群联系起来的定位策略。定位策略试图让消费者对产品产生一种量身定做的感觉。如对便捷式混合蔬菜的品牌可以定位为白领阶层的方便饮食，如“惠民”蔬菜，定位于普通消费者的日常使用。

5. 质量价格组合定位

质量价格组合定位将蔬菜品牌定位为高品质、高享受，如对高档礼盒包装的品牌蔬菜的定位。

6. 文化定位策略

文化定位策略将蔬菜品牌定位在强烈的信念和价值上，为品牌建立一个使命和愿景。如“长寿牌”蔬菜，可以传递给消费者这样一种信念：消费者的健康长寿是我们蔬菜生产的最高宗旨。

7. 地域定位策略

蔬菜品牌以地域冠名，多以地理标志为主。如山东的章丘大葱、济南莲藕、槐荫圆葱、商河大蒜、平阴马铃薯、商河五彩椒等。好的品牌名称会提高产品的知名度。

八、蔬菜品牌管理

创建一个品牌是营销者进行的一个长期工作，需要企业或经营者投入很大的精力去维护和使用。

①要进行品牌宣传，将蔬菜品牌的定位不断地传递给消费者。

②要使品牌持有者接受和传播品牌理念。

③管理好品牌建设过程中的生产过程和销售过程。

蔬菜作为农业生产的一种形态，具有农业产业化的现代模式。在“公司＋农户”“合作经济组织＋农户”“专业技术协会＋农户”“农场＋农户”的形势下，龙头企业要将品牌蔬菜的生产过程、检验过程及包装过程标准化，在销售之前进行品牌检验。产品的品牌效应和影响力都必须建立在过硬的质量上。

④加强对品牌的保护。

任务二　禽蛋市场营销

【引导案例】

咯咯哒:鸡蛋也营销

禽蛋属于传统产业,市场规模巨大。但是蛋品生产企业发展不平衡,普通鸡蛋与品牌鸡蛋鱼龙混杂,品牌鸡蛋中缺乏领导品牌,消费者对品牌鸡蛋的认知不足,品牌意识淡薄。

然而,在中国禽蛋产品行业仍然诞生了唯一的驰名商标——"咯咯哒"。作为大连韩伟集团旗下的核心企业,韩伟养鸡有限公司主打产品咯咯哒牌高品质鸡蛋于2000年4月被中国绿色食品发展中心认定为绿色食品,2004年11月被国家工商行政管理总局评定为中国驰名商标,通过了日本冷冻食品协会的检验,产品热销全国100多个大中城市以及日本、东南亚国家和中国香港、澳门地区。

作为领军企业,韩伟养鸡有限公司深感自己的社会责任重大,在2007年年底启动了"咯咯哒全国营销计划"。目的是引导正确、科学的蛋品消费理念,进而为整个蛋品行业创造更大的市场空间。当然,韩伟养鸡有限公司启动"咯咯哒全国营销计划"还有一个目的,就是树立自己的品牌形象,使之更加清晰,以便应对各个区域市场的激烈竞争。

因此,让"咯咯哒"品牌形象更为清晰,树立其在蛋品行业更为强势的领先地位,成为"咯咯哒"此役的关键。

1. 寻找"咯咯哒"的独特卖点

壹捌零(中国)品牌营销机构与"咯咯哒"经过多次研究与协商,提出四大具体目标:建立独特的品牌形象,提升品牌认同度;增强品牌的亲近感,拉近与消费者的距离;强化对产品独特利益点的宣传,与其他产品形成品牌区隔;通过整合传播方式,直接拉动品牌销售,扩大市场份额,塑造强势品牌。

"咯咯哒"的主要消费者为30～45岁的女性,中等以上收入,工作事业小有成就,有更高的目标,有稳定的家庭生活,以孩子为中心,关注自己和家人的健康。她们愿意用更好的商品来提高生活品质,进而表达对家人的关爱。她们对有情感联系的品牌有忠诚度,非常关注食品安全,不仅仅要购买高品质的鸡蛋更希望这个商品能寄托她对家人的关爱。

因此相对于消费者的直接理解,产地具有相当直接的联想。"咯咯哒"蛋品把产地优势作为“卖点”,“山海湾畔,钻石级产蛋区”。由此,韩伟集团把“咯咯哒”第一阶段全面推广的广告语确定为“好山好水好鸡蛋”。咯咯哒的顾客价值,就是从产品优势出发、从消费者心智出发,可以超越竞争对手使其无法效仿。韩伟集团的目标就是把咯咯哒鸡打造成生活在独特生存环境中的一群高品质的鸡。

目标确定后,韩伟集团针对不同的市场制定了不同的传播策略;线上推广,线下配合,利用广告手段,快速建立知名度,通过户外候车亭、车体、电视等大众媒体进行整合传播,而线下则采用公关体验式营销方式,配合促销活动,力求对品牌与销售进行全面提升。

2. 因地制宜,开拓新市场

通过充分的市场调研,韩伟集团将目光瞄准北京市场。通过市场走访和消费者访谈发现,北京消费者对大连的自然环境情有独钟,并对大连的海鲜非常认可。通过洞察消费者心智,利用产品创新,重特色,强竞争。通过对产品细致的研究,“咯咯哒”在其原有饲料中添加了深海鱼油等营养成分,充分利用其产地优势,让“咯咯哒”鸡蛋的营养更丰富,口感更好。经过专门的口味测试、对消费者进行访谈、综合论证后,“咯咯哒”海鲜蛋上市了。“咯咯哒”海鲜蛋营养丰富,口感好,以其独特的产品市场定位赢得了消费者的认同。

【任务分析】

一、禽蛋市场分析

我国是世界上禽蛋生产与消费的第一大国。近年来,我国禽蛋产量逐年增加,禽蛋市场的变化对居民食物消费生活产生了一定影响。

1. 生产的经营形势

一是“公司、基地、农户”模式,其布局合理、设施完善、防疫严格,基本符合《动物防疫法》的要求;二是“公司、农户”模式;三是“养禽小区”,是为解决农户分散饲养疫病难防等问题进行的有益尝试;四是“个体养鸡户”,由于技术缺乏,防疫意识淡薄,环境污染严重,但因其机动灵活,成本较低,是我国相当长时间内存在的一种模式。

2. 我国蛋制品研制及加工形势

我国目前蛋制品品种主要有松花蛋、咸蛋、糟蛋等再制蛋,以及冰蛋黄、冰蛋白、全蛋粉、蛋白粉、蛋黄酱、蛋饮料、溶菌酶等蛋制品,再制蛋加工是我国蛋制品加工的主导优势产品,占蛋类加工总量的80%以上。皮蛋在再制蛋中所占的份额最大,它是我国独创的一种蛋类加工产品,已有1 000余年的历史。在皮蛋新品种的开发研究上,迄今已有多种形式的皮蛋品种,例如药料液浸泡食疗彩蛋、含中草药皮蛋、无铅食疗溏心皮蛋、香型皮蛋、保健养生蛋等，大大丰富了我国皮蛋的品种。但也存在很大的不足。

二、影响我国禽蛋产业需求的因素

1. 消费者偏好

不同的消费偏好使消费者对禽蛋的需求有所不同，而消费者偏好是可变的，消费者偏好因年龄、职业、教育程度、家庭背景而有所不同。此外，禽蛋消费随地区、人种、民族、性别、宗教信仰等情况而有所不同。

2. 营养知识和健康知识

随着经济发展和收入水平的提高，人们更加讲究生活质量，但在一些地区，尤其是在广大农村，农民购买力低下，营养知识和健康意识不强，不了解科学饮食的有关知识，价格高低往往决定了他是否购买某种商品。绝大多数居民对禽蛋在改善营养、平衡膳食结构和增强体质方面的作用还认识不清。

3. 居民收入水平

居民收入水平是影响消费者禽蛋需求的重要因素。1978 年以来，我国城乡居民的人均收入水平逐步提高，但城乡经济发展不平衡，城市居民的收入水平高于农村居民，且这一差距有进一步扩大的趋势，这对我国城乡居民的禽蛋消费也有相当的影响。即使是收入水平较高的城镇居民，不同收入阶层的禽蛋消费也是不同的。

4. 城市化水平

城市化水平是禽蛋消费需求增长的新动因。城镇居民在消费禽蛋时相对于农村市场有更好的消费环境，而且城市居民通常受到良好的教育，有较高的收入，他们比农村居民更注重生活质量的提高。城市化发展带来多样的外来文化饮食习惯，如在外就餐增多，快餐消费增多，消费的花样增多等，也使禽蛋消费增加。

5. 价格水平

禽蛋受自身价格的影响，不同收入水平的居民对禽蛋价格变动的反应有所不同，低收入国家的居民比高收入国家的居民对价格的变化更敏感。就同一个国家而言，低收入居民比高收入居民对价格变化更敏感。另外，由于禽蛋有肉类产品可以替代，因此禽蛋消费还受交叉价格的影响。

6. 人口增长及人口结构

20 世纪 90 年代以来，我国在控制人口数量、提高人口质量方面做出了极大的努力。1998 年我国的人口增长率首次降低到 1%以下，人口增长速度的减缓给人民生活水平的提高创造了条件。此外，不同年龄的人群对禽蛋消费也表现出不同的特征和要求。

7. 宏观经济政策

中国政府对促进禽蛋消费做出了很大的努力。近年来，党中央国务院把家禽业作为重点鼓励发展的产业。在农村产业结构调整中，家禽产业具有投资少、收益见效快等特点，它在解决“三农”问题，满足人民群众对蛋白质产品需求方面扮演着越来越重要的角色。

三、我国禽蛋产业发展的建议及对策

(1)提高禽蛋产品的精深加工技术和培植名优品牌　现代蛋制品加工业只有采用新技术才能获得新起步。其他行业如烘焙、添加剂、生物医药行业新技术的发展，为蛋品加工业提供了新机遇、新市场。对蛋品饮料的开发研究，如醋蛋液、鸡蛋奶等；对营养保健鲜蛋的研究，如高碘蛋、硒蛋、低胆固醇蛋、鱼油蛋、高能蛋等，在今后几年内将是我国禽蛋加工业发展的重要方向；努力开拓新的蛋制品领域，加快特种禽蛋的开发是调整禽蛋类产业结构的重要措施。我国禽蛋产量大、品种多，但无论鲜蛋还是蛋制品都还没有形成品种上的品牌优势。因此，积极树立争创品牌的意识，大力推进品牌化战略，通过品牌发展系列化的优质产品，以开拓国内外市场，是提高禽蛋产业化竞争力的重要手段之一。我们必须充分利用新技术、新工艺，发展深精加工产品，开发多品种、差别化、多风味小包装，力争创特色、创品牌。

(2)推行“绿色蛋品”，加强检疫工作　引导生产者注重禽蛋的生产环境，注重饲料质量，生产符合“无污染、安全、卫生、营养”标准的高附加值的“绿色禽蛋”，不仅有利于改变国内市场鲜蛋品种较单一的现状，也有利于扩大鲜蛋出口。另外，要制定和实施在我国具有权威性的、与国际接轨的检疫标准体系，加强检疫工作，提高出口禽蛋的检疫、安全和卫生水平，促进我国“绿色蛋品”标准的形成。今后，经过清洗、杀菌后涂矿物油的盒装洁净禽蛋将是人们消费壳蛋的主要方式之一。

(3)产品的规格和包装要尽量统一化　美国鲜蛋年产量虽仅为我国产量的1/5，然而其鲜蛋出口量却占到世界出口总量的22%；荷兰、马来西亚的鲜蛋生产量并不在世界前10位之列，但出口已占到世界总量的31%和7%。其秘诀在于，在严格的质量控制下，产品规格和包装的统一化。我国的禽蛋生产和营销必须尽快形成新型生产营销模式，即从养殖到鲜蛋分级、清洗、消毒、涂膜、包装“一条龙”式的技术保障下的集约化生产，这样才有可能尽快适应国际和国内市场要求的安全性、营养性和流通适应性。

(4)大力发展禽蛋贮藏保鲜技术　引起禽蛋品质下降的原因很多，其中禽蛋本身的强烈呼吸和微生物的分解代谢是最主要的因素。因此，禽蛋贮藏保鲜技术的关键是要防止微生物的入侵，抑制禽蛋本身的呼吸和微生物的生长繁殖。不同的贮藏方法各有其优缺点。将不同的贮藏方法有机地组合起来，因地制宜地进行综合贮藏，是禽蛋保鲜的主要技术方向。推广禽蛋贮藏保鲜技术，将会取得显著的经济效益和社会效益。

(5)发展高附加值的产品　针对目前国内产品的现状，开发产品要以技术创新为切入点。可采用一些先进技术如超微粒粉碎技术、生物工程技术、酶工程技术、压力气调保鲜、超高压技术、冷冻干燥、无菌包装技术等，完善加工体系，生产出多样化、高质量、贮存期长的禽蛋制品。

(6)正确引导蛋产品的消费　因鲜蛋营养高、易吸收、易熟制、老少皆宜，我国人民素有食用鲜蛋的传统。由于我国禽蛋生产量较大，通过鲜蛋的消费进一步拉动市场的空间越来越小。因此，开展蛋品加工是必然趋势。通过大型蛋品加工企业生产出种类多样、美味宜人的禽蛋制品，投放到市场上引导人们消费。继续培养禽蛋的消费习惯，同时辅以各种再制蛋。

长期以来，大多数居民把鲜蛋消费作为禽蛋消费的主要形式，95%的鸡蛋是以鲜蛋形式上市的。今后应继续大力宣传禽蛋的营养价值，同时生产和加工企业必须在研究市场的基础上，生产出独具特色的蛋制品，改进蛋品加工工艺，改进保鲜、包装及运销手段，努力扩大蛋制品的运销距离和范围。

(7)加快城市化发展　农村人均收入增长缓慢，城市化滞后阻碍了农民人均收入增长的速度，按照本文估计，目前中国城市化率每提高1个百分点，可直接带动国内禽蛋消费增加3个百分点。由此可见，推进城市化进程是带动禽蛋消费，促进禽蛋产业发展的又一个良好途径。

(8)走国际化发展道路　加工企业要立足俄罗斯、日本、德国等国际市场，审时度势，选择突破口。自我国加入世界贸易组织后，必将会有更多的外资或中外合资蛋类加工企业进入中国。这是一种挑战，也是一种机遇。生产禽蛋制品企业不仅要学习他们先进的生产技术，同时要学习和借鉴他们的管理模式和现代营销方式。

四、禽蛋市场营销的概念

禽蛋市场营销就是指为了满足人们雏禽、禽蛋、禽肉等相关禽产品的需求和实现禽产品潜在交换的活动过程。禽产品市场营销要求禽产品生产和经营者不仅要研究人们的现实要求，更要研究人们对禽产品的潜在需求和偏好，并创造需求。禽产品市场营销的主体是从事禽产品生产、经营的个人和群体。禽产品营销活动贯穿于禽产品生产和流通、交易的全过程。

禽产品市场需求应考虑以下3个因素：有需求的人们、人们的购买力、人们的购买行为。

五、禽蛋包装的策略

在现代商品社会中，包装对商品流通起着极其重要的作用，包装质量直接影响到商品能否以完美的状态传输到消费者手中，包装的设计和装潢水平直接影响到企业形象乃至商品本身的市场竞争。

1. 突出产品形象

突出产品形象是指在产品包装上通过多种表现方式突出该产品是什么、有什么功能、内部成分、结构如何等形象要求的表现方式。这一策略着重展示食品的直观形象。

随着购买过程中自主选择空间的不断增大，新产品不断涌现，厂商很难将所有产品的全部信息都详细地向消费者介绍，这种包装策略通过在包装上、策略上再现产品品质、功用、色彩、美感等，有助于商品充分地传达自身的信息，给予选购者直观印象，真实可信，以产品本身的魅力吸引消费者，缩短选择过程。

2. 突出产品用途和使用方法

突出产品用途与使用方法的策略是通过包装的文字、图形及其组合告诉消费者。该产品是什么样的产品，有什么特别之处，在哪种场合使用，如何使用最佳，使用后的效果是什么。

3. 展示企业整体形象

企业形象对产品营销有四两拨千斤的作用，因此，很多企业从产品经营之初就注重企业形象的展示与美誉度的积淀。

4. 突出产品特殊要素

任何一种商品化的产品都有一定的特殊背景，如历史、地理背景，人文习俗背景，神话传说或自然景观背景等，包装设计中恰如其分地运用这些特殊要素，能有效地区别同类产品，同时使消费者将产品与背景进行有效链接，迅速建立概念。

六、绿色包装设计

长期以来，人们对包装设计的认识和实践是以市场需求和商品促销为基础的，其设计创意的定位重点放在商品和销售两个领域考虑，人们已经认为包装往往比内装的产品更重要，改变包装的设计就意味着改变商品的本身，而在整个设计过程中很少涉及环境问题。进入 20 世纪 90 年代以来，环境的挑战使人们在包装设计的过程中做出适当的反应，很多包装企业和设计公司已经开始从设计龙头入手贯彻环保思想。世界上最大的包装公司之一索诺科公司自 1990 年就对生产的产品采取了环保措施，向社会提出：我们既创造了它，我们就要有收回它的承诺。开始从用户手中回收使用后的产品,防止包装污染在社会蔓延。同时,如何在设计中考虑对环境的影响,已成为近几年设计研究的热点。绿色包装设计用可回收利用或可再生的材料来设计包装产品,其要求是从包装产品的市场需求、设计开发、生产、运输、销售、使用废弃后回收的循环周期,以及周期内每一个阶段包装设计产品都与人和环境互相影响。它同时强调人类在遵循生态规律和社会审美法则的前提下,运用科学的策略、手段使人造物品符合自然人文特性,它所带给人们的不是短暂的视觉震惊,而是持久的物资与精神享受。

绿色包装设计主要涉及的内容包括以下几个方面。

1. 绿色包装设计要致力于环境保护策略的实施

建立新的方法和工具来规范禽产品包装在其循环周期内每一个阶段对环境产生的影响:建立包装产品设计与环境保护相适应的配套设计规范;禽产品包装在使用物流过程中对其输入和输出进行有效的监测和跟踪分析;建立环境保护的评估模型,同时对有损于环境的设计、生产行为要进行风险评估。

2. 研制开发对人的健康、环境保护有益的包装材料和生产工艺

在设计阶段对禽产品包装的要求进行充分的市场调研和技术分析,如产品在生产、使用、废弃回收再生产过程中对禽产品的健康损害范围、程度,对污染采取控制和消除的设计措施。包装材料是设计的物流媒体,尤其是生活用品包装诸如食品、服装领域内使用的包装材料,同禽产品接触的部分及使用方式中的粉尘,附着物残留的化学物以及气体的弥散对人的健康影响很难测定并作危情防范,在设计阶段选择的材料要具有无毒性、无污染、可回收利用、可降解。合理地设计包装结构,从功能、耗材及印刷工艺上使包装产品实现最大限度的减量化,避免包装结构、层次、体积的繁复叠加,出现过度包装、浮夸包装现象,以无功用玄奥的装置误导消费者。

3. 绿色包装设计要从包装循环周期的各个阶段确定目标

绿色包装设计要强化包装工程思想,从系统循环周期整体角度立意设计,一旦包装产品的设计方案论证确定,整个产品的有机周期对环境的影响已成定式。因此,必须在设计阶段并行考虑生产、运输、回收阶段的相关环境保护措施。

(1)设计阶段　充分掌握市场调查、素材信息,提出不同品类禽产品包装设计方案,其中主要包括:立意构思,确定设计参数,如包装物品的体积及计量值,预备容量或允许偏差参数;选择的包装材料无毒无害,可回收及再利用,可降解,高性能的合成材料及原生的自然材料的选用都要考虑到有关的环境因素;设计表现,包括形态、结构造型样式,图形、文字、色彩等都要符合绿色产品审美的要求,严禁视觉污染。在设计阶段主要是从材料的选择及生产的后续程序方面加强绿色包装设计

的入口把关。

(2)生产阶段　要充分考虑如何改善制造工艺，目前的研究成果表明，每设计单位内的环境负荷有工艺时间成正比，成功的设计策略就是要如何缩短工艺处理时间。

(3)运输阶段　运输包装的设计改进，即根据商品在运输过程中的破坏隐患考虑不同商品的属性、特点用途和运输方式，减少对能量的损耗，同时考虑如何减少禽产品包装对环境的负荷。

(4)消费阶段　主要考虑使用者如何节能，减少污染，方便维护及延长相关包装用品的使用寿命。

(5)回收阶段　一是在设计时就要考虑包装产品如何方便回收，并通过结构、材料的设计，预计使用后的拆卸和分类；二是考虑包装材料如何方便地再生利用，因为从混合物中提取物质是困难的，有些物质的混合无法分离，所以在设计中必须考虑材料的绿色合理配置。

七、禽蛋品牌策略

(一)品牌名称

品牌名称应该包括如下内容：应该让人联想到产品的某些利益和质量；名字应该易读、易认、易记，并且要简短、有特点；要保证名称的符号和所属类别的形象一致；如绿色禽产品系列、无公害禽产品系列的品牌名称要和相应类别一致；由于我国的禽产品出口也是禽产品营销的一个大市场，所以禽产品名称应该容易被翻译成其他语言，且翻译后的意思容易被其他国家接受和认可；品牌名称应该具有延伸性，可以用于同类禽产品的其他领域。如鲜蛋品品牌可以用于同类禽蛋产品做成的蛋黄派、营养羹等保健食品领域；品牌名称应该有视觉吸引力，应该是一个简单易记的标识语；更重要的一点是，禽产品品牌应该能够注册获得法律保护。品牌所谓一种商标，应该遵循商标法随商标注册的规定，品牌名称通过注册得到保护后，可以保护品牌所有者的利益。名牌产品被假冒对名牌产品的伤害很大，也严重损害了消费者的利益。当自己的禽产品品牌被侵害时，要运用法律武器与假冒活动斗争，这样，不仅保护了企业产品和消费者利益，而且对强化品牌、树立形象也有很大价值。

(二)品牌持有者选择

从目前我国禽产品生产、销售的形式来看，禽产品品牌多为政府或基地注册，协会、经纪人和销售商注册比较少。而这种大量的注册品牌集中于政府组织的品牌管理现状不利于品牌经营。政府属于公益性的管理组织，不具有企业的营利职能，所以也就难以尽到经营品牌的职责。为了发挥这些注册品牌的作用，相关禽产品协会或销售商个人争议通过二次授权的形式获得这些品牌的经营权。有产地知名度的禽产品基地，最好能通过经销大户或禽产品协会的形式申报自己的禽产品商标，这样也可避免将来可能的商标权属之争的麻烦。

进行禽产品品牌持有者的选择，需要进一步发展农业产业化经营。所有成功的品牌都有其明确而严格执行的产品标准，禽产品品牌的经营也必须遵循这一规律。通过"公司＋养殖户""合作经济组织＋养殖户""专业技术协会＋养殖户""农场＋养殖户"等形式中的作为"龙头"的公司、合作经济组织、专业技术协会、养殖场等对禽产品品牌的持有者，应该制定品牌生产、包装和检验标准，通过这些标准来规范养殖生产者对禽产品的生产过程。以注册品牌冠名销售的禽产品，必须达到相应的标准，执行相应的规范。对于达不到品牌标准的禽产品，只能以非品牌向外销售，这样就可以使品牌禽产品留给经销商、消费者一个统一的形象，易于广大消费者的认可。

无论是禽产品经营者，还是禽产品生产者，在拥有禽产品品牌后，并不等于就拥有了禽产品的市场和销路，还需要对品牌进行宣传，保证产品的质量，规范新颖产品的包装，才能保证所创立的品牌有市场，并最终由品牌走向名牌，也就是要对品牌进行科学管理。

(三)品牌定位

品牌定位是把品牌功能与消费者心理需要联系起来，把品牌信息准确地传递给消费者。在消费者心里确定独一无二的位置。品牌定位通过挖掘消费者的某一个兴趣点来寻求品牌价值和消费者需求的契合点。品牌的定位是通过积极宣传而形成的。不同的禽产品企业可以选择不同的定位策略。

1. 属性定位策略

属性定位策略即根据产品属性来定位。属性是品牌定位的最低层次，竞争者很容易就能复制属性。比如鸡蛋的属性是有利于大脑发育和功能正常，可增加肌肉量，含丰富蛋白质等。每一个竞争者的鸡蛋生产和销售都有这些属性。而一些禽产品生产过程和包装及加工的特性可以作为品牌定位的一种。如无污染、安全、有营养师无公害禽产品的特定属性。

2. 利益定位策略

品牌可以通过将其名称与消费者期望的利益相连来更好地定位。例如，"富硒鸡蛋"，给人第一印象就是富含硒元素，会增进人体健康；"双黄蛋"给人感觉两个蛋黄，与众不同；"绿健鸡肉"给人感觉环保、生态。

3. 使用定位策略

使用定位策略是根据禽产品的某项使用性能来定位。比如在营销过程中，对“泰和乌鸡”及其产品的宣传及品牌运作上应该强调其使用价值。

例如，泰和乌鸡在我国有着悠久的入药治病历史，早在2000年前的汉代，我国劳动人民就认识到泰和乌鸡的使用价值，将其用以入药。旧志《豫章书》(公元前206至公元194年)载“凡伤寒头痛发热……若虚极寒极之症，加姜盐和武山鸡煎汤服之即愈”。马王堆汉墓出土的帛书《五十二病方》首次载有“乌骨鸡”专称，并有乌鸡入药的记述：“病蛊者以乌雄鸡，并蛇放赤瓦辅上，令鸡蛇尽煮，以粥佐而饮之……”整理于东汉末年的我国著名的医学专著《神农本草经》，不仅对泰和乌鸡的整体，还对其不同部位的药用价值都做了详细说明。例如，肉具有调节内脏功能，治疗烫伤、耳鸣以及止血功效；肝有助于恢复视力，增强体力，促进胎儿的发育；胆对治疗结膜炎、特瘘疾患、皮肤干燥有较好的疗效；胃(嗉囊，包括胃体及胃黏膜，俗称“鸡内金”)可用于治疗胃溃疡、腹泻，并具有解热、利尿之功效；蛋可治疗中风、烫伤、癫痫等症。

4. 使用者定位策略

该策略是把产品和特定的用户联系起来的定位策略。它试图让消费者对产品产生一种量身定做的感觉。例如，对“富硒鸡蛋”的品牌定位是，可供缺硒地区的人们选择使用。大连是一个低硒地区，土壤、水中的硒含量不足。硒在无机食品中，吸收率很低，而以有机食品鸡蛋为载体，吸收率就高不少，硒是人体内300多种酶的促生元素，也是一种抗氧化物质，有抗癌功效。

5. 质量价格组合定位策略

将禽产品品牌定位为高品质、高享受。如对高档礼品盒包装的品牌禽产品的定位。

6. 文化定位策略

将禽产品品牌定位在强烈的信念和价值上。为品牌建立一个使命和愿景。如富含锌等矿物质元素的“长寿牌鸡蛋”，可以传递给消费者这样一种信念：消费者的健康长寿是我们鸡蛋生产的最高宗旨。

7. 地域定位策略

禽产品品牌以地域冠名，多以地理标志为主。如河南淇县缠丝鸭蛋。缠丝鸭蛋的缠丝现象与当地水流中水质、水草及河泥的化学成分具有一定的依附关系。由于河流水质水草和河泥中的锂、锰、锌、铁、锶、铬等元素含量也较高。化验结果表明，缠丝鸭蛋营养丰富，与普通鸭蛋相比，蛋白质含量高1.65%。脂肪含量低1.38%，钙高4.6倍，磷低0.086%。这种高蛋白、低脂肪、高钙低磷、正符合人体的营养要求，对高血压、动脉硬化、心血管病、佝偻病、软骨病、孕妇缺钙症、产妇等催乳等患者是不可多得的理想产品。由于只有生长在此段温泉水内，鸭子产生出的蛋才有缠丝，因此产量不多，故称为珍品。

八、禽产品营销品牌

品牌是由名称、术语、标记、符号或图案等要素组合而成的，用于体现某个销售或某种服务的特殊性，并使之与其他销售者的产品和服务相区别，借以促进销售的记号。品牌在市场竞争中的作用并不仅仅表现在产品的识别功能上，虽然产品的质量性能和企业的市场信誉能够首先通过品牌传导给消费者，但品牌尤其是品牌的功能，更多的是它的市场影响力，是它带给消费者以信心，它在带给消费者物资享受的同时，还带给消费者一定的精神享受。品牌的这种特殊功能构成了品牌产品所特有的市场竞争力。随着产业化经营的开展，很多龙头企业开始意识到品牌的重要性，越来越多的产业化经营系统开始有意识地应用品牌策略，以促进行业产业化经营发展。例如，河南省就特别重视禽产品品牌建设：在中国，每 10 根火腿肠中，就有 5 根来自河南；每 10 个速冻水饺中，就有 5 个来自河南……此外，麦当劳、肯德基在中国的主要半成品原料 90%来自河南。中国肉类协会公布的“2005—2006 年中国肉类工业影响力品牌”，河南夺得 5 席（双汇、永达、大用、志元），成为拥有该品牌最多的是省份之一。

创造名品牌是解决禽产品卖难和提高农民收入的根本途径。品牌是高价格的基础，驰名品牌会给企业带来高额利润；品牌是产品竞争优势的基础，驰名品牌具有强大的竞争力；品牌是吸引新消费者，留住老消费者的有力武器。

1. 以名创品牌

对市场竞争力强的优势产品实行商标注册。创名牌既是为了宣传、扩大影响，同时也是为了保护品牌。

2. 以质创品牌

严格按照质量标准生产、提高产品品位。

3. 包装创品牌

随着现代化流通方式的发展，禽产品包装将成为必然趋势。现在发达国家农产品是一流的产品、一流的包装、一流的价格。而我们国家的农产品则是一流的产品、三流的包装、三流的价格。

4. 加大创品牌的宣传力度，树立良好品牌形象

除了企业和经营者自身的宣传，地方政府也要积极做好特色禽产品的宣传，扩大知名度，提高市场占有率。

5. 做好名牌保护工作

提高商品意识，提高品牌质量，注重品牌保护。龙头禽产品企业一方面应对自己的品牌进行商标注册，求得法律保护；另一方面应加强内部管理，提高产品信誉，提高产品质量，珍惜和维护品牌信誉。

九、禽产品品牌管理

创立一个品牌，是经营者进行的一个长期工作，需要企业或经营者投入很多的精力去维护和使用。

首先，进行品牌宣传。将禽产品品牌的定位不断传递给消费者。广告宣传可以创造品牌知名度，建立品牌偏好和忠诚，但费用较高。事实上品牌更多的是通过品牌经历维持的。消费者更多地通过众多的联系和接触点来了解一个品牌，如消费者和品牌接触的经历、与其他消费者的交流或其他途径。所以经营者也要关注和管理这些可能的接触点。

出于经济实力和必要性的考虑，禽产品品牌的所有者在品牌的宣传上不可能更多地利用媒体广告进行。禽产品经营者可以充分利用适合自己的宣传手段，比如卖场宣传。在这方面，产销地的大型禽产品交易市场和城市中的超市，都是宣传目标最为集中的地方；利用媒体宣传，借助新闻发布会、投资环境及项目洽谈会、电视广告、电台等多种形式进行对外宣传，提高产品的市场占有率；或在地方政府扶持下召开禽产品促销会或展示会或通过禽产品质量大赛、烹饪技术大赛、评选禽产品生产、加工状元等活动来提高产品的知名度。

其次，品牌持有者要接受和传播品牌理念。自己拥有的品牌，只有自己首先信任、认同，才能将这种思想理念传给消费者。应该让生产者、销售者对自己的禽产品有自豪感，这样才能感染消费者。所以，禽产品品牌管理者应该成功地对他们的品牌拥有者和销售者进行培训，通过实施内部品牌建设来帮助生产者、销售者理解、渴望和传递品牌承诺。将这些承诺通过销售者和分销商的优质服务来传递给消费者，获得消费者对品牌的认同和支持。

再次，管理好品牌建设过程中的生产过程和销售过程。禽产品作为畜牧业生产的一种形态，负有禽牧业产业化的现代模式。在“公司＋养殖户”“合作经济组织＋养殖户”“专业技术协会＋养殖户”“农场＋养殖户”的形式下，龙头企业要将禽产品的生产过程、检验过程及包装过程标准化，在销售之前进行品牌检验。产品的品牌效应和影响力都必须建立在过硬的技术上。要想树立自己的农产品品牌，就必须先让自己产品的质量过关，争取让自己产品过关，争取让自己的企业达到国家规定的质量体系和食品安全体系的要求。所以，要对从生产到加工、销售整个过程进行指导，以此来维护所创建的品牌。在品牌化营销中，包装是提高产品竞争力和树立品牌的重要手段之一。通过包装，美国 10 元的农副产品可增加 3.7 元的价值，日本可增加 2.3 元的价值，而我国只能增加 0.48 元的价值。我国的品牌禽产品包装中，多采用市场通用的包装，不能使自己的产品显著进入大众视角，难以使消费者产生识别性的印象。同一品牌禽产品在包装设计上应有自己的基本的图案、色泽和形状设计。这样既易于消费者记忆，也易于通过包装对消费者产生购买引导。

随着绿色产品、绿色消费、绿色营销成为世界生产与消费的发展潮流，绿色包装实际上已成为中国包装业所面临的新的奋斗目标。从禽产品养殖、加工包装乃至销售的每一个环节上进行严格控制，是禽产品企业所必须遵循的准则。

最后，加强对品牌的保护。长期以来，我国受传统农业生产经营观念的影响，没有认识到“品牌”与“商品”的必然联系，部分禽产品商标注册滞后。受多种因素的影响，对同一资源产品以不同名称反复注册的现象比较突出，影响禽产品品牌的培植和发展。许许多多知名禽产品因注册了商标，取得了品牌的“护身符”，因而备受消费者的青睐，而一些没有注册商标的优质农产品，被人假冒或抢注商标，已影响了其品牌的声誉，使其陷入了困境。所以对禽产品品牌进行及时注册，获得商标权的保护，是维护禽产品品牌形象的有效措施。在当今国际竞争日益激烈的趋势下，要实现禽产品品牌战略，必须重视商标注册和商标权的应用，从而形成市场资源优势，增强在国际市场上的竞争力。

任务三　水产品市场营销

【引导案例】

抚顺县大力实施农产品商标战略

2008 年以来，抚顺县工商局大力实施了农产品商标战略，使得该县 10 件农产品商标成功注册，并有 7 件农产品商标申请注册被国家商标局受理，有效地推进了县域经济又好又快发展。

抚顺县工商局以促进地区经济发展为己任，积极培育农产品商标，专门成立了实施农产品商标战略领导小组，并率先在 5 个示范所推行了“一所一标”的商标战略。同时，大力开展了多种形式的农产品商标知识宣传活动，发放宣传材料 5 000 余份，并多次为有关企业免费进行农产品商标知识培训。对于前来注册农产品商标的经营者，该局积极为其提供法律咨询、商标设计等"一站式"服务，并亲自为其跑办。目前，成功培育了辽宁省大伙房水库养殖总场"大伙房"等9家省、市级的著名商标。

为保护农产品商标专用权，维护保护广大农民、企业和消费者的合法权益，该局先后组织开展了4次专项整治行动，查处涉农商标违法案件6起。

【任务分析】

一、水产品市场分析

20世纪90年代以来，中国水产品总量居世界第一。水产品是中国农产品批发市场中成交量最大的商品之一。近年来，随着经济的发展，人们收入水平的提高，中国食品方面的消费需求在转变。由于食品安全越来越受到重视，市场上对有机食品、绿色食品、野生食品的需求日趋旺盛，由此推动中国优势水产区域化布局基本形成，优势水产品应运而生。当前我国水产品市场呈现如下特征。

①水产品市场资源丰富，种类繁多。水产品种类主要有鱼、虾、蟹、贝、藻五大类及其加工产品。市场上销售的商品又分为鲜活产品、冰鲜产品、冻品、干品及其他相关产品，如水产药品、市场保健品等。

②水产品市场价格变化幅度大，品种间价格相差悬殊。由于水产品的季节性很强，不同季节价格差异很大。正常的年份大多数水产品市场价格以春、秋季最低。

③水产品市场经营的"门槛"较低。大多数水产品市场是初级竞争性市场，市场准入较宽松。因此，仍然存在价格竞争。

二、水产品包装策略

水产品包装是食品包装的一种。其功能在于商品流通过程中保护水产品、方便储运、促进销售。但是由于市场上水产品供给的增加，水产品市场上的竞争愈加激烈。这就要求经营者考虑利用适度的包装策略与包装技巧，充分发挥包装的促销功能，突出产品的市场定位，使自己的产品在市场上脱颖而出。

(1)无包装策略　此策略最大的优点是便于消费者建立起对水产品的直观感受，同时又能降低经营者的销售成本。其比较适合市场上鲜活水产品的销售。

(2)小包装策略　在水产半成品、熟制品的市场上，小包装更加受到消费者和销售商的青睐。原因是小包装易于包装运输和上架销售，并且小包装单价便宜，易于销售。对于消费者而言，城市里大多数家庭都是两口或三口之家，一次对于水产品的需求量较少，此类的目标顾客群体也更加喜欢小包装。

(3)组合包装策略　将多种水产品包装在一起，既方便消费者购买，同时又满足了消费者的多种需求。例如，生鱼片、虾仁、蟹足棒、鱼丸、虾丸等组合包装，就能满足消费者在家制作海鲜火锅时的多样化需求。

(4)绿色包装策略　世界上许多国家把包装的要求列入绿色壁垒的范围，不符合绿色包装要求不准进口。在水产品的包装上要引入绿色的理念，绿色包装是绿色水产品的重要环节。例如，利用先进技术，采用可降解的塑料包装；对于活水产品采用纸质包装；对于名贵的水产品可采用保温型的环保包装或设计精美的礼品包装。

(5)定制式包装策略　当今社会发展的多元化、个性化特征越来越显著，水产品的定制式包装可以满足消费者的特定需求，此类包装多见于礼盒的定制或礼盒的现场组合。

(6)“情感”包装策略　在水产品的包装上增加传统文化内涵与情感要素，由此提高产品的附加价值，激发消费者强烈的情感共鸣与认同感，从而产生购买欲望。例如，在春节等中国的传统节日，推出带有“年年有鱼”等包装的鱼制品。

三、水产品品牌策略

在市场经济发展的今天，水产品行业高速发展的有效途径之一即是品牌经营与品牌策略。品牌化的竞争已经成为水产品行业的新动向。我国水产品品牌建设的现状及措施如下。

针对我国水产品行业现状，必须尽快建立自主品牌和知识产权战略的各方面协调机制，建立统一的政策规划和实施机制。

1. 开展以企业为中心的产学研结合，培育优质品牌，走品牌化发展道路

水产品行业的持续发展离不开科技进步。在国外，80%的科研在企业完成。我国高校和科研机构基本游离于企业之外，不能根据市场需求充分获取研发信息，技术和专利成果缺乏转化途径。我国当前渔业科技难以适应发展的需要，整体素质不高。产业层次较低，基层服务能力较弱。因此我国水产品企业应该吸取国外经验，积极开展与科研机构或高校的合作，开展校企合作，共建技术研发中心，共同研究开发课题，共建高科技实体。把基础研究、应用研究与企业实际发展要求有机结合起来。真正实现科研—转化—推广—应用。

2. 标准化生产是创品牌的前提

必须加强水产品质量与服务体系建设。高质量的水产品既要具有产品的质量标准，还应该具有产前、产后的渔业技术标准，实行标准化生产，即从养殖水域的选

择、鱼种选样培育、饲料肥料使用、鱼病防治、鱼药使用等各方面必须按照国家规定的相关标准执行，实现水产品从"池塘到餐桌"全过程质量控制。把我国水产品的生产、加工、流通中的技术要求逐步纳入 HACCP 水产品质量保证体系，真正与国际接轨。

3. 建立和完善水产品认证体系，创名牌，提高国际竞争力

质量过硬是创建名牌水产品的基础。而对水产品而言，衡量其质量的主要依据是看其是否达到规定的质量和卫生标准，以及生产过程是否达到标准化。近年来，我国部分水产品养殖密度比较高，病害越来越严重，如盲目用药；水域污染等。这些问题造成水产品农药残留，威胁食品安全，影响出口创汇。因此，必须规范水产养殖用药，科学规划水产养殖密度，推广适合各类养殖用的低危害的"绿色"药物，避免超量残留；推广生态养殖、无公害养殖，加强水域环境保护与管理，遏制生态污染。推广从"水域到餐桌"全过程质量控制管理，从源头把住水产品质量关，按照国际标准组织生产与管理，提高产品质量。建立与完善水产品质量标准体系及名牌水产品评价和认证体系，为名牌水产品的创建提供优良的服务。名牌水产品的评价和认证体系可参照现行绿色食品的评价与认证模式建立，对达到标准要求的水产品许可使用专门标志，以此确立其优质名牌水产品的身份。

四、水产品物流

(一)水产品物流的概念

水产品物流是指以满足顾客需求为目标，运用现代化的物流手段，对水产品物质实体、相关服务及信息从供应源到消费源所进行的组织、控制与管理的经济活动过程。它是由水产品生产、收购、运输、流通加工、储存、装卸、包装、配送、分销与信息等一系列运作环节组成，并在整个过程中实现了水产品保值、增值和组织目标。

(二)现代水产品物流的内容

现代水产品物流服务包括水产品市场调查与预测、水产品采购与订单处理、水产品物流咨询、水产品配送、水产品客户支持、水产品物流方案选择与规划、水产品电子商务、水产品营销等。

(三)我国水产品物流的发展阶段

随着我国市场经济的深入发展，水产品冷链物流得到飞速发展。我国水产品质量保证体系建设经历了三个阶段：①以冷藏保鲜为主的冷藏库阶段。②以冷库与冷藏车和恒温设备结合保鲜为主的冷藏链阶段。③21 世纪初，以信息网络技术

应用为主的冷链物流阶段。水产品物流信息化水平迅速提高。这一阶段更重视冷链物流整个体系的成本核算，与水产品物流相关的电子商务的软件的开发与应用、水产品专业网站建设都取得了明显进展。

(四)我国水产品物流的发展现状及解决措施

1. 水产品物流发展存在的主要问题

(1)物流标准化问题　当前，我国还未建立完善的适应水产品物流发展的技术标准和工作标准体系。标准化物流设备、设施、行为仍有待于规范。例如，水产品的分类、分级、分等多凭人工感觉，误差太大；各种运输方式之间装备标准不统一；运输设施标准与包装标准不配套等问题。这种现状，给水产品的储存、运输、加工带来很多不便，从而影响水产品物流活动的质量、效率及经济效益，阻碍了我国国际水产品物流活动的发展。由此，水产品物流标准化是水产品物流发展的关键问题之一。

(2)相关的技术应用问题　制约水产品物流发展的重要因素之一是相关技术问题。其中主要包括以下几个方面。

①水产品仓储：检测技术有待提高，现代化鲜活水产品恒温仓储技术以及库存控制技术普及率较低。

②水产品保鲜：传统技术使用多，减压保鲜技术、冰温气调技术等新技术应用较少。

③水产品加工：标准化水平低，技术含量低，精深加工产品少；微波技术、高压技术、超临界提取技术、微胶囊技术、冷冻关联技术、膜分离技术等先进的加工技术在我国应用的很少。

④水产品运输：智能化运输设备、专用工具、计算机网络管理的高新技术应用有待于普及；各种运输方式的配套衔接、装卸方式的自动化水平需要提高。

⑤水产品物流信息系统的开发、应用与普及有待于加强。信息处理环节中，过程控制的自动化和综合业务处理的信息化程度不高；视频技术、射频技术、卫星定位技术、条码识别技术、传感技术等应用不普遍。

(3)水产品质量安全问题　水产品质量安全问题表现在：水产品产地环境及配套程度不高，药物和有害物质残留超标，动物防疫体系不健全等方面。在水产品物流过程中，质量检测和监控还不到位，市场准入制度和产品质量安全追溯制度还未完全建立，很多水产品没有标明产地、生产单位、生产日期和保质期。

水产品具有高风险的特征，水产品的质量安全是限制水产品物流发展的重要因素之一。

2. 完善水产品物流的措施

(1)从实际出发,合理统筹规划　政府相关部门要进行合理统一的水产品物流规划与布局。政府应推进水产品物流基础设施的规划与建设,为水产品物流企业创造优质的外部发展环境。政府要加快管理体制改革,明晰企业的产权关系,为我国水产品物流业的发展提供一个良好的平台,促进水产品物流业的发展。同时,政府要搞好交通线路和物流节点的规划建设工作,进而提高水产品物流的流转速度和效率。

(2)水产品物流企业应树立现代企业经营理念,实现科学管理　评判物流企业好坏的标准有两方面:一是物流服务水平,二是物流成本。这两个评判标准表现在物流配送方面就是“快速”和“准确”。因此,要加强以下几个方面的工作。

①积极运用电子商务平台和数字信息技术,加快水产品物流企业的现代化进程。提升水产品物流企业信息流的速度,并作出合理及时的安排。

②应积极通过自主创新或引进先进的技术设备,应用现代化的物流技术设备,建设先进的水产品冷链物流系统,促进水产品物流企业更好的发展。

③在水产品运输、加工、包装、仓储、配送企业中推行标准化工作,真正实现“门到门”的水产品物流。

④创造条件规划建设大型水产品物流园区,推动水产品物流业规模化、现代化发展。

任务四　谷物市场营销

【任务分析】

一、谷物市场需求

(一)稻谷的市场需求

1. 需求结构

目前,我国稻谷消费主要包括口粮消费、饲料消费、工业消费、种用消费四项,近年来,我国稻谷消费总量稳步增长,需求结构呈现口粮消费下降,饲料和工业消费增加的趋势。

(1)口粮消费　稻谷是我国城乡居民主要的口粮作物。目前,用作城乡居民主食消费的稻谷口粮消费量约占到了稻谷消费总量的85%,稻谷消费量约占谷物口粮消费量的60%,稻谷口粮消费需求的增长也更多地表现为伴随人口的刚性增加，增速相对趋缓。

(2)饲料消费　用作饲料的稻谷量是除用于口粮外的第二大消费量，目前用作饲料的稻谷消费量正呈上升趋势。

(3)工业消费　稻谷也是重要的工业原料，主要用于淀粉、酿酒、制药、调味品等生产加工领域，稻谷的工业需求和消费用量正逐步增长，呈现快速上升趋势。

(4)种用消费　稻谷的种用消费是稻谷需求的组成部分之一，其消费量由稻谷的单位面积播种量和播种面积两方面的因素决定，谷种用粮占整个稻谷消费的比例很小，对稻谷需求结构影响不大。

2. 消费品种状况

籼稻和粳稻是我国稻谷的重要品种，目前籼稻消费量仍占较大比重；但随着居民生活水平的提高，人们对精米的消费偏好增加，粳稻消费比重快速增加。这种稻谷消费需求的变化反映在稻谷生产上，使得籼稻和粳稻的种植结构发生了变化。20 世纪 80 年代我国稻谷种植基本上是籼稻，进入 20 世纪 90 年代后，粳稻的种植区域进一步扩大，面积和产量不断增加。从 1980 年到 2008 年，我国粳米产量在稻米总产量中所占比例由 10.8% 增至 28.7%，籼稻产量所占比例由 89.2% 降至 71.3%。

(二)小麦的市场需求

小麦作为主要的粮食产品，其需求受人口数量、经济发展、小麦生产情况、城乡居民的收入水平以及消费习惯、饮食偏好等多方面因素的影响。

1. 小麦需求发展阶段

新中国成立以来我国小麦消费需求发展有以下四个阶段。

(1)低水平消费阶段(1949—1978 年)　这一阶段，城镇人均小麦消费量为 75 kg 左右，乡村人均消费不足 60 kg。

(2)快速增长阶段(1979—1985 年)　这一时期粮食生产大幅度增长，人均收入和食物消费水平显著提高，全国小麦人均消费量达到 74 kg，北方小麦区域乡村达到人均消费小麦 210 kg、城镇 120 kg。

(3)稳中有降阶段(1986—2000 年)　这一阶段人均收入水平与消费水平进一步提高，食物消费由追求数量型转向注重质量型，全国人均小麦年消费量 80 kg，北方地区乡村人均小麦年消费量由 210 kg 将逐步下降到 165 kg 左右、城镇人均小麦消费量降为 65 kg 左右。

(4)以加工食品消费为主阶段(2000 年以后)　随着城乡居民生活水平的进一步提高，对加工食品的需求量日益增加。小麦由于其适宜加工的特性，可以加工成多种色、香、味俱佳的精美糕点和方便食品，因此小麦加工需求量占小麦消费总量的比重会大幅度增长。

2. 小麦需求结构

目前我国小麦消费主要包括口粮消费(制粉消费)、饲料消费、工业消费、种用消费四项。近年来,国内小麦消费格局呈现制粉消费略有减少,工业和饲料消费略有增加的态势。

(1)口粮消费(制粉消费)　近几年用作口粮的小麦需求量有所增加,从1999年的9 879万t增长到2002年的10 227万t,增长幅度为3.5%。2003—2008年小麦的口粮消费量略有减少,年均约为9 300万t。目前,小麦口粮消费占总消费量的比重总体保持在85%左右。

(2)饲料消费　小麦是重要的饲料原料,主要用于加工制成动物混合饲料。小麦饲料消费量仅次于口粮消费。近年来,随着人们对肉、禽、蛋及水产品等消费需求的增加,推动了小麦的饲料消费量快速增长。

(3)工业消费　小麦工业消费量(主要用于生产方便食品、面包、饼干、挂面等食品)虽然占小麦总消费量的比重较小,为2%～3%,但近年来小麦种子用量有所减少。

(三)玉米的市场需求

玉米是一种重要的粮食、饲料、工业原料兼用农作物,在玉米消费中,饲料消费、工业消费和口粮消费占突出地位。玉米消费需求的总体趋势是口粮减少,饲料费增加。近年来,国内玉米消费需求增长,主要源于饲料消费和工业消费需求的增长,饲料消费和工业消费的快速增长使得我国玉米供求关系由供大于求逐步转供求平衡甚至供应偏紧的状况。

(1)饲料消费　玉米主要用作饲料消费,饲料玉米可分为两部分:动物性产品生产所用的饲料玉米和牲畜用饲料玉米。我国玉米总产量的70%左右都用于饲料。

(2)工业消费　工业消费玉米量占国内玉米消费总量的20%～25%。利用玉米做原料可以加工出许多产品,比如淀粉、酒精、白酒等,还可以经过二次加工和进一步提炼生产出结晶葡萄糖、食用葡萄糖浆、柠檬酸、酶制剂以及甘油等。随着我国玉米加工工业能力的提高,玉米工业用量正逐年增长。

(3)口粮消费　玉米长期以来被视作粗粮。20世纪80年代以前,玉米是许多地区尤其是北方地区居民的主要口粮品种。随着城乡粮食供给水平的不断提高、居民食品消费结构的提升和畜牧业的不断发展,玉米的口粮消费逐步下降,饲料消费逐步增长。

二、谷物营销的渠道和区域营销的特征

(一)谷物营销的渠道

1. 收购渠道

(1)保护价收购范围的粮食

第一,国有粮食企业。目前,稻谷、小麦和玉米在我国主要的具有生产优势的区域仍属于保护价范围之内,按照国家的有关规定,对于列入保护价收购范围的粮食,有国有粮食购销企业常年敞开收购。因此,在谷物主产区国有粮食企业仍然是谷物市场的主要渠道。在新的粮食流通体制改革以后,保护价收购基本取代了过去的国家定购和议购形式。

所谓粮食保护价收购是指保障工业用粮、饲料用量以及粮食储备为目的,国有粮食企业按照国家当年制定的粮食保护价向农民无限地敞开收购粮食的制度。

第二,工业用粮及经营企业。对于列入保护价收购范围的粮食,除国有粮食企业外,经省级工商管理部门审核批准的用粮企业、粮食经营企业,可以按照国家有关收粮政策直接到农村收购粮食。对于批准的大型工业用粮企业还允许跨地区到粮食产区直接参与收购,或委托当地国有粮食购销企业收购自用粮。另外,经省政府认定,对于交通不便的边远地区,允许经地(市)或县级工商管理部门审核批准的粮食经营企业到农村收购粮食。

(2)非保护价收购范围的粮食　对于已退出保护价收购范围的粮食,经过地(市)或县级工商管理部门审核批准的各类粮食经营企业、用粮企业,都可以到农村直接收购粮食。

2. 销售渠道

(1)按照保护价收购的粮食　国有粮食企业以保护价收购的粮食或有县粮库和国家储备库储存,或直接通过县级批发市场售出。县粮库储存的粮食,有粮食公司或经由批发市场,由零售环节销售给消费者,或者通过进出口企业出口到其他国家。国家储备库的粮食,经过本省或外省的省级批发市场,有粮食公司、零售商售给消费者或出口。

(2)农村集贸市场和批发市场　除国有粮食企业、各类粮食经营企业和用粮企业外,农民也可以直接通过集贸市场出售自己的粮食,并且不受数量限制。

经县级以上工商行政管理部门批准的各类粮食经营企业和粮食(包括私营、个体粮食经营者)都可以到农村集贸市场和粮食批发市场购买和销售粮食。批发市场是我国省际间商品粮食流通的主要渠道,也是各类粮食企业经营的主要渠道。

(3)零售 小麦主要是以面粉的形式出售给消费者的，稻谷则是以大米的形式出售给消费者。零售面粉、大米的营销机构主要有国有粮店(所)、国有粮食加工企业、乡(镇)村面粉加工厂、个体和私营面粉经营者等几种。玉米主要用作饲料和工业原料，其零售环节在整个流通过程中不占重要地位。

(二)谷物的区域营销的特征

1. 稻谷

在我国北方省份过去以消费面粉和杂粮为主，大米人均消费量远远低于全国平均水平，但近年这些省份的大米消费量增长比较迅速。东北地区是全国粳米的主要输出地区，北京是主要消费地区，其粳米的总消费量在北方城市中较高，北京地区粳米的供给来自许多地区，有附近的一些省份、华中部分省份和东北三省。南方省份中江苏、湖北和四川是粳米产量和消费量都较高的地区，这些省份的居民一直对粳米具有较强的消费倾向，是南方粳米消费比较集中的地区。上海也是南方粳米的主要消费地和输入地，销往上海的粳米主要来自江苏、安徽和东北。江苏、安徽是南方粳米的主要输出省份，而四川省的产量和消费量比较接近，基本上属于自给自足的市场。

籼米是中国南方居民的主要食品。江西、湖南、湖北的生产都大于消费，是籼米的主要输出省。上海、福建、广东等地既是比较重要的消费地，也是主要的籼米输入省，其中，供给广东籼米的主要省份是江西和湖南；供给上海籼米的是安徽和湖北。

2. 小麦

小麦过去是北方居民的传统主食，但近些年来南部和东部小麦消费水平也有了大幅度的提高。精细加工是影响小麦消费水平的重要因素。东部经济发达地区，食物消费不再是解决温饱，而是讲究营养，以精细量和精细加工产品消费为主，小麦消费数量较高。而中西部地区主要以原粮消费为主，面粉加工品消费量远远小于东部沿海地区。中部地区(鲁、豫、冀、陕、晋和内蒙古自治区)的山东和河南是中国最大的小麦生产省份，其他4省都是缺小麦的省份。

中国小麦区域流向的总体格局是：由地处黄淮海平原、华北平原以及西南的小麦主产区向东南沿海、东北区、华南区和西北区流动。从各个地区看，西北区的新疆，西南区的四川，中部的山东、河南，东部的江苏、安徽等是小麦输出区，而东北则是净输入区，输入量最大的是长江中下游区和华北区，其次是东北区和西北区。

3. 玉米

目前，我国玉米消费布局呈现明显的“南多北少”的特征，这主要是受到了畜牧业生产布局(尤其是耗粮水平较高的生猪的生产布局)和饲料工业布局的影响。

我国南方四川、重庆和湖南等省市的养猪业历史悠久，虽然近年来山东、河北、河南、辽宁等省的养猪业有所发展，但是我国生猪生产“南多北少”的格局仍然呈明显的偏南布局。由于生猪生产和饲料工业的南北布局失衡，使得南方诸省从北方出入的数量逐年增加。而北方地区，尤其是东北地区，是全国闻名的玉米产地，也是玉米流向全国甚至世界市场的主要源地，东北地区玉米产量占粮食总产量的近50%，由此形成了我国玉米“北粮南运”的流通格局，大部分玉米运距长达 3 000 km左右。

20 世纪 90 年代中期以后，随着国内粮价的上涨和运输费用的提高，长江流域及其以南省份从东北购买玉米就不如从国际市场上购买划算，长距离、大批量地运输失去了经济上的可能性。在这种情况下，我国玉米进出口应实行“南进北出”战略，即东北地区向国际市场销售玉米，南方地区则从国际市场购买玉米。目前玉米性相对过剩省份(自治区)有：吉林、黑龙江、河北、内蒙古等；玉米相对短缺的省份(直辖市)有：湖南、广东、四川、重庆、江苏、湖北、福建等。

任务五　畜产品市场营销

【任务分析】

一、畜产品市场的概念

畜产品市场是商品市场的具体形式，既是以畜产品商品交换为主体的场所，又反映畜产品市场上各种复杂经济关系的总和。在人类交换实践活动中，畜产品市场是各种复杂经济关系的总和。

二、畜产品的需求与供给分析

(一)畜产品需求

1. 畜产品需求的概念

畜产品需求是指人们在一定时期内，在各种可能的价格水平下，愿意而且能够购买的某种畜产品的数量。人们通常所讲的需要并非需求，需要是指人们的要求和欲望，是人们追求商品使用价值的生理需要或理想需要。

需求是指有货币支付能力的有效需要，是进入市场的现实购买力，表明消费者不但想买某种畜产品，而且能够买得起。需要与需求之间的差距，也就是支付能力的差距。还应注意，畜产品总需求有狭义和广义之分。有人将城镇居民对最终畜品的需求，称之为狭义的畜产品总需求；而广义的总需求，除了城镇居民个人消费需求外，还包括加工部门对某些中产畜产品的需求和外贸部门对畜产品的出口需求。

2. 畜产品需求的特点

(1)需求的普遍性和大量性　表现出量大面宽的特征，这是因为，一方面，动物食品能够提供比植物食品更多的优质蛋白质、大量的磷和钙。这些营养物质成为人们提高身体质量的不可替代的物质。另一方面，人们愿意花钱吃好，吃得有营养。满足人们日益增长的消费需求，仍是畜牧部门的头等大事。

(2)需求的连续性　畜产品特别是肉、奶、蛋等食品，已成为许多家庭的日常生活必需品，消费的连续性特点与购买电视机、洗衣机、录音机、自行车等消费特点显然不同，它要求常年均衡供应。当然，受人们消费习惯和气候变化的影响，不同季节对畜产品需求的种类和数量仍有差异，它要求畜牧业生产、运输、贮藏、加工与之相配合。

(3)畜产品需求的层次性和伸缩性　层次性主要是由于人们的货币收入水平的差异性所引起的。一般来说，畜产品加工的深度越深，所处的消费需求层次越高，如猪肉罐头的需求导层次比生肉高，北方烤鸭、肯德基的需求层次又比一般鸡、鸭需求层次高。随着人们收入水平的提高，生活条件的改善，人们越来越注意畜产食品的卫生质量、营养价值、加工包装以及服务质量等，即需求受家庭影响程度不同，对收入高、生活富裕的家庭来说，肉、奶、蛋、禽的价格变动对他们几乎无影响或者影响较小，而对那些收入水平低的、生活并不富裕的家庭来说，畜产品价格上涨，有效需求便会减少，即价格变动对需求影响较大，这表明畜产品消费需求的增长，对不同收入水平的消费者，是有一定伸缩性的。

(4)需求的多样性和替代性　人们性别、年龄、民族和习俗不同，收入和文化水平不同，以及兴趣和偏好的差别，形成了整个社会对畜产品需求的多样化，它要求生产供给的种类、品种、规格以及质量应与之相适应。所谓替代性，即一种商品的需求量增加，会导致与之替代的另一种商品需求量减少，如牛羊禽肉的需求量增加，会引起猪肉需求量的减少。替代性是由于畜产品间的营养和功能近似，而畜产品价格存在差别所致。

3. 畜产品需求的影响因素

畜产品的市场需求量，受多种因素的影响。其中最重要的因素是人口数量、畜产品及其替代品的价格，以及人们的收入水平。

(1)人口因素　人口数量是影响畜产品需求量的基本因素。在收入水平不变的情况下，人口总数与消费总量成正比。人口总数增加，市场对商品畜产品的需求量也随之增加，反之则相应减少。此外，人口的增长速度、年龄结构、消费习惯等也对需求有一定的影响。

(2)消费者的收入水平　人均收入是直接影响购买力大小的决定因素。在价格稳定的情况下，购买力的大小要取决于收入。当城乡居民越过“维持温饱”水平后，人们常把新增收入的相当大部分，用于购买他所喜爱的营养食品(如肉、奶、蛋等)和毛皮服装，这表明“畜产品往往有一个高收入的需求弹性”，即当人们收入增长1%时，对畜产品消费需求也增长1%以上。当然，人们对畜产食品的消费也是有限度的，不可能无限制增加，当需求达到一定程度时就会稳定在一定的水平上。

(3)畜产品的质量　随着人们收入水平和生活水平的不断提高，人们对畜产品的质量越来越重视，畜产品质量包括：畜产品的营养水平、适用性、安全性等。畜产品必须具有满足消费者需要的质量，都会受到消费者的欢迎，满足度越高，市场需求量越大，反之则越小。

(4)畜产品加工工业和以畜产品为原料的轻工业的发展状况　若以畜产品为原料的工业或轻工业对某种畜产品的依赖程度大，其价格的变动不会对此类畜产品的消费量带来很大影响，需求弹性小；相反，依赖程度小，则需求弹性大。

(5)畜产品及其替代品的价格　收入水平一定，购买力大小与价格因素有密切的关系。畜产品价格下降，对需求量就会增大。而替代品(如水产品及其他畜产品)的价格相对较低，则对某种畜产品的需求量就会相应减少。此外，市场上整个商品价格水平的变动，尤其是农畜产品比价和畜产品比价的变化，也会影响人们用于动物食品的费用支出，从而影响畜产品的需求量。

(6)其他因素　畜产品生产者应该关注，在社会生产力发展速度快、水平高时，从事工、商、贸的非农人口将会显著增加，消费的肉、奶、蛋、皮、毛势必相应增加；同时随着国民经济特别是国民经济出现调整，压缩基建规模，大批进城农民返回农村，特别是工业部门出现关、停、度、限产、转产时，就会极大地影响社会对畜产品的需求量。可见，畜产品需求的变化与整个宏观经济发展状况，也是息息相关的。

(二)畜产品供给

1. 畜产品供给的概念

畜产品供给是指经营者或生产者在一定时间内，在各种可能的价格水平下，愿意而且能够提供出售的某种畜产品的数量。供给必须具备两个条件：一是有出售的愿望；二是有供给能力，两者缺一不可。

2. 畜产品供给的特点

(1)畜禽生产的季节性　由于畜禽的生物学特征和饲料生产的季节性，形成了畜禽生产的淡旺季和供给的季节性。

(2)畜牧业生产的不稳定性　粮食产量与粮价的稳定性，在很大程度上决定着畜牧业生产，特点是猪禽生产的稳定性，决定着市场供给的稳定性。至于广大牧区更是靠天养畜，其畜产品生产供给的不稳定性，表现更为突出。

(3)畜产品的时效性　如鲜牛奶夏季的保鲜时间仅为 2～4 h，鸡蛋也只有几天，肉类产品如无冷柜很容易腐烂变质，这给畜产品的供给提出了较严格的要求。

(4)畜牧业生产经营小规模与分散性　我国畜牧业主要以分散的家庭经营为主，畜产品主要由分散的千家万户提供，受农户土地、饲料、资金、市场限制，一般饲养规模很小，这给畜产品的收集、运输、加工、供给增加了相当大难度。

(5)畜产品生产者的二重性　亿万农牧民既是畜产品生产者，也是畜产品的重要消费者，其畜产品生产的总量，自食和商品量左右着市场供给量的大局。

3. 畜产品市场供给的影响因素

(1)畜产品生产经营者对未来价格的预期　畜产品生产者对未来价格的预期，即生产者对未来市场走向尤其是价格走向的判断也是影响畜产品供给的一个基本因素。在其他因素保持固定不变的情况下，如果畜产品生产者预期未来的畜产品市场价格会不断上升，则生产者就会减少本期畜产品的出售量以备价格提高后出售，赚取更多的利润。

(2)畜产品生产者数量　农业生产者数量是影响畜产品供给的一个基本因素。一般来讲，畜产品生产者数量与畜产品供给呈同方向关系。在其他情况不变的条件下，畜产品生产者越多，畜产品供给数量就越多，生产者越少，畜产品供给数量就越少。

畜产品生产者数量对畜产品供给数量的影响，不但表现在畜产品供给的绝对数量上，而且表现在畜产品供给的相对结构上。

(3)畜产品价格

①畜产品自身的价格。畜产品自身的价格是影响畜产品供给的决定性因素。在正常情况下，畜产品价格影响到农民的收入，从而影响农民生产积极性，使农民增加或减少畜产品供给。即畜产品价格下降，农民就要减少生产，减少畜产品供给；价格上升，农民生产的积极性就高涨起来，增加畜产品供给。但是，由于畜产品生产具有较强的季节性，所以畜产品生产和价格的波动相比是滞后的。这种滞后使畜产品供给产生一定的波动性。

②其他相关畜产品的价格。某一种特定功能的畜产品的供给，不仅取决于它自身的价格，还取决于其他相关畜产品的价格。相关畜产品主要有两种情况：一是竞争性畜产品，即指在资源利用上相互竞争的畜产品。在特定资源条件下，如果有两种竞争性畜产品，当其中一种价格不变时，另一种畜产品价格发生变化，就会使

前一种畜产品生产的供给量发生相反方向变化。二是连带畜产品，即在生产一种畜产品的同时，也产生另一种畜产品。当两种畜产品中的一种价格不变，另一种畜产品的价格发生变化时，就会使前一种畜产品的供给量发生相同方向的变化。例如，羊皮和羊肉是连带产品，当羊皮价格上升时，人们就会多养羊，从而就会增加羊肉的供给量；相反，羊肉价格也会对羊皮生产供给量产生影响。

(4)畜牧资源及其开发利用的技术水平　农业资源从基础条件上决定了畜产品生产的可能性，资源条件的优劣也决定了畜产品生产的多与少。畜产品供给总量是与社会需求联系在一起的，即社会需求增加，畜产品的供给就要相应增加，否则，就要出现供不应求的状态。畜产品的增长，可以通过劳动集约、土地集约或资金集约来实现，但劳动、土地、资金集约相对于畜产品产量的增加是有限的。若要继续增加畜产品产量，就要充分发挥科学技术的作用。即在资源既定条件下，生产技术的提高会使资源得到更充分利用，从而增加供给。随着生产力水平的发展，科学技术的影响力将越来越大，使物质资源发挥更大的效用。

(5)畜产品的商品化程度　畜产品的商品化程度是农业生产者生产的畜产品在多大程度上可以出售给消费者。畜产品商品化率越高，可出售的畜产品就越多，畜产品消费市场的可供选择的余地就越大，为市场提供的畜产品总量就越多。

(6)饲养畜禽的比较效益　在市场经济条件下，畜产品生产在很大程度上受比较效益的影响，如果饲养畜禽的比较效益低于农牧民所能从事的其他行业，农牧民就会将其所拥有的各种生产资源投向其他行业，从而减少畜产品和供给。

(7)畜产品生产要素的价格　当畜产品生产要素的价格上升时，就会使畜产品的生产成本增加，从而在畜产品市场价格不变的情况下，利润降低，供给量减少；相反，当畜产品生产要素的市场价格下降时，就会使畜产品的市场成本减少，从而在畜产品价格不变的情况下，利润上升，供给量增加。所以，降低生产成本是增加畜产品供给的一个重要措施。

4. 增加畜产品有效供给的途径

①加强畜产品市场调查与预测，帮助生产单位解决“市场在哪里”的问题，生产什么比较好销、有利。

②建立与市场需求结构、饲料资源和生态环境要求基本相适应的畜牧业生产结构体系。其中，需求、价格、效益是结构调整的物质基础。

③防止饲料原料价格与配合饲料价格大幅度上涨，是稳定畜产品供给的前提条件。

④继续抓好城市的“菜篮子工程”建设，切实解决工程建设中的投资与技术等实际问题，确保肉、奶、蛋的有效供给，使城镇居民的菜篮子越来越丰富。

⑤建设市场，搞活流通，是增加畜产品的主要保证。

⑥依靠科技进步是增加畜产品供给的可靠途径。

三、畜产品目标市场选择策略

(一)畜产品市场细分

1. 畜产品市场细分概念

畜产品市场细分就是根据市场上消费者对畜产品需求和差异性，将消费者整体划分为若干不同的消费者群体，并相应地将整体市场划分为若干个市场的过程。每一个有相似欲望和需求的消费者群称为一个细分市场。可见，畜产品市场细分不是细分畜产品，而是细分消费者，是按消费者对畜产品需求的差别来划分的。

2. 畜产品市场细分的原则

畜牧业企业对畜产品市场进行细分，主要是为了按照市场的需求开发产品，并有效进入和占领市场，取得更好的经济效益。因此，市场细分要适度，应遵循一定的原则。

(1)可衡量原则　指市场细分后的子市场，其规模和购买能力要能够衡量。这样，畜牧业企业才能有针对性地制定营销策略，并为生产经营者确定企业规模提供依据。

(2)效益性原则　指市场细分后的子市场必须让畜牧业企业获得足够的经济效益。因为要求细分市场具有一定的规模。如果规模太小，对畜产品需求量有限，就不能成为有效的子市场。

(3)可接近性原则　指市场细分后的子市场，畜牧业企业要能够有效进入，并为其提供有效的服务，如果细分后的子市场，企业很难进入，那么这个市场就没有现实意义。

(4)可行性原则　指市场细分后的子市场，畜牧业企业必须有足够的资源和能力实施其经营计划，如果企业规模太小，无力去占领细分后的子市场，这部分市场就没有细分的必要。

总之，畜牧业企业对市场进行细分，主要是基于市场对畜产品需求的差异性，而且随着科学技术的进步、社会经济的发展、人们生活水平的提高，对畜产品需求差异性越来越大，迫使生产经营者不得不实行目标营销。另外，畜产品市场竞争的日益激化，迫使生产经营者在激烈的竞争中求得生存和发展，通过市场细分来发现那些需求尚未满足的消费者，采取有效措施，迅速占领市场，往往能取得较好的经济效益。

3. 畜产品市场细分变量

市场细分要根据一定的变量进行。选择正确的市场细分变量，对畜牧业市场细分有重要的作用。原则上讲，所有影响消费者对畜产品需求有差异的因素都可以作为市场细分的变量。概括起来主要有四大类：地理细分变量、心理细分变量、人口统计细分变量、行为细分变量。

(1)地理细分变量　按地理地域来细分市场，如按国家、省、市、县、南方、北方、城市、农村等。由于消费者所处的地理位置不同，受自然气候、传统文化、经济发展水平等因素的影响，形成不同的消费习惯和偏好，对畜产品消费会产生差异。

(2)心理细分变量　消费者的心理因素很复杂，在细分市场时，所依据的心理细分变量主要是指人的价值观、生活方式、社会阶层及个性。这些心理因素都对畜产品的需求量及需求结构有重大影响。

(3)人口统计细分变量　按年龄、性别、婚姻、职业、收入、受教育程度、宗教、民族、国籍等来细分市场。消费者的年龄、性别不同，对畜产品的消费需求也不相同；职业和受教育程度不同，其饮食习惯的食物构成有很大差别；民族不同，在畜产品的消费需求上差异明显；消费者的收入直接关系到畜产品消费量的大小。

(4)行为细分变量　按消费者的购买行为细分市场，包括购买时机、消费状况、购买频率，对品牌的钟爱程度，对质量的要求等。

①消费者购买时机。企业可以把特定时机市场对畜产品的需求作为服务目标。

②消费者的消费状况。即消费者对本产品消费的经常性和偶然性程度，企业可以有针对性地采取不同的推销方式。

③消费者的购买频率。即把某种畜产品按大量使用者、小量使用者以及购买频率的大小来细分市场。

④消费者对品牌的钟爱程度。消费者对企业的信任和对品牌的钟爱程度，是始终购买同一品牌还是经常转换品牌。企业通过对这些消费者分析，可以适时发现营销中存在的问题，便于及时采取相应措施加以解决。

(二)选择目标市场的策略

1. 评估细分市场

(1)市场细分的规模　对于企业来说，应考虑细分市场的规模是否适度，企业实力雄厚就可以进入需求量大的细分市场，以获取较大的规模效益；而实力小的企业要避免进行大的细分市场参与激烈的竞争，以降低市场风险。

(2)本企业的竞争力　企业在进入某个细分市场之前，还必须考虑本企业与竞争对手相比是否有竞争优势，包括企业的技术水平、资源条件、市场占有率等。如果缺乏必要的竞争力，就放弃这个细分市场。

(3)细分市场潜在的威胁 发展潜力大的细分市场，其吸引力也大，而市场的吸引力往往伴随着竞争的威胁。在一个具有很强吸引力的细分市场内，会有很多竞争者，激烈的竞争会使投入不断加大，增加销售成本。同时新的竞争者不断进入，会给原来的企业带来威胁，使企业的市场份额下降。另外，消费者选择产品的余地增大，最终导致企业的利润下降。为此，企业在进入细分市场前必须对潜在的威胁者给予充分的考虑。

2. 选择目标市场策略的依据

(1)企业资源条件 资源充足、实力雄厚的大型企业可采取无差异性营销或差异营销策略。资源不足、实力较弱的企业可采取集中性营销策略。

(2)市场需求情况 如果在同一市场上消费者对企业所生产的某种畜产品需求和偏好大致相同，可实行无差异性营销策略。如果在同一市场上消费者对企业所生产的某种畜产品需求和偏好有较大差别，则实行差异性营销或集中性营销策略。

(3)产品的情况 如果企业所生产的畜产品本身及其加工的差异性很小，可实行无差异性营销。如果企业所生产的畜产品本身及其加工的差异性很大，则实行差异性营销或集中性营销策略。

(4)竞争对手的市场策略 选择目标市场策略应同竞争对手的市场策略不同。特别是实力很强的对手如果选择无差异性营销策略时，企业应采用差异性营销策略，尽量避免正面冲突。如果竞争对手实行差异性营销策略，则企业可采用集中性营销策略，形成局部优势。

在实践中，应综合考虑资源、产品、市场、竞争四个方面的因素，扬长避短，选择适当的目标市场策略，充分发挥企业的优势。

3. 选择目标市场的策略

(1)无差异营销策略 即畜牧业企业把整个市场作为自己的目标市场。采取这种策略的企业只求满足消费者对畜产品的共同的需要，不考虑消费者需求的差异性。因此，企业所生产的产品和营销方案是针对消费者整体的。企业采取无差异营销策略，可以通过少品种大批量的生产，降低生产成本和营销成本，获取经营的规模效益。但由于这种策略忽视了消费者的需求差异性，不能满足消费者的多元需求。如果许多企业同时采用这种策略，会加剧市场的竞争，减少企业的收益。因此，畜牧业企应慎重采用无差异营销策略。

(2)差异性营销策略 即对整个畜产品市场进行细分，然后选择多个子市场作为企业的目标市场，再分别对各个目标市场设计加工产品和制定营销策略。这种策略充分注意了各细分市场的差异性，力图满足消费者的多元需求，能够提高企业在市场中的竞争能力，减弱竞争对手在同一市场中的竞争程度，有利于提高企业市场的占有率，获得较高的销售额。但差异性营销会增大产品设计、加工、促销等方面的费用，从而增加生产经营成本。因此采用此策略必须全面权衡利弊。

(3)集中性营销策略　即在对整个畜产品市场进行细分的基础上，选择一个或少数几个子市场作为目标市场，开展经营活动。实行这种策略的企业是力争在一个或少数几个子市场上占有较大的份额，而不是在整个畜产品市场占有较小的份额。采用为种策略可以深入了解特定子市场的需求，有针对性地实行专业化生产和营销，在特定的目标市场上获得优势地位，有利于树立品牌形象，增加销售额和企业盈利。但采用这一策略，由于产品单一，目标市场过分集中，企业销售风险大。

四、畜产品市场营销组合策略

市场营销组合策略是指企业针对选定的目标市场综合运用各种可能的市场营销策略和手段，组合成一个系统化的整体策略，以达到企业的经营目标，并取得最佳的经济效益。

企业经营活动受多种因素影响，这些因素总体上可分为两大类：一类是企业无法控制的外部因素，另一类是企业可控制的内部因素。美国营销学家 EJ 麦卡锡把企业可控制的营销因素归纳为四个方面：产品、价格、地点、促销。所谓营销组合策略，也就是产品策略、定价策略、分销渠道策略和促销策略的优化组合，体现现代市场营销的观念中的整体营销思想。

(一)产品策略

传统观念认为，产品就是有特定性状的劳动生产物。现代营销学认为，产品不仅仅是指这种具有特征、特性的有形物，而且还包括满足消费者多元非物质的精神上的需要。

产品策略是企业营销组合策略的核心，企业只有把消费者真正需要的产品和服务提供给顾客，才能赢得顾客，才能提高企业的形象和收益。

1. 产品质量策略

产品质量是顾客所需要的核心利益，畜产品质量的优劣对企业的形象、产品的市场竞争力和企业的经营效益具有决定性的影响。畜牧业企业只有加强质量管理，不断改善和提高畜产品质量，才能在顾客中建立良好的信誉，保证本企业畜产品的市场占有份额不断增加。

(1)产品质量管理决策　确定畜产品质量水平后，还应采取措施加强产品质量监督管理。首先要不断进产品功能和提高产品质量，以不断提高市场占有率，创造名牌产品。当企业产品达到消费者满意后，应努力保持产品质量长期稳定。

(2)产品质量标准和质量水平决策　在WTO系统中，畜产品生产与贸易必然在相关“农业协议”的框架下进行，面对国际、国内市场的选择与竞争，其竞争力如何，关键在于畜产品的品质。近年来，世界各国积极发展“绿色食品”，制定了严格的“绿色”标准，形成新的贸易壁垒，畜牧业企业要适应市场需求变化的要求，必须依据国际公认的ISO9000系列标准进行生产经营决策，只有这样才能顺利进入市场，占领市场和稳住市场占有率。

2. 产品生命周期各阶段的营销策略

(1)投入期营销策略

①快速撇脂策略：即相对于成本，确定较高的售价，再以较高的促销投入“获得更高的关注率”，以期快速获取较高的销售利润。以尽可能地在短期内收回投资。采取该策略的条件是：a. 目标顾客愿意高价并具有支付高价的能力；b. 顾客对该产品很陌生，且市场上存在很多潜在竞争对手，企业亟须培养顾客的品牌偏好。

②缓慢撇脂策略：即采用高价格和低促销投入，向市场推出产品，缓慢占领市场。企业采用这种策略的目的是以尽可能低的费用支出获得较高的利润。采取该策略的条件是：a. 市场总体规模较小，而大部分顾客对该产品已经比较熟悉；b. 目标顾客愿意，并且有能力支付高价；c. 产品的生产加工独具特色，潜在的竞争对手在一定时间内不构成威胁。

③快速渗透策略：即采用低价格和高促销费用手段向市场推出产品。以迅速占领市场，“获得更高的关注率”，获得尽可能大的市场份额。采取该策略的条件是：a. 市场总体规模很大，而大部分顾客对该产品不熟悉；b. 产品需求具有较大的价格弹性；c. 市场存在很多竞争对手；d. 生产加工这种产品的规模效益显著。

④缓慢渗透策略：即采用低价格和低促销费用手段向市场推出产品。这一策略既能扩大市场销售，又能降低销售成本，从而为企业增加利润。采取该策略的条件是：a. 市场总体规模很大，而且顾客对该产品比较熟悉；b. 产品需求具有较大的价格弹性；c. 市场存在潜在的竞争对手，但不构成很大威胁。

(2)成长期营销策略

①成长期特点。经过导入期的努力，产品已为消费者所接受，市场迅速扩大，企业的制造设备、工艺、工人的操作技术都已比较完善，规模经济越益明显，企业的收益迅速增长。竞争者为不断增长的市场需求所吸引，竞争产品大量出现，市场争夺战渐趋激烈。

②成长期营销策略。

a. 努力保持和提高产品质量的服务质量，切忌急功近利、粗制滥造。

b.随着产品产销量的增加和利润额的增加，可行当降低产品价格，以吸引更多的消费者，并抑制竞争者进入的速度。

c.广告宣传的重点应从扩大产品知名度转向树立产品形象、培育顾客品牌偏好。

d.努力增加新的分销渠道，开拓新的市场。

(3)成熟期营销策略

①成熟期特点。市场扩大率几乎为零，销售量主要由重复购买维持，这使得产品的销售增长率减缓，整个行业面临生产能力过剩，企业进入零和竞争的阶段。企业被迫采取多种竞争手段，如降价、折扣、增加附加产品等。经过一番角逐之后，竞争力较弱的企业被迫退居一隅或排斥出市场，一个相对稳定的市场结构最终形成。

②成熟期营销策略。在战术上应突出一个"争"字，即争取稳定市场份额，延长产品的市场寿命。应采取以下策略。

a.增加产品新的特色、新的品种，开拓新的市场。

b.综合采用多咱促销措施，如改变分销渠道，降低产品售价、开展有奖销售等，促使现有顾客增加消费量，这一阶段的营销策略主要是为了稳定企业占有的市场份额，延长产品市场寿命。

(4)衰退期营销策略

①衰退期特点。此阶段，顾客对该产品的购买力锐减，产品的销量和企业的利润迅速下降，生产同类产品的企业相继退出市场，转向开发新的产品。应当注意的是，不同的产品退出市场的速率不同，甚至会发生产品重新发展的情况。企业应从自身情况、产品特点出发选择适当的营销策略。

②衰退期营销策略。

a.为产品重新定位，寻找新的细分市场。

b.利用大多数竞争者退出市场的机会，保持和扩大经营规模，占领竞争对手放弃的市场。

c.放弃该产品的经营，从市场上逐渐或立即退出。

3. 产品组合策略

产品组合策略，即根据企业目标，对畜产品组合的广度、深度和相关性进行决策。产品组合策略有以下几种。

(1)扩大产品组合策略　又称产品多样化策略，是指增加产品的种类中各种不同产品的品种数量，扩大经营范围。如畜产品加工工厂进行多种畜产品加工，包括牛肉产品、猪肉产品、奶产品等。在猪肉产品加工中，又分不同部位，采用不同的加工方法等，扩大畜产品组合的广度和深度。

(2)缩小产品组合策略　这种策略是收缩、削减产品线或畜产品项目。即畜产品组合中取消那些获利小的种类和品种,集中企业资源经营获利多的产品,力求从较少的产品中获得更多的利润。

(3)产品线延伸策略　产品延伸策略是指改变企业原来所生产经营的畜产品档次的范围,将产品线加长。产品线延伸策略有三种。

①向下延伸:即原来生产高档产品的企业,在原有高档产品中增加低档产品项目,这一策略能够利用高档产品的声誉和低档产品的廉价,吸引购买力较低的消费者购买,特别是高档产品销售增长速度下降时,采用这一策略,能扩大畜产品销售市场范围,为企业带来更多的利润。

②向上延伸:即原来生产低档产品的企业,在原有低档产品中增加高档产品项目。企业可以在下列几种情况下采用这一策略:a. 高档产品市场有较大的潜力和较高的利润率;b. 企业想通过增加高档产品在社会公众中树立企业的高档形象;c. 企业已具备高档产品市场的条件。

③双向延伸:即原来生产中档产品的企业,在原有生产线中逐渐增加高档和低档产品项目,向高档和低档两个方向延伸。

(4)产品定位策略　这种策略是指企业根据消费者对某种产品属性的重视情况,给本企业产品确定一个适当的市场地位,也就是创新和培养出本企业产品的特色,以满足消费者的某种偏好和特定的需求。

(5)产品差异化策略　产品差异化是指企业为了突出本企业的产品与竞争对手的产品有不同特点,通过采用不同的设计、包装,或在包装内附上新奇的标志,以示与竞争对手的区别。通过这种策略加深消费者对本企业产品的印象,提高其产品的竞争力。

4. 包装策略

(1)类似包装　即企业将其生产经营的各种产品,在包装上采用相同或类似的图案、色彩和其他共同的特征,使顾客一看便知道是同一企业的产品,有利于树立企业的形象,提高企业的声望,增强消费者对该企业产品的信任,同时能够节省包装设计费用和广告费用。

(2)等级包装　即按照产品的质量、价格的高低,将产品分为若干等级,优质产品采用高档包装,一般产品采用普通包装。使包装与产品质量相符,有利于优质产品的销售。

(3)附赠品包装策略　即在包装物内附有赠品和奖券,使顾客在购买产品的同时,拥有获得额外奖品的机会,刺激顾客重复购买,特别是在儿童食品包装内附赠小玩具、卡通图片等,可以刺激儿童的购买欲望。

5. 商标策略

商标是商品的特定标志。一般由文字、图案、符号和标记等要素组成。注册商标受法律保护，有益于维护买卖双方的利益，便于顾客选购商品，促使企业不断提高产品质量。但商标也使产品成本增大，进而增加消费者负担。因此，现代企业十分重视商标策略。一般来说，商标策略有以下几种可供选择。

(1)统一商标　是指企业生产的全部产品都使用同一商标，实现同牌产品系列化的做法。有以下优点。

①可以集中企业力量于单一商标的设计与宣传，提高设计质量，扩大宣传效果，有利于加速知名商标的发展过程。

②可以大大降低商标设计、宣传、使用、保护等各方面的费用支出，相应提高经济效益。

③有助于消费者对同商标新产品惠顾心理的产生，因而有助于企业新产品的市场扩散。

缺点：企业所生产的任何一种产品在质量上和服务上出问题，都会影响整个企业的声誉，给企业所有产品的销售造成困难。

(2)分类的产品商标　是指企业生产的各类产品，分类使用各自不同商标的做法。一类产品只使用一种商标。如果企业生产多类型的产品，可采取这种策略。其在一定程度上兼顾了个别产品商标和统一商标策略的优越性。

(3)个别产品商标　是指企业生产的多种产品，都使用各自不同商标的做法。采用这种策略的最大优点是使商标设计充分显示各产品的特色，因此可以对不同的消费者群体都产生较好的吸引作用，扩大企业产品的总销售量。缺点是商标设计、宣传、使用方面花费较大，使成本过高，从而制约产品在价格方面的竞争力。

(4)不使用商标　企业所生产的产品，如果销售范围主要是满足普通居民的日常使用，并且不容易与其他同类产品相区别，可以不使用商标。

(二)畜产品价格策略

1. 畜产品定价的主要方法

(1)认知价值定价法　是指根据消费者在观念上对某种产品的价值的理解和对产品的需求强度来制定销售价格，而不是以产品的实际价值或卖方的成本为基础定价。卖方如想提高市场销售量，可以运用各种营销策略影响消费者对产品价值的理解，使消费者在观念上对产品形成良好形象，再根据消费者所认同的价值确定产品售价。

认知价值定价法的关键是企业要为自己的产品准确定位，对消费者的认知价值有比较准确的估计。如果定价过高，会使产品的销售量减少；如果定价过低，又会使企业的收益减少。因此,企业在为产品定价之前必须做好相关的调研工作。

(2)成本加成率定价法 加成定价法有全成本加成定价和进价加成定价法。

产品售价=单位完全成本×(1+成本加成率)

加成率的确定是定价的关键,加成率的大小与商品的需求弹性和企业的预期盈利有关。加成定价法具有计算简单、简便易行的优点,缺点是忽视市场竞争和供求状况的影响,缺乏灵活性,难以适应市场竞争的变化形势。

(3)随行就市定价法 是指企业以本行业主要竞争对手同类产品的价格作为主要参照,并充分考虑自己产品的竞争能力来制定产品价格的方法。如果企业的产品优越于竞争者,其定价可高于竞争者;反之,其定价低于竞争者。一般情况下,可根据本行业平均定价水平制定销售价格。当产品的需求弹性难以计算、消费者和竞争者对价格的反映难以估计时,宜采用这种定价方法。其优点在于可避免激烈的价格竞争,有利于处理好同行业之间的关系,保证企业获得适当的收益。

2. 畜产品定价策略

(1)心理定价策略 心理营销定价策略是针对消费者的不同消费心理,制定相应的商品价格,以满足不同类型消费者的需求的策略。心理营销定价策略一般包括尾数定价、整数定价、习惯定价、声望定价、招徕定价和最小单位定价等具体形式。

①尾数定价策略:尾数定价又称零头定价,是指企业针对的是消费者的求廉心理,在商品定价时有意定一个与整数有一定差额的价格。这是一种具有强烈刺激作用的心理定价策略。心理学家的研究表明,价格尾数的微小差别,能够明显影响消费者的购买行为。一般认为,5元以下的商品,末位数为9最受欢迎;5元以上的商品末位数为95效果最佳;百元以上的商品,末位数为98.99最为畅销。尾数定价法会给消费者一种经过精确计算的、最低价格的心理感觉;有时也可以给消费者一种是原价打了折扣、商品便宜的感觉;同时,顾客在等候找零期间,也可能会发现和选购其他商品。

如某品牌的54 cm彩电标价998元,给人以便宜的感觉。认为只要几百元就能买一台彩电,其实它比1 000元只少了2元。尾数定价策略还给人一种定价精确、值得信赖的感觉。

尾数定价法在欧美及我国常以奇数为尾数,如0.99,9.95等,这主要是因为消费者对奇数有好感,容易产生一种价格低廉、价格向下的概念。但由于8与发谐音,在定价中8的采用率也较高。

②习惯定价策略:某些商品需要经常、重复地购买,因此这类商品的价格在消

费者心理上已经定格,成为一种习惯性的价格。

许多商品尤其是家庭生活日常用品,在市场上已经形成了一个习惯价格。消费者已经习惯于消费这种商品时,只愿付出这么大的代价,如买一块肥皂、一瓶洗涤灵等。对这些商品的定价,一般应依照习惯确定,不要随便改变价格,以免引起顾客的反感。善于遵循这一习惯确定产品价格者往往受益匪浅。

③整数定价策略:整数定价与尾数定价相反,是针对的是消费者的求名、求方便心理,将商品价格有意定为整数,由于同类型产品,生产者众多,花色品种各异,在许多交易中,消费者往往只能将价格作为判别产品质量、性能的指示器。同时,在众多尾数定价的商品中,整数能给人一种方便、简洁的印象。

④招徕定价策略:招徕定价又称特价商品定价,是一种有意将少数商品降价以招徕吸引顾客的定价方式。商品的价格定得低于市场价,一般都能引起消费者的注意,这是适合消费者求廉心理的。例如,北京地铁有家每日商场,每逢节假日都要举办一元拍卖活动,所有拍卖商品均以 1 元起价,报价每次增加 5 元,直至最后定夺。日本创意药房在将一瓶 200 元的补药以 80 元超低价出售时,每天都有大批人潮涌进店中抢购补药,按说如此下去肯定赔本,但财务账目显示出盈余逐月骤增,其原因就在于没有人来店里只买一种药。人们看到补药便宜,就会联想到其他药也一定便宜,促成了盲目的购买行动。

采用招徕定价策略时,必须注意以下几点:a. 降价的商品应是消费者常用的,最好是适合于每一个家庭应用的物品,否则没有吸引力。b. 实行招徕定价的商品,经营的品种要多,以便使顾客有较多的选购机会。c. 降价商品的降低幅度要大,一般应接近成本或者低于成本。只有这样,才能引起消费者的注意和兴趣,才能激起消费者的购买动机。d. 降价品的数量要适当,太多,亏损太大;太少,容易引起消费者的反感。e. 降价品应与因伤残而削价的商品明显区别开来。

⑤声望定价策略:这是整数定价策略的进一步发展。消费者一般都有求名望的心理,根据这种心理行为,企业将有声望的商品制订比市场同类商品价高的价格,即为声望性定价策略。它能有效地消除购买心理障碍,使顾客对商品或零售商形成信任感和安全感,顾客也从中得到荣誉感。例如,微软公司的 Windows 98(中文版)进入中国市场时,一开始就定价 1 998 元人民币,便是一种典型的声望定价。另外,用于正式场合的西装、礼服、领带等商品,且服务对象为企业总裁、著名律师、外交官等职业的消费者,则都应该采用声望定价,否则,这些消费者就不会去购买。声望定价往往采用整数定价方式,其高昂的价格能使顾客产生一分价格一分货的感觉。从而在购买过程中得到精神的享受,达到良好效果。又如金利来领带,一上市就以优质、高价定位,对有质量问题的金利来领带他们绝不上市销售,更

不会降价处理。给消费者这样的信息，即金利来领带绝不会有质量问题，低价销售的金利来绝非真正的金利来产品。从而极好地维护了金利来的形象和地位。再如德国的奔驰轿车，售价 20 万马克；瑞士莱克司手表，价格为 5 位数；巴黎里约时装中心的服装，一般售价 2 000 法郎；我国的一些国产精品也多采用这种定价方式。当然，采用这种定价法必须慎重，一般商家、一般商品若滥用此法，弄不好便会失去市场。

⑥最小单位定价策略：最小单位定价策略是指企业把同种商品按不同的数量包装，以最小包装单位量制定基数价格，销售时，参考最小包装单位的基数价格与所购数量收取款项。一般情况下，包装越小，实际的单位数量商品的价格越高：包装越大，实际的单位数量商品的价格越低。案例：对于质量较高的茶叶，就可以采用这种定价方法，如果某种茶叶定价为每 500 g 150 元，消费者就会觉得价格太高而放弃购买。如果缩小定价单位，采用每 50 g 为 15 元的定价方法，消费者就会觉得可以买来试一试。如果再将这种茶叶以 125 g 来进行包装与定价，则消费者就会嫌麻烦而不愿意去换算出每 500 g 应该是多少钱，从而也就无从比较这种茶叶的定价究竟是偏高还是偏低。最小单位定价策略的优点比较明显：a. 能满足消费者在不同场合下的不同需要，如便于携带的小包装食品、小包装饮料等。b. 利用了消费者的心理错觉，因为小包装的价格容易使消费者误以为价廉，而实际生活中消费者很难也不愿意换算出实际重量单位或数量单位商品的价格。

(2)折扣定价策略　大多数企业都会调整其基本价格，以报答顾客的某些行为，例如提早付款、批量购买、淡季购买。这些价格调整称为折扣与折让。折扣与折让有许多种形式。

①数量折扣：根据客户购买的数量给予一定的折扣优惠。批量折扣是指给予大批量购货买主的价格减让，典型的例子是“购货 100 个单位以下单价是 10 元，100 个单位以上是 9 元”。这种数量折扣必须提供给所有的顾客，但是不能超过销售商大批量销售所节省的成本。这些节约款项包括降低了的销售、储存和运输费用。折扣激励顾客向某个销售商多订货，使他不再寻求其他采购货源。

②现金折扣：现金折扣是指在指定的时间内购买时直接对价格的一种减让，这一折扣必须提供给所有符合这些条件的顾客。此种折扣在许多行业中已成为惯例，其目的是改善销售商的现金流通，降低回收欠款的成本和减少烂账。

③商业职能折扣：是指生产企业根据中间商在产品销售过程中所担负的职能不同而给予的不同让价形式。这种折扣是生产企业对中间商经营其产品时所支付的贮运、广告、销售等费用的补偿和报酬。一般来说，给予批发商的折扣大于零售商。

④功能折扣:功能折扣是指如果交易渠道的成员愿意发挥某些功能,如销售、储存和记账等,生产商可向它们提供功能折扣。生产商向不同交易渠道提供的功能折扣可能有所不同,这是因为它们提供的服务项目不尽相同。但是,生产商必须在每条交易渠道内提供相同的功能折扣。

⑤季节性折扣:季节性折扣指对购买过季商品或服务的买主提供的价格减让。例如,草坪和花园设备制造商预计到春季和夏季是繁忙的销售季节,所以在秋季和冬季向零售商提供季节折扣,鼓励它们尽早订货。宾馆、汽车旅馆和航空公司会在业务淡季提供季节折扣。季节折扣使销售商全年都能保持稳定的业务量。

⑥销售折让:折让是从目录价格降价的另外一种形式。主要有以旧换新和促销折让两种形式。以旧换新是保证购新货时交回旧货给予降价。以旧换新折让在汽车行业最为普遍,但也适合于其他耐用商品;促销折让是指为了报答那些参加广告活动及支持销售计划的经销商,向它们提供的付款或价格减让。

(3)差别定价策略　是指对同一产品针对不同的顾客、不同的市场制定不同的价格的策略。其种类主要有:以顾客为基础的差别定价策略、以产品为基础的差别定价策略、以地点为基础的差别定价策略和以时间为基础的差别定价策略。

①消费者差别定价:根据不同消费者群制订不同价格,即企业按照不同的价格把同一种产品或劳务卖给不同的顾客。例如,某汽车经销商按照价目标价格把某种型号汽车卖给顾客A,同时按照较低价格把同一种型号汽车卖给顾客B。这种价格歧视表明,顾客的需求强度和商品知识有所不同。

②时间差别定价:即不同的时间制定不同价格,企业对于不同季节、不同时期甚至不同钟点的产品或服务也分别制定不同的价格。

③产品部位差别定价:按照畜禽的不同部位的产品制定不同价格,即企业对于处在不同位置的产品或服务分别制定不同的价格,即使这些产品或服务的成本费用没有任何差异、产品部位差别定价。即企业对于处在不同位置的产品或服务分别制定不同的价格,即使这些产品或服务的成本费用没有任何差异。例如,剧院,虽然不同座位的成本费用都一样,但是不同座位的票价有所不同,这是因为人们对剧院的不同座位的偏好有所不同。

④产品形式差别定价:即企业对不同型号或形式的产品分别制定不同的价格,但是,不同型号或形式产品的价格之间的差额和成本费用之间的差额并不成比例。

⑤区域差别定价:同一种产品在不同的地域的市场上,其需求强度往往不同,据此可以制定不同的价格。另外,产品销往不同地区,其运费不同,产品的销售成本不同,也应制定不同的价格。

3. 畜产品分销(渠道)策略

(1)分销渠道概述

①分销渠道的概念。分销渠道,也称营销渠道或配销通路,指产品从制造者手中转至消费者所经过的各中间商联结起来形成的通道。分销渠道的起点是生产者,终点是消费者或用户,中间环节包括各个参与了商品交易活动的批发商、零售商、代理商和经纪人。

②分销渠道的功能。分销渠道的基本功能是实现产品从生产者向消费者用户的转移。主要功能:搜集与传播有关现实与潜在顾客的信息;促进销售;洽谈生意,实现商品所有权的转移;商品的储存运输、编配分类、包装;资金融通;风险承担等。

(2)影响分销渠道策略的因素

①产品因素。产品的种类、价格、寿命周期等对分销渠道的选择有影响,因此,针对不同特点的产品应选择不同的分销渠道。

a. 耐储性:对于经过加工,耐储,保存期长的产品,分销渠道可长一些。但对于鲜活易腐的产品,要尽量选择短渠道,最宽渠道。

b. 产品的生命周期:产品处于生命周期的各个阶段,对销售渠道的要求也不同,刚投放市场的产品,没有打开销路,中间商一般不愿意经销,往往需要生产企业自己派人到各地进行产品的宣传、推销;产品进入成熟期后,需要大批量投入市场,以满足消费者需要,则需要通过中间商,扩大市场覆盖面。

c. 产品的价格:单价高的特色产品,要选短渠道。由于生产者自销和只通过零售商,以降低销售费用,避免产品加价太高,单价低的耐贮藏的产品,可采用长渠道。

②市场因素。

a. 市场覆盖程度:如果产品销售的市场范围很大,就必须借助中间商,采用宽渠道和长渠道的分销策略。相反,则可以选择短渠道或自产自销。

b. 顾客的购买频率:如果消费者购买频率较高,日常生活中随时需要购买,为方便消费者购买,应选择长渠道。而对于消费者在特殊的情况下才需要的畜产品,则可选择短渠道。

c. 市场竞争情况:适应竞争的需要,企业有时选择与竞争者相同的分销渠道,与竞争者进行产品抗衡,有时则有意避开竞争者使用的分销渠道,以特殊的经销方式吸引消费者。

③企业因素。企业的生产情况、规模、能力等对分销渠道的选择也有重要影响。因此,企业在选择分销渠道时必须考虑自身的情况。

a. 企业的生产规模和集中程度：企业的生产规模越大，生产时间和空间上越集中，则产品的销售越需要较多的中间环节。如果企业生产经营规模较小，距离目标顾客较近，则可以就地自己销售。

b. 企业的经营管理能力：如果企业经营管理能力较强，又具有现代的经销手段和高素质的经销人员，则可以少用或不用中间商，采用较短的分销渠道。否则就需要中间商承担经销业务。

(3)分销渠道策略的制定

①确定渠道的长短。所谓分销渠道长度，是指产品从生产者到最终用户所经历的环节的多少，也就是渠道层次的多少，也就是当企业决定采用间接分销时，应对渠道的长短做出决定。

②确定渠道的宽窄。

a. 独家分销：指制造商在一定的市场区域内仅选用一家经验丰富、信誉卓著的中间商推销本企业的产品。

b. 广泛分销：也叫密集分销策略。这里指制造商广泛利用大量的中间商经销自己的产品。

c. 选择性分销：是指制造商从愿意合作的中间商中选择一些条件较好的中间商去销售本企业的产品。

4. 畜产品促销策略

(1)促销策略概述　促销策略是市场营销组合的基本策略之一。促销策略是指企业如何通过人员推销、广告、公共关系和营业推广等各种促销方式，向消费者或用户传递产品信息，引起他们的注意和兴趣，激发他们的购买欲望和购买行为，以达到扩大销售的目的。企业将合适的产品，在适当地点、以适当的价格出售的信息传递到目标市场。一般是通过两种方式：一是人员推销，即推销员和顾客面对面地进行推销；另一种是非人员推销，即通过大众传播媒介在同一时间向大量顾客传递信息。主要包括广告、公共关系和营业推广等多种方式。这两种推销方式各有利弊，起着相互补充的作用。此外，目录、通告、赠品、店标、陈列、示范、展销等也都属于促销策略范围。一个好的促销策略，往往能起到多方面作用，如提供信息情况，及时引导采购；激发购买欲望，扩大产品需求；突出产品特点，建立产品形象；维持市场份额，巩固市场地位等。根据促销手段的出发点与作用的不同，可分为两种促销策略。

①推式策略，即以直接方式，运用人员推销手段，把产品推向销售渠道，其作用过程为，企业的推销员把产品或劳务推荐给批发商，再由批发商推荐给零售商，最

后由零售商推荐给最终消费者。该策略适用于以下几种情况：a. 企业经营规模小，或无足够资金用以执行完善的广告计划。b. 市场较集中，分销渠道短，销售队伍大。c. 产品具有很高的单位价值，如特殊品，选购品等。d. 产品的使用、维修、保养方法需要进行示范。

②拉式策略，采取间接方式，通过广告和公共宣传等措施吸引最终消费者，使消费者对企业的产品或劳务产生兴趣，从而引起需求，主动去购买商品。其作用路线为，企业将消费者引向零售商，将零售商引向批发商，将批发商引向生产企业，这种策略适用于：a. 市场广大，产品多属便利品。b. 商品信息必须以最快速度告知广大消费者。c. 对产品的初始需求已呈现出有利的趋势，市场需求日渐上升。d. 产品具有独特性能，与其他产品的区别显而易见。e. 能引起消费者某种特殊情感的产品。f. 有充分资金用于广告。

(2)畜产品促销策略的内容

①人员推销。人员促销是指企业推销员直接与顾客接触、洽谈、宣传介绍商品和劳务以实现销售目的的活动过程。它是一种古老的、普遍的但又是最基本的销售方式。企业与顾客之间的联系主要通过推销员这个桥梁，推销员、产品、顾客三者结合起来，才能成为统一的人员推销这一运动过程。

推销人员需要具备的素质：思想素质、业务素质、能力素质。

推销人员的工作程序：寻找顾客—收集有关资料—访问顾客—化解异议—促成交易—售后跟踪服务。

②广告。广告是企业通过支付一定的费用，利用一定的传播媒体，向目标市场传递有关企业或产品的信息，以打动顾客购买的一种促销手段。

a. 报刊广告、报纸广告：传播迅速，影响面大，能够留存作多次宣传，广告面积可大可小；印刷质量较差，表现手法局限性大，并随报纸时效失去广告作用。b. 杂志广告：杂志一般有较为固定、专一的读者，广告的针对性可以加强；保存时间较长，多次宣传的效果更好；印刷质量也较报纸要好。但是广告传播速度慢，影响范围较小。c. 年历、日历、月历广告：广告宣传的时间长，印制质量高；时间灵活性及对象选择性较差。d. 电视广告、广播广告、邮寄广告(利用邮局代为发送，常见的有征订单、商业信函、产品宣传印刷品等)：简便，内容详尽。e. 户外广告：路牌广告，画面大，宣传时间长，影响范围只限于经过的路人，能送达的对象相对要少。f. 霓虹灯、灯箱广告：色彩闪烁丰富，容易引起注意。g. 招贴广告：在街头张贴，可以深入街头巷尾、村落，造成促销气候；但是，宣传时间长短与气象关系密切，风吹雨打便易剥落。h. 车船广告：在车船等交通工具外部或内部涂制、张挂的广告，流动性大。

③公共关系。公共关系促销的作用：帮助企业与公众沟通，协调关系、化解矛盾，争取理解和支持，树立良好形象。

公共关系促销的特点有：真实感、新鲜感、亲切感。

公共关系促销的方式有：报道，组织和接待公众、顾客参观，访问客户，处理投诉，赞助公益事业和社会活动，进行消费教育，提供免费指导、咨询、培训等。

公共关系的职能有以下几种。

第一，采集信息，监测环境。公共关系首先要发挥收集信息、监测环境的作用，即作为组织的预警系统，通过各种调查研究的方法，收集信息、监视环境、反馈舆论、预测趋势、评估效果，以帮助组织对复杂、多变的公众环境保持高度的敏感性，维持组织与整个社会环境之间的动态平衡。

第二，咨询建议，参与决策。这是公共关系最有价值的职能，因此公共关系也称“咨询业”“智业”。1978 年在墨西哥召开的世界公共关系大会上提出的公共关系定义，着重强调了公共关系咨询建议、参与决策的职能。

第三，传播推广，塑造形象。这是公共关系传播与其他传播在目的与技巧方面不同的特有职能。公共关系的传播沟通职能主要体现在两个方面：一是组织运用传播沟通的手段同公众进行双向交流，与公众交心，赢得公众的信任和支持；二是顺时造势，实现舆论导向，通过策划新闻、公关广告、专题活动等手段，制造声势，提高组织的知名度与美誉度，为组织创造良好的舆论环境。从某种意义上说，丧失了传播沟通的职能，公共关系就将一事无成。

第四，协调沟通，平衡利益。公共关系中的协调是在沟通的基础上，经过调整，达到组织与公众互惠互利的和谐发展。协调的重要作用在于保持组织管理系统的整体平衡，使各个局部能步调一致，以利于发挥总体优势，确保计划的落实和目标的实现。

第五，教育引导，培育市场。公共关系完成其社会职能、促进社会发展，就需要加强教育引导，提高信誉度更需要教育引导。组织公共关系的教育引导职能主要表现在对内、对外两个方面。对内，公共关系的主要职能是传播公关意识，传播公共关系的思想和技巧，进行知识更新，不仅要对每个员工进行教育引导，也要说服组织领导接受公共关系思想。对外，组织公共关系主要是对公众进行教育引导。人们常说“公众永远是对的”，这是从服务的角度将“正确”让给对方，但客观地讲，公众不可能永远正确，而是需要加以引导。另外，随着科技的突飞猛进、产品的极大丰富，需要公共关系来培育市场。公众不可能了解那么多的新产品，需要不断对其进行商品知识、消费知识、安全保险等方面的教育和引导,使消费群体与组织认同。

第六,科学预警,危机管理。组织危机是组织生存发展的大敌,处理不好往往给组织造成重大损失,甚至断送组织的"生命",因而组织公共关系将危机处理作为公共关系的主要职能和工作重点之一。随着公关理论和实践的发展,事前预测管理危机已成为公共关系对待危机的主流方法,这是组织公共关系的新发展。

④营业推广。包括对推销人员推广、对中间商推广、对最终用户和消费者推广。

五、畜产品物流

(一)农产品物流的概念

农产品物流是物流业的一个分支,指的是为了满足消费者需求而进行的农产品物质实体及相关信息从生产者到消费者之间的物理性流动。农产品物流是以农业产出物为对象,通过农产品产后(加工、包装、储存、运输和配送)等物流环节,做到农产品保值增值,最终送到消费者手中。

(二)农产品冷链物流概述

1. 冷链物流的概念

农产品全过程处丁适宜的温度、湿度条件卜。米收—分级预冷;包装加工—仓储—运输—批发、零售。

2. 发达国家冷链物流的现状

肉禽蛋、乳制品、饮料100%蔬菜、水果95%产后损耗率5%以下。

3. 我国鲜活农产品流通损失严重

我国农产品流通损失为:果蔬20%~30%,肉类12%,水产15%。

任务六　有机农产品市场营销

【引导案例】

案例一　多利农庄:有机蔬菜网上直销

农产品直客式生存,多利农庄经营之初就确定了"压缩中间环节"的经营原则,并最终选择了直销的方式，采取了会员预售的模式，即会员以月、半年或年度为周期预先付费，打包销售。

1. 代表公司

上海多利农庄，主要创新点：有机农业＋电子商务＋会员制，直客式压缩中间环节。

2. 核心逻辑

利用互联网自建渠道，有机蔬菜自田间收获后，绕开供应链上经纪人、各级代理、零售商等四五个环节，直达餐桌。

3. 盈利模式

传统蔬菜贩运80%的利润在中间环节，多利农庄自建电子商务和部分物流的方式，节约了这一部分成本。

4. 案例简述

多利农庄经营之初就确定了"压缩中间环节"的经营原则，并最终选择了直销的方式，采取了会员预售的模式，即会员以月、半年或年度为周期预先付费，打包销售。

多利农庄目前的销售渠道主要集中于三个方向：一是大型的团购会员单位，比如中欧国际工商学院、宝钢、上海证交所、国家会计学院等大型企事业单位客户；二是以礼品卡或者礼券的方式面向普通市民，通过在高端小区举办互动活动等形式来吸纳新的个体和家庭客户；三是利用官网的电子商务渠道进行直销。目前，在多利的销售总额中，三类渠道分别占据了4∶4∶2的比例。截至2010年底，多利农庄拥有超过20个团购会员，约5 000个普通会员，基本覆盖了目前的全部产能。

多利农庄引入了日本黑猫雅玛多宅急便物流为合作伙伴，配送半径覆盖了半个上海，蔬菜从采摘到最后配送至会员家中，中间过程不超过24 h。

5. 值得借鉴的要点

自购10余台车辆与物流公司联合运营，每单成本降低至20元，配送成本大概只占整个收入的15%～18%。

采用了针对奢侈品消费人群的礼品营销模式。

6. 点评

有机农业是可持续发展农业的实践探索，多利农庄借用了其他行业的销售模式与成本控制，有助于它实现快速的可持续增长和扩张。

案例二 中国台湾地区有机农业发展

有机农产品因其对食品安全与环境保护的贡献，受到消费者及政府部门之重视，因此各国有机农业及有机农产品市场均蓬勃发展。

根据估计，2000 年及 2001 年全球有机食品市场产值分别为 160 亿及 190 亿美元，成长率高达 18.75%。另根据美国农业部国外农业服务处之报道，2002 年中国台湾地区(以下简称台湾)约有 1 000 家有机商店，最大的 50 家有机商店年营业额平均高达 32 000 美元。

台湾相关部门公布的资料显示，有机农业面积及农场数快速增加。2001 年有 538 户有机农民，种植面积为 556.91 hm^2，2002 年迅速增加至 869 户有机农民，种植面积达 1 003.55 hm^2，占我国有机农业面积之 0.012%，未来台湾有机农业之快速成长是必然中的事。

台湾目前有机农产品的主要销售渠道包括有机商店、超市有机专柜、定期宅配、农场，以及有机餐饮等。近来从业者将传销方式引入有机农产品市场，是值得观察的一种新兴宅配方式。由于电子商务及宅配送货(如宅急便)的兴起，未来以网络销售的方式将值得我们重视，因有机消费者与网络使用者的特性相似，其所得较高、学历较高且偏好方便，因此网络订货、付款以及宅配送货等的便利性都将获得网络使用者的青睐。根据调查研究结果发现，台湾有机蔬菜的运销通路结构及定价方式与传统农产品有极大差异，有机农产品较多使用不经过第三者的直接销售(或称零阶)通路，有机蔬菜的直销比率大约占 30%，瓜果类的直销比率最高，叶菜类则最低；一般蔬菜的直销比率为 0～5%。有机蔬菜直销的价格较间接销售高出 1/3，且其净收益比间接销售要高，因此最受有机农民的欢迎。直接销售渠道中，定期宅配及在农场出售的数量最多且最受欢迎。

案例三 抚顺市地理标志农产品

“抚顺单片黑木耳”成为地理标志农产品

(资料来源：易菇网 发布日期：2011-11-25)

辽宁省抚顺县农业经济发展局正式收到了农业部颁发的农产品地理标志证书，其申请登记的“抚顺单片黑木耳”成为地理标志农产品。

易菇网了解到，单片黑木耳作为抚顺县的特色农产品，生长于大伙房水库上游。该地属于抚顺县生态农业区，产地环境优越，水质标准高，森林覆盖率达 68.8%，没有任何工业污染企业，生产中不使用任何化学农药，产品品质优良。

此次获得登记的“抚顺单片黑木耳”，地域保护范围涉及抚顺县的8个乡镇95个行政村，适宜栽种单片黑木耳面积1 638平方千米，每年产量达3 800 t。

抚顺新宾两件农产品成功申报地理标志商标

（资料来源：《辽沈晚报》 2013年8月2日）

今年年初，具有新宾满族自治县特色的“林蛙、香菇”两件农产品，成功申报中国地理标志证明商标，实现了抚顺市地理标志证明商标零的突破。

地理标志商标是标示某商品来源于某地区，并且该商品的特定质量、信誉或其他特征主要由该地区的自然因素或人文因素所决定的标志。申请地理标志证明商标是目前国际上保护特色产品的一种通行做法。通过申请地理标志证明商标，可以合理、充分地利用与保存自然资源、人文资源和地理遗产，有效地保护优质特色产品和促进特色行业的发展。目前，辽宁省已成功申报在中国商标网地理标志商标名录中地理标志证明商标68件。

新宾满族自治县被誉为“林蛙之乡”“香菇之乡”，现有林蛙养殖户400户，年产1.1亿只；香菇养殖户2.5万户，年产量12万t。林蛙、香菇在新宾的种养殖历史非常悠久，其产品营养丰富，热销海内外。基于这些得天独厚的农业资源，市、县工商部门深入开展“商标兴县、商标富农”战略，在新宾县委、县政府的支持下，积极培育具有满乡优质农产品特色的地理标志证明商标。经过三年的努力，新宾“林蛙、香菇”成功申请了地理标志证明商标。

新宾满族自治县工商局负责人告诉记者，特色农产品地理标志证明商标的成功申报，将促进我市特色农业发展，有利于提高广大农民收入水平。

【任务分析】

一、农产品“三品一标”的概述

（一）“三品一标”的相关概念

1.“三品一标”的概念

无公害农产品、绿色食品、有机农产品和农产品地理标志统称“三品一标”（图3-1）。“三品一标”是政府主导的安全优质农产品公共品牌，是当前和今后一个时期农产品生产消费的主导产品。纵观“三品一标”发展历程，虽有其各自产生的背景和发展基础，但都是农业发展进入新阶段的战略选择，是传统农业向现代农业转变的重要标志。

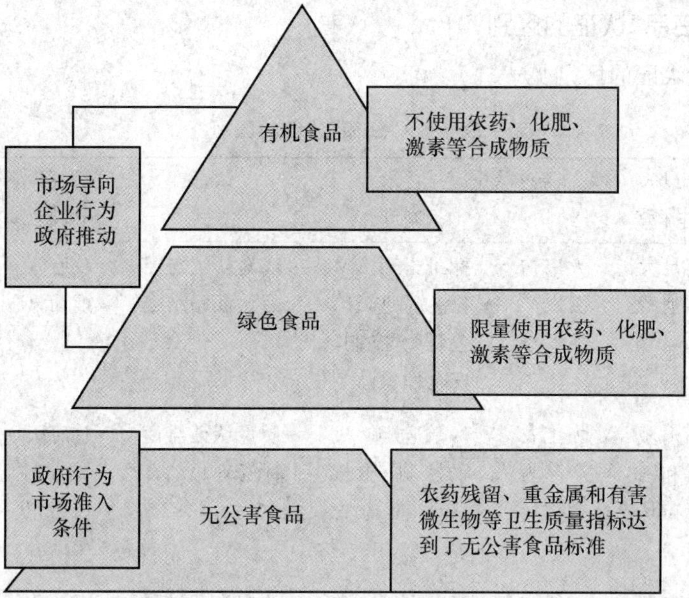

图 3-1　我国安全食品的结构

2. 分类农产品的三个基本概念

《全国农业标准 2003—2005 年发展计划》依据农产品质量特点和对生产过程控制要求的不同,将农产品分为一般农产品、认证农产品和标识管理农产品。

一般农产品是指为了符合市场准入制、满足百姓消费安全卫生需要,必须符合最基本的质量要求的农产品。

认证农产品包括无公害农产品、绿色农产品和有机农产品。对于我国市场上目前存在的无公害农产品、绿色农产品和有机农产品,政府应积极推动无公害农产品的生产,同时依据各地的自然环境条件,引导企业有条件地开展绿色农产品和有机农产品的生产,使我国农产品质量安全上一个台阶。

标识管理农产品是一种政府强制性行为。对某些特殊的农产品,或有特殊要求的农产品,政府应加以强制性标识管理,以明示方式告知消费者,使消费者的知情权得到保护,如转基因农产品。

3. 农产品地理标志的概念

农产品地理标志是指标示农产品来源于特定地域,产品品质和相关特征主要取决于自然生态环境和历史人文因素,并以地域名称冠名的特有农产品标志。2007 年 12 月,农业部发布《农产品地理标志管理办法》,积极指导开展农产品和地理标志商标注册。

(二)“三品”认证的区别

“三品”认证的区别见表 3-1。

表 3-1 “三品”认证的区别

项目	市场定位	产品结构	技术制度	认证方式	发展机制	标志管理
无公害农产品	满足大众消费	大宗初级农产品	标准化生产、投入品监管、关键点控制、安全性保障	产地认定与产品认证相结合	政府推动	全国统一标志管理
绿色食品	国内城市和国际市场	加工农产品为主体	两端监测、过程控制、质量认证、标志管理	质量认证与商标管理相结合	政府引导与市场运作相结合	全国统一的、唯一的标识
有机食品	出口贸易	初级和初加工农产品为主	基本不用化学投入品	注重生产过程监控	市场化运作	不同国家和不同认证机构各不相同

(三)“三品”认证的标识

“三品”认证的标识见图 3-2 至图 3-6。

图 3-2 农业部农产品质量安全中心无公害农产品认证标识

图 3-3 A 级绿色食品标志

图 3-4 AA 级绿色食品标志

图 3-5　国环有机食品发展中心有机食品认证标识(2010 年 12 月 31 日废止)

图 3-6　中绿华夏有机食品认证中心有机农产品认证标识

二、有机农产品的概述

(一)有机农产品的概念

有机农产品是指根据有机农业原则，生产过程绝对禁止使用人工合成的农药、化肥、色素等化学物质和采用对环境无害的方式生产、销售过程受专业认证机构全程监控，通过独立认证机构认证并颁发证书，销售总量受控制的一类真正纯天然、高品位、高质量的食品。有机食品是食品的最高档次，在我国刚刚起步，即使在发达国家也是一些高收入、追求高质量生活水平人士所追求的食品。

(二)有机农产品生产的基本标准

有机农产品：在生产加工过程中禁止使用农药、化肥、激素等人工合成物质，并且不允许使用基因工程技术；其他农产品则允许有限使用这些物质，并且不禁止使用基因工程技术。

有机农产品在土地生产转型方面有严格规定。考虑到某些物质在环境中会残留相当一段时间，土地从生产其他农产品到生产有机农产品需要2～3年的转换期，而生产绿色农产品和无公害农产品则没有土地转换期的要求。

有机农产品在数量上须进行严格控制，要求定地块、定产量，其他农产品没有如此严格的要求。

(三)有机农产品的发展

1. 国际有机农产品的发展概况

国际上有机食品起步于20世纪70年代。发达国家农产品过剩与生态环境恶化的矛盾以及环保主义运动是有机农产品产生的背景。以1972年国际有机农业运动联盟的成立为标志。目前，欧盟、美国、日本、澳大利亚、加拿大、墨西哥、阿根廷、韩国等都已制定了有机农业及产品生产、加工准则性的标准。有机农产品的标准集中在生产加工和储运技术条件方面，无环境和产品质量标准。

2. 我国有机农产品的发展

1994年，国家环保总局在南京成立有机食品中心，标志着有机农产品在我国迈出了实质性的步伐。

有机农产品执行的是国际有机农业运动联盟(IFOAM)的“有机农业和产品加工基本标准”，由于有机农产品在我国尚未形成消费群体，产品主要用于出口，虽然我国也发布了一些有机农产品的行业标准，但我国的有机农产品执行的标准主要是出口国要求的标准。

三、有机农产品营销

(一)有机农产品市场调查

购买意愿高但购买频率低的潜在群多为年纪较轻，在超市购买农产品，学历及工作职位较高，重视外观及美味，对农业污染之了解稍嫌不足。购买意愿及购买频率均低的无关群则多为传统市场消费者、基层行政人员、高中学历，对化肥、除草剂、农药使用与检验、水耕产品等具有信心，不重视产品内在与外在质量、可信度、素食、家庭开伙及环保人士等。

另一研究消费者对蔬菜安全偏好的论述则发现，在农产品的不同属性中，消费者首先注重安全，其次为验证，而后为价格，最不重视外观。在安全方面，消费者首先偏好全有机，其次为准有机，而后才是一般农产品。在验证方面，消费者首先偏好政府验证，其次是民间团体验证，最不偏好无验证。在价格及等级方面，则价格较低者及等级较高者对消费者的效用较大。

该研究以集群分析法将消费者分为不同偏好的三个集群：重视验证群、重视价格群，以及重视安全群。重视验证群对凡是有验证的农产品，尤其是有国家验证者最为偏好；重视安全群则对有机农产品最为偏好。三个集群消费者对蔬菜的偏好不同，重视价格群，最偏好价格低廉的农产品；重视安全群，则较偏好外观小而扭曲的等级 B 者过于外观大而端正的等级 A 者。

研究消费者对有机蔬菜属性的重视度与满意度之论文显示，消费者在 17 种有机农产品的研究属性中，最重视农药残留、卫生状况、化学肥料残留，以及验证及把关。满意度最大的属性为卫生状况、营养成分、农药残留，以及对环境与生态保护的贡献。对品项多样化稍微不满意，对价格合理性则最不满意。

比较超市、有机商店及定期宅配（长期且每周配送，以下同）有机蔬菜消费者的满意度，发现宅配客户的各种满意度均高于超市及有机商店客户。由下列宅配客户的特征可知其忠诚度亦最大：65％已经消费 1 年以上、70％的消费者的有机蔬菜消费量占蔬菜消费量 75％以上、27％不知道价格、83.1％在固定商家购买、50％购买固定品牌、75％购买固定验证产品。

（二）有机农产品营销

观察欧洲的有机农产品营销发展，发现各国有机农产品的营销渠道各有不同，直销及专卖店是德国长久以来的销售渠道，但英国、瑞典及丹麦一开始就以超市为主。而以超级市场为主要销售渠道的国家，共消费成长率及市场占有率较以有机专卖店为主要销售管道的国家为高。农民直接销售的有机产品以蔬菜、水果为主，有国家标章及价格不超过一般农产品价格 1.5 倍的国家，有机农产品市场占有率亦较高。

（三）有机农产品的营销策略

有机农产品市场营销，以定期宅配客户的忠诚度最高且市场成长稳定，其终生消费的性质对业者商机有极大意义，因此应加强客户服务与联系。未来则应以电子商务拓展宅配市场，提供其选择产品的便利，以提高消费者的满意度并进而长期消费。

对有机农民而言，生产与营销一样重要。尤其有机生产成本较高，若无适当的营销通路及策略，不得不以一般农产品价格出售时，将导致亏损甚至停止生产。因此应依生产状况，选择适当之营销方式。

(1)多样化生产之农场或产销班　城镇区附近农民：定期宅配给消费者；都会区附近农民：销售给有机商店、宅配业者或运销商。

(2)单一而大宗产品生产者 销售给有机商店，交运销商及物流业者，销售给宅配业者。

同时，依营销对象的不同，有机农产品的供应者应注意下列营销策略：第一，供应本地及附近地区消费者为主时，应以蔬菜为主，注意多样化及配送与服务；第二，供应都会区的超市、有机商店或宅配业者为主时，供应量应大而稳定；第三，以休闲游憩形态为主时，应重视教育及休闲功能，现场供应餐饮或准备易于携带的瓜果、根茎类产品等。

(四)有机农产品营销的渠道策略

1. 超市

超市的销售量大且快速成长，但冬天一般菜价低迷时将影响有机农产品的营销。目前一般超市负责人对有机农产品多不了解，只把它当作农产品的一种，甚至将其与一般农产品混合。有机农产品供应者应经常与负责人员沟通联系，并提供适当的包装、区隔、海报、广告牌或宣传页等，以凸显及区隔有机农产品。

2. 有机商店

有机商店主要以加工或健康食品为主要获利产品，有机农产品作为招徕顾客的利器颇受重视。然而有机商店虽如雨后春笋般的设立，但是因经营不善而关门者亦众。建议有机商店发展宅配服务，以充分利用冷藏设备、降低损耗成本以增加收益。

3. 直销

对有机农民而言，因面积小、产量不易扩增，可采行直销方式，或成立产销班或采行策略联盟，使品项及数量增加，利于从事各种营销。有机农产品的营销，以前多靠农民个人，消费者也较能信任。然而随着有机验证与标识实施，以及有机市场的扩大，有机农业亟须类似非有机蔬果营销一般，由强而有力的有机农民组成产销班或成为运销商，进行有机农产品营销。

4. 电子商务

未来应重视宅配市场以扩增忠诚消费者，尤其应利用电子商务提供消费者选择消费产品的方便性。超市消费量大，值得重视；但因经常有鱼目混珠的情形发生，政府若能尽速立法，以公权力遏止假有机的充斥，将是有机农业发展之重要里程碑。有机商店目前贩售各种进口有机加工产品，因单价高且耐于储藏，是获利之重要来源。

5. 其他方式

有机农产品的消费者重视食品安全与环境保护，且所得及教育水平稍高，因此对有机农业、营养健康、食品安全等信息需求大，业者应加强验证单位及生产者等相关信息的提供，但不必也不宜过渡重视有机农产品的外观与大小，或宣称有机农产品的医疗效果；开办各种饮食或健康课程或有机农场巡礼，亦颇受消费者欢迎。

(五)有机农产品营销的定价策略

绿色食品70%为加工产品，30%为初级农产品。

有机农产品和无公害农产品都以初级农产品为主。有机农产品的价格高于普通农产品50%至几倍，绿色农产品的价格高于普通农产品10%～20%，无公害农产品的价格略高于一般农产品。

1. 撇脂(高价)定价策略

例如：有机农产品、优质农产品、绿色农产品、稀缺农产品。

2. 心理定价策略

尾数定价、声望定价。例如：9.90元；199.00元。

3. 需求差别定价策略

需求差别包括时间差别(季节性)、地理差别、客户差别、产品差别、服务差别。例如：反季农产品价格相比应季节农产品要高一些。

【综合实训】

案例一 “水果采摘月”富国农

抚顺首届水果采摘月活动取得圆满成功。市政府决定，明年将投入80万元，对三县一区的四个重点果园进行基础设施改造，继续办好采摘月活动，推动抚顺果园向标准规范形果园发展。

抚顺山地面积相对较大，境内水资源丰富，水质、土壤和大气等自然条件为发展绿色、特色水果产业提供了有利因素。多年来，抚顺水果产业得到较快发展，到目前已有10余个品种，生产面积31.83万亩，产量达9.914万t，产值1.8亿元。

在首届水果采摘月活动中，共评选出各类书画、摄影作品及水果采摘等冠军20余个；评选出尖把梨王、南果梨王、葡萄王、山楂王、板栗王等多个奖项。为了方便市民参加采摘活动，市农委还在北站广场、工人文化宫开设了“免费专线班车”，累计接送市民达2万余人次。活动期间，许多外市游客、商家也慕名而来。特别是在“十一”黄金周期间，成群结队的游客络绎不绝，山区、果园的独特景色令许多市民欣喜不已，他们为家乡的美景而惊诧，希望政府今后多举办这样的活动。据了解，活动期间各果园现场销售水果多达15万kg，交易额达100多万元，协议销售水果达300万余元。

首届水果采摘月活动取得的成果是多方面的，对抚顺果业和“农家乐”旅游业的发展，对有效增加果农收入、丰富城乡居民业余休闲生活具有积极的推动作用。

案例二 农产品地理标志——马家沟芹菜

马家沟芹菜(图 3-7、图 3-8)是山东省著名地方特产，中国国家地理标志产品，在青岛平度市李园街道办事处马家沟及周边村庄种植历史悠久，独特的种植技术和生态环境使马家沟芹菜不仅品质优良，而且富含多种微量元素。

图 3-7 马家沟芹菜

图 3-8 马家沟大棚芹菜

1. 品质特点

(1)基本特征 马家沟芹菜叶茎嫩黄、梗直空心、棵大鲜嫩、清香酥脆、营养丰富，品质上乘。

(2)有益元素 含有丰富的钙、铁、胡萝卜素、维生素 B_1、维生素 B_2、维生素 A、维生素 C 等多种人体必需元素，且含有芹菜油，具有独特的芳香气味。

(3)药用价值 可开胃促进食欲，在医学上还清热止咳、健胃、降压、排毒、养颜等多种保健功能。

2. 产地环境

轻壤土、保水保肥；富含芹菜生长需要的钙、镁、硼三种元素；土壤 pH 6.9～7.4，属弱碱性；水质、气候、光照等适宜芹菜生长。

3. 种植技术

按照无公害农产品生产基地建立马家沟芹菜种植基地，生产全过程实行标准化，严格按照无公害芹菜生产技术规程的要求进行操作，严格农业投入品的使用。增施有机肥和生物肥料，喷施生物菌肥、牛奶等，提高芹菜的品质和抗病能力；采用紫外线杀虫灯和粘虫板技术杀虫。

4. 宣传推广

举办马家沟芹菜文化节，召开地理产品发布会，与沃尔玛签约。

案例三　合肥振国有机农业科技有限公司营销策划方案

1. 项目简介

合肥市振国有机农业科技有限公司在2006年成立，由深圳市振国公司、深圳市鼎联华实业发展有限公司及自然人投资，注册资金300万元，在长丰县，陶楼乡建立300亩有机蔬菜生产基地。

目前市场上有机蔬菜的概念还没被消费者完全接受，公司目前还没有处在盈利范围内，而且销售渠道出现萎缩，针对这一现象，我们的设计团队开发了如下营销策划来解决公司出现的问题。

2. 市场调研

消费者对有机蔬菜的了解程度见图3-9。

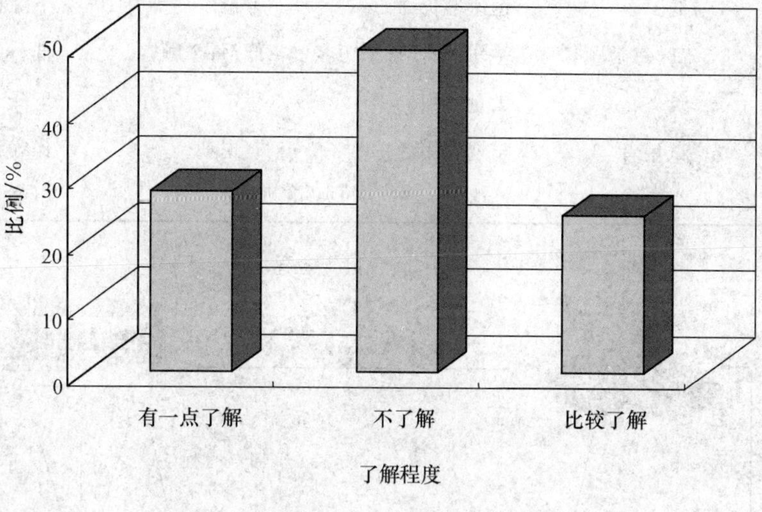

图3-9　消费者对有机蔬菜的了解程度

3. 有机蔬菜的生命周期

有机蔬菜的生命周期见图3-10和表3-2。

4. 有机蔬菜的销售模式

有机蔬菜的销售模式见图3-11。

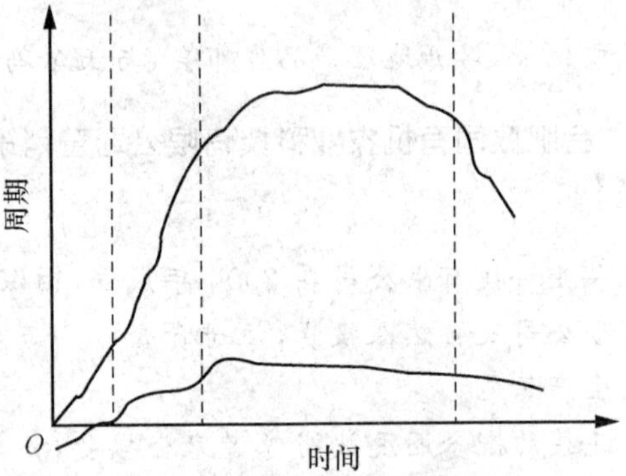

图 3-10 有机蔬菜的生命周期

表 3-2 有机蔬菜的生命周期

项目	导入期	增长期	成熟期	衰退期
销售额	低	迅速增长	平稳	下降
成本	高/每个顾客	平均成本/每个顾客	低/每个顾客	低/每个顾客
利润	负	大量增加	稳定	下降
消费者	试用者	早期使用者	衰退期	保守者
竞争厂家	少	渐多	下降	下降

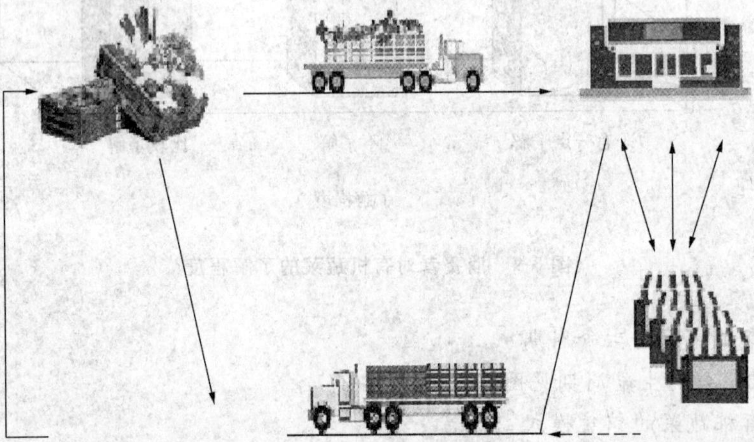

图 3-11 有机蔬菜的销售模式

5. 行情分析

①消费者对"有机"的概念模糊。

②有机蔬菜价格高消费水平达不到。

③市场管理混乱。

④品种不多，尚需开发。

⑤市场发展潜力大。

6. 竞争者分析

竞争者都是通过各种渠道使自己的产品进入市场并举办活动宣传品牌与产品。拥有自己的消费群体与品牌形象，并通过公共关系推销使自己的品牌更具知名度。

7. 市场定位

①产品定位。生态、安全、营养、健康。

②品牌定位。建立全国绿色放心有机蔬菜。

③价格定位。合肥本地价格比普通蔬菜高 15%～20%，其他地区按合肥地区价＋物流费。

④目标顾客定位。第一阶段：高端知识分子；第二阶段：高端人士；中低收入人群；第三阶段扩张到所有市民。

8. 市场推广

其核心思想是品牌推广。如渠道协助；开展营销活动。

9. 活动方案

活动方案见图 3-12。

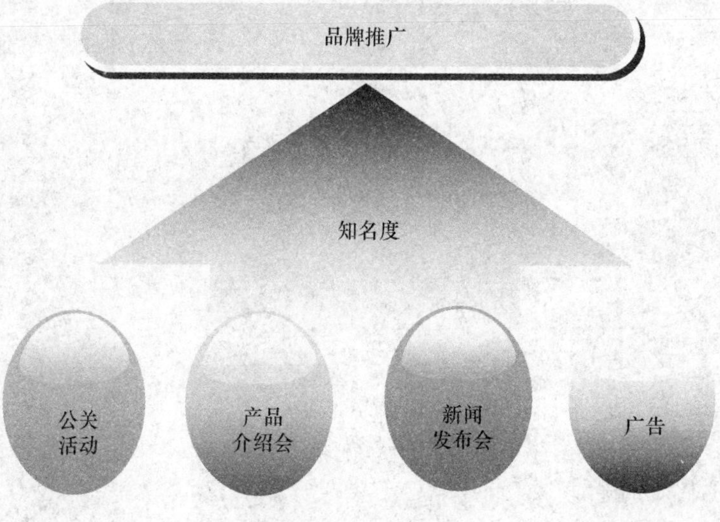

图 3-12　活动方案

10. 预期目标

预期目标见表 3-3。

表 3-3 预期目标

经济指标	本月累计	累计预算	完成预算/%	上月同期	增减/%
净收入	739.875 万元	725.450 万元	102	631.611 万元	12
单位可变利润	1 025 元	1 010 元	101	1 013 元	17
收入可变成本率	52%	50%	104	49%	6
固定成本总额	96.857 万元	97.560 万元	99	85.525 万元	13
利润总额	54.473 万元	53.250 万元	102	45.904 万元	19

学习情境四　农产品电子商务

【职业能力目标】

知识目标：认识农产品电子商务。

了解农产品电子商务的模式。

熟悉农产品电子商务网站建设。

能力目标：会应用电子商务技术发布农产品信息。

【情境任务导入】

农产品电子商务的功能有哪些？

如何建设农产品电子商务网站？

任务一　农产品电子商务概述

【引导案例】

美国生鲜电商 Local Harvest

褚橙、柳桃、潘苹果是 2013 年新农业中的翘楚，同时也将互联网和农业的距离拉近了一大截。除了这些名人项目外，各地也涌现了大量新农业项目，有跑步鸡、跑山猪、绿色蔬菜等，这些占多数的中小型新农业互联网化成为热门话题。成立的新农业交流群里，各路新农人交流非常踊跃，大家都在探讨新农业的电商之路。下面让自然邦通过案例来解析如何针对众多中小农场，打造小而美的农产品电商。

他山之石，解决之道

美国生鲜电商 Local Harvest 是连接中小型农场、CSA 农场和消费者的平台。它将本地农场信息汇集起来，为消费者提供了丰富的食物选择。通过地图检索系统使人们能够便利选购本地农产品。非常吸引人的地方是网站推出的“味觉方舟”

计划，该计划旨在寻找将会消失的食物的味道和过去的味道。网站搜集了一系列有特色的食品，有小白火鸡、美洲虎胡桃、花苹果等等。消费者可以直接从农场订购这些既有特色又绿色无污染的食物。另外，Local Harvest 还提供了消费者与农场互动的平台。农场可在网站上发布考察、学农、节庆等农场活动信息，让喜欢田园生活、爱美食、爱劳动的消费者能够参与到农业的实践中来，体验到亲近自然的快乐。最重要的是，消费者通过参与劳动实践，更加信任农场，相信农产品的安全可靠性。Local Harvest 的这个玩法，按照现在流行的概念应该算是 O2O 了吧。

Local Harvest 倡导“吃在当地，吃在当季”的理念，虽然这只是一句口号，但是却非常有助于解决生鲜电商行业让人头疼的物流问题。吃在当地，是指农产品的在地化销售。电商物流难度高的产品，例如叶菜和禽蛋，绝大部分都是可以在本地生产的。这些产品通过本地的宅配渠道就可以做到。吃在当季，指的是农产品即时消费去库存化。众多中小型农场，通过种植或养殖不同的农产品，为本地提供了丰富的可供选择的食品，不再依靠外埠通过物流运输引进，有效地降低了物流成本。Local Harvest 针对的是普通消费者的日常需求，至于那些生活在广州，还要天天吃内蒙古羊肉的人，就无法满足了。

除此之外，Local Harvest 还为 CSA 农场提供农场管理软件，为农场日常管理和会员管理提供了极大的便利。因而初看 Local Harvest，它是绿色农产品行业的淘宝；再看，它是绿色农产品综合电子商务平台。更确切的说它是“垂直整合型电商”。Local Harvest 向行业上下游进行了深度整合。在消费端，他提供了多种消费者参与农产品生产和销售方式，增强了农产品生产品透明度和信任度。在供应端，为农场提供生产和销售的专业服务，提高了农业生产效率和销售管理水平。

因时因地，走自己的路

互联网也好，电商也好，无论模式有多么复杂，必须能够更有效地解决问题才有意义。Local Harvest 的电商模式给了我们一个启示，垂直电商要有“个性”要有“深度”。但它也有很多不足的地方，其中最重要的是，它没有提供农场、农场负责人以及耕种方面的更详细信息。缺乏信息透明度，在中国严峻的食品安全环境下很难赢得消费者的信任。Local Harvest 模式是一次农产品电商领域的探索，能否复制到中国面临非常多的挑战。

自然邦希望能够打造一家适应中国市场环境和消费者的 Local Harvest，但是这需要更多新农人的参与。Local Harvest 模式的基础是足够多的农场。美国农场数量众多，中小型农场和 CSA 农场有 200 万家。与此相比中国就少非常多，农业部统计数据显示大概有 80 万家家庭农场。现代农业是新兴产业，是一块还未被开垦的处女地。自然邦希望更多有知识、有理想、有毅力的年轻人投身农业。当我们抱怨污浊的空气，挤得要命的交通，高得离谱的房价时，可以考虑换一种活法。我相信就像每个人都希望有一个来自星星的你一样，希望拥有一片自己的牧场、自己的农场。

【任务分析】

一、农产品电子商务概述

农业一直是我国第一大产业，是人类的生存之本，衣食之源，而我国地域辽阔、地形复杂，农产品资源丰富，种类繁多，分布广。随之而来的就是农产品卖难问题的出现，而当代信息技术革命的突飞猛进，也给农产品的销售渠道带来了新的希望。正处在改革中的中国政府也对农业的发展提出了新的发展方向，即以信息化带动农业现代化，发展现代农业。自 20 世纪末以来，我国的主要农产品在流通领域不顺畅、价格走低。其主要原因：首先，是产品结构不合理，产品品质差，不能满足我国日益变化的市场需求；其次，农产品销售渠道过长，致使交易成本不断增加，利益被中间商截留。我国农业要发展，需要建立一种能适应全球大市场信息传递和交换需要的现代农业市场服务体系。而伴随着信息技术的快速发展，因特网的日益普及，电子商务的发展为解决以上问题提供了可能，农产品电子商务已作为农产品新兴的流通方式越来越受到整个社会的关注，其对我国农产品贸易产生了极大的影响。

(一)农产品电子商务的概念

信息时代已在不知不觉中走进我们这个世界，通过因特网，我们可以购买热门股票、可以预订机票、可以浏览最新的电影等等。实际上许多买卖行为，都可以从现实世界的某个路边超市、大型购物中心、办公楼，转移到桌面的计算机上，直接通过因特网以电子商务方式来完成。从广义上说，电子商务是在计算机与通信网络的基础上，利用电子工具实现商业交换和行政作业的过程。狭义上讲，是指利用因特网络技术进行的在线交易或相关作业活动的业务，而农产品电子商务是指通过电信网络进行的生产、营销和流通活动，它包括通过网络实现从原材料查询、采购、产品展示、订购到出口、储运以及电子支付等一系列的贸易活动。它消除了传统商务活动的时空障碍，使买卖双方直接在网上见面，减少了流通环节，降低了相关费用。

(二)农产品电子商务的特点

1. 透明度高

在信息提供上,与传统的商务相比电子商务更具有很高的透明度,传统商务在信息的提供上因销售商的不同而不同。电子商务中,买卖双方从交易的洽谈、签约以及货款的支付、交货通知等整个交易过程都在网络上进行。能够保证各种信息之间互相核对,防止伪造信息的流通。例如,海关 EDI 帮助杜绝边境的假出口、兜圈子、骗退税等行径。

2. 流通渠道短

传统的商务流通渠道较长,一般是企业—批发商—零售商—消费者;电子商务流通渠道短,一般是企业—消费者。

3. 无地域限制

传统的商务受地域限制,只能在部分地区内进行流通,而电子商务的覆盖面广,甚至可涉及全球的各个角落。

4. 交易效率高

从交易的时间上,传统商务往往是在规定的营业时间内进行交易,而电子商务可以 24 小时全天进行交易。由于互联网络将贸易中的商业报文标准化,使商业报文能在世界各地瞬间完成传递与计算机自动处理,使原料采购、产品生产、需求与销售、银行汇兑、保险、货物托运及申报等过程无须人员干预,而在最短的时间内完成。传统贸易方式中,用信件、电话和传真传递信息必须有人的参与,且每个环节都要花不少时间。有时由于人员合作和工作时间的问题,会延误传输时间,失去最佳商机。电子商务克服了传统贸易方式费用高、易出错、处理速度慢等缺点,极大地缩短了交易时间,使整个交易非常快捷与方便。

5. 销售方法复杂

传统商务中产品销售要通过各种关系实现买卖,而电子商务的销售完全是一种自由买卖。

6. 双向性

传统商务是销售商的单方面营销,而电子商务实现了双向沟通,是一对一的沟通。

7. 购物更灵活

传统的商务中,顾客选购商品会受时间与地点的限制,还要看店主的脸色,而电子商务中,顾客往往按自己的方式,无拘无束的购物。

8. 及时性

传统商务中,经营者需要用很长时间才能掌握顾客的需求是什么,而电子商务中，经营者能够迅速捕捉到顾客的需求并及时做出反应。

9. 虚拟化

传统商务的销售地点需要销售空间，即要有店铺，而电子商务均通过计算机互联网络完成，整个交易完全虚拟化。对农产品的销售者来说，通过在电子商务网络管理机构这个平台申请域名，制作自己的主页，将农产品信息在网上进行发布。同时，随着网络新技术的不断发展，通过虚拟现实、网上聊天等技术消费者可以根据自己的需要选择产品，并将需求信息反馈给销售者。通过网络信息的交流沟通，在网上签订电子合同，交易结束可以在网上完成电子付款，整个交易都在网络这个虚拟的环境中进行。这种交易方式改变了过去企业间的组织界限，出现了虚拟企业，形成了“你中有我，我中有你”的动态联盟，表现为企业有形边界的缩小，无形边界（虚拟企业的共同边界）的扩张。

10. 降低成本

①网络交易拉近了卖方和买方的距离，省去了信件、电话、传真等交流中介，双方距离越远，沟通成本越低。在争取了时间的同时，也减少了大量重复数据的录入，使得信息成本有所降低。

②传统的交易方式中买卖离不开中介的参与，而网络交易则减少了这一交易的中间环节。

③传统的交易方式中少不了广告宣传环节，即需要耗费大量印制成本。而通过电子商务平台可以实行“无纸贸易”，“无纸办公”，可减少 90％的文件处理费用。

④实现了无库存生产和无库存销售，大大降低了库存成本，甚至使成本降为零。

⑤传统的贸易平台是地面店铺，电子商务贸易平台则是网吧或办公室，大大降低了店面的租金。有资料表明，使用 EDI 通常可以为企业节约 5％～10％的采购成本。

11. 实现资源优化配置

由于一个行业的所有企业不可能同时采用电子商务，所以，那些率先使用电子商务的企业会有价格上的优势、产量上的优势、规模扩张上的优势、市场占有上的优势和规则制定上的优势，而那些后来使用者或不使用者的平均成本则有可能高于行业的平均成本。这样，社会的资金、人力和物力等资源会通过市场机制和电子商务的共同作用，从成本高的企业向成本低的企业流动，从利用率低的企业向利用率高的企业流动，从亏损的企业向盈利的企业流动，从而使社会资源得到更合理和更优化的配置。

(三)农产品电子商务的模式

根据我国农产品电子商务的实践，农产品电子商务业务主要分为三个类别。

1. 初级模式

包括目录模式、信息中介模式、虚拟社区模式。这种模式主要是为农产品交易提供网络信息服务。如一些企业建立的农产品网上黄页，在网络平台上发布企业的信息和企业产品信息，大型农业集团建立的超大现代农业网，小企业或是个体农户则依托各类农产品信息网发布信息。

2. 中级模式

电子商店模式、电子采购模式、价值链整合模式。一些网站不仅提供农产品的供求信息，还提供了网上竞标、网上竞拍、委托买卖等在线交易形式，交易会员可以直接在网上与自己需要的运输公司洽谈，但尚未实现交易资金的网上支付，资金的支付还是依靠传统的邮局或银行实现。

3. 高级模式

第三方交易市场模式。这一层次的农产品电子商务不仅实现农产品电子商情的网上发布和农产品的在线交易，还实现了交易贷款的网上支付，是完全意义上的电子商务。

(四)发展农产品电子商务的意义

1. 电子商务能有效减少农产品流通过程的中间环节，降低流通成本

传统农产品流通的供应链比较长，环节多，以致农产品在存储环节、运输环节、加工环节以及销售环节的成本很高，利润也就是在这些环节被截留，使得农民的收入无法提高。通过农产品电子商务这个信息和购销网络平台，将一些规模小、经营分散、自销能力弱的生产农户组织起来进入市场，增加农户的市场竞争力，从而降低经营风险。而且通过电子商务这个平台，使生产者能直接和消费者进行交流，减少了中间环节，降低了农户广告宣传、信息搜寻、贸易洽谈等一些成本费用，同时，迅速了解市场需求，生产出适销对路的农产品，自主地进行交易；通过电子商务，选择和保留附加值高的流通环节，合并或去除附加值低的渠道。例如，在农产品流通领域中，批发市场因规模大，商品集散、价格形成及供需调节功能强，附加值较大。而产销地的中间商规模较小，信息传递、产品集散、价格调节功能较弱，附加值较小。因此，我们可以以传统的农产品批发市场为现实载体，去除中间商环节，构建新型的电子商务流通链：生产者—电子批发市场—(网上)零售商—消费者，减少农产品流通环节，加速商品和信息的流动。

2. 电子商务能更好发挥农产品市场中价格机制的作用

首先，使市场价格机制更加健全。由于市场的分散、市场信息不畅等原因，使得农产品市场价格忽高忽低。而电子商务这个网络平台的介入，在分散的农产品批发市场中建立起一个四通八达的桥梁，进而一个畅通的全国性的农产品大市场

正逐渐形成。同时,电子商务网络平台是个虚拟市场,这个市场可以容纳大量的农产品经营者,使农产品的交易更集中,更具规模。此外,由于经营模式更专业、自动化更强,从而降低了人工成本及人为等不确定因素的影响,使得农产品在交易过程中的边际成本降到了最低点,最重要是的每个农产品经营者获取信息和交易机会的市场环境都是公开、公平、公正的。可以说,电子商务完全打破了传统经营模式下信息闭塞、市场割据的局面,形成了一个更大、更畅通、更透明、平等竞争的全国农产品统一市场,建立反应灵敏、健全有效的公平价格形成机制。

其次,使农产品市场交易方式有所改进。传统市场交易方式成本高、效率低,而农产品流通市场的发展,需要有更加先进高效的商品交易方式来适应这一市场流通的需求。如近年出现的拍卖交易方式,这种交易方式是指在公开的场合对农产品的所有权进行竞价转让的交易方式,具有价格信号灵敏、交易规模化、市场透明度高、中介环节少、竞争充分等特点。然而,传统的招标拍卖因受地理位置、物理空间和通信手段的限制,交易者数量有限、手工操作的交易效率低。电子商务的自动化和空间可扩展性为传统的拍卖交易提供了新的发展空间。通过电子商务拍卖平台,大量分布广泛的交易者可以进行网上零距离的沟通和交易,构成充分竞争的市场环境。另外,虚拟拍卖市场能提供从拍卖申请、招标竞价、电子支付、配送服务等一条龙的自动化服务,既提高了交易效率,又减少了人为因素的干扰,保证了市场的公开、公正、公平。

再次,进一步完善了市场的信息服务功能。目前我国已建立和开发了一批农业信息服务系统,通过这些信息服务系统从能够迅速从各农产品市场中获取最新的信息,进一步加以整合。成为农产品流通的一个服务后台,为农产品经营者提供一些有价值的信息。在此电子商务网站则成为了信息发布前台,将各类信息及时准确地公布同去,电子商务网站同时也与其他市场进行信息联网,使农产品用户能从互联网这个大的平台上获得更全面的信息。另外,电子商务网站还能提供各类信息增值服务,如信息的搜索、查询,同类产品销量、价格等的汇总、比较等,帮助用户减少信息搜寻成本,提高信息利用率,满足用户的多样化需求。

任务二　农产品电子商务发展

【引导案例】

遂昌模式

农产品电子商务浪潮没来之前,遂昌偏安浙西一隅,省里领导很少下来。整个县城的支柱产业有竹炭、造纸、冶金等工业，特色农产品和旅游业。有人说遂昌大米好，因为是高山上原生态，没有施化肥；有人说遂昌猪肉、牛肉、鸡肉香甜，因为都是吃自己谷物长大的；还有人从舌尖上的中国了解到遂昌的笋嫩……总之，浙西南山区的遂昌县物产丰富，丽水人都知道。

后来，古老的农耕文明邂逅了激情的农产品电子商务，"生活要想好，赶紧上淘宝"的创意刷墙随处可见。麻将桌上的大妈大婶在讨论秒杀、包邮、淘金币换购。从小患有麻痹症的青年在村头与遂昌电子商务协会会长潘东明照面的第一句话是：你怎么看今年"双11"？在遂昌农家菜馆吃饭时，上菜的厨师会冷不丁地谈起自己对BAT大战的看法；一些热爱农业的人自发来到遂昌，推动当地农业电商的线上发展和圈子交流。

阿里研究中心、社科院、省里领导隔三岔五来县里调研。赶街网点（本地生活电商服务站）的铺开撬动巨大的农村市场。遂昌火了，荣誉无数，已不是传统意义的农村，因为农产品电商，它有了新名片。

遂昌县不大，五万人口的县城却聚集了几千家网店。2013年1月8日，淘宝网全国首个县级馆"特色中国——遂昌馆"开馆。2013年10月，阿里研究中心，社科院发布"遂昌模式"，被认为是中国首个以服务平台为驱动的农产品电子商务模式。

2013年阿里平台上经营农产品的卖家数量为39.40万个。其中淘宝网（含天猫）卖家为37.79万个，B2B平台上商户约为1.6万个。2013年阿里平台上的农产品销售继续保持快速增长，同比增长112.15%。1 688平台同比增长了301.78%。生鲜相关类目保持了最快的增长率，同比增长194.58%，2013年农产品的包裹数量达到1.26亿件，增长106.16%。

一切数据都指向：农业电商已呈燎原之势，更上一个台阶。新农人群体崛起，合作社踊跃淘宝开店，农产品电商网站风起云涌，多类农产品在网络热销。与此同时，涉农电商服务商蓬勃发展。

农产品网络销售有了更多的尝试和创新，在浙江涌现出了"服务驱动型的县域电子商务发展模式——遂昌模式"，而它的核心正是县域农产品电子商务的发展。

遂昌模式到底是什么？具体来说包括两大块：

一是以"协会＋公司"的"地方性农产品公共服务平台"，以"农产品电子商务服务商"的定位探索解决农村（农户、合作社、农企）对接市场的问题。

二是推出"赶街——新农村农产品电子商务服务站"，以定点定人的方式，实现在农村实现电子商务代购、生活、农产品售卖，基层品质监督执行等功能，让信息化农村更深入的对接与运用。

【任务分析】

一、我国农产品电子商务发展

在我国多年的经济发展过程中，工业一直是我国三大产业中侧重发展的产业，国家的政策也一直倾向于工业，而农业一直是弱质产业，信息化发展速度缓慢。农村网民普及率低，大多数农民还不会上网，农业网站的信息服务还不够完善。自20世纪90年代开始，我国的农产品流通渠道就出现了不畅，农产品价格随之不断降低，主要的农产品如粮、棉、油、蔬菜、水果及一些养殖产品。造成这种现状的主要原因是我国过去农业生产一直采用一家一户的生产方式，生产规模小，农民对市场信息的获取能力差，在生产经营过程中，难免具有盲目性和模仿性。大多数农民往往对未来生产什么、怎么销售没有预见性，只是凭自己的直觉与经验做出生产决策，使资源无法实现有效的优化配置，造成资源的浪费。因此，如何将农产品需求信息及时准确地传递出去，以便农产品经营者能更准确地做出生产经营活动的决策，这些问题的解决，离不开信息高速公路，即网络电子商务。在农业生产过程中，从农产品的生产技术到农业物资的采购、生产、加工、促销、货款支付等环节，都离不开信息的流动，信息已成为联系农产品这个大市场的纽带。而电子商务成为这个大的农产品市场运作的主要工具。电子商务通过网络进行的生产、营销和流通活动，它不仅指基于 Internet 上的交易，而且指所有利用电子信息技术来解决问题、降低成本、增加价值和创造商机的商务活动，包括通过网络实现从原材料查询、采购、产品展示、订购到出口、储运以及电子支付等一系列的贸易活动。电子商务技术在农产品中的应用，解决了传统产品流通中信息传递不畅的弊端，销售方与客户直接在网上进行洽谈，大大减少了中间环节，减少了商务活动的成本费用。运用电子商务技术，可以建立各种形式的“虚拟公司”。这种公司将分散开的千家万户农民组织起来进行规模生产和经营，或进行一种点对点的针对性生产。这种新型农业模式以现代计算机网络信息技术为支撑，以国内或国际统一大市场的需求为目标，将整个农业部门作为一个大系统来看待，使农副产品从生产到最终消费全过程中的资源配置能够最优化，从而使农业部门总体和综合的效率与效益得到大大提高。

二、制约我国农产品电子商务发展的因素

1. 电子商务基础设施不完善

据中国互联网络信息中心（CNNIC）发布的《2007年中国农村互联网调查报告》，截止到2007年6月，农村网民规模达到3 741万人，在7.37亿农村居民中，

互联网普及率仅为5.1%。农村互联网基础设施的薄弱,已成为阻碍农产品电子商务贸易发展的最大"瓶颈"。电子商务是依托互联网而开展的交易活动,其实现的前提是互联网技术的应用,如果互联网不能遍布农产品的产、供、销的每个环节,那么农产品电子商务贸易只能是纸上谈兵。

2. 参与主体素质较低

目前我国农产品的生产者大部分是单个农户,他们是农产品贸易中的重要的参与主体。农业部副部长危朝安曾指出,在中国4.9亿农村劳动力中,具有高中以上文化程度的仅占13%,小学以下文化程度的占36.7%,接受过系统农业职业技术教育的不足5%,而应用电子商务必须掌握网络信息技术和电子技术,如电子数据交换、电子邮件、电子公告系统、条码、图像处理、智能卡等。农民文化素质偏低已经成为普及和发展电子商务的一个主要障碍。

3. 农产品质量标准体系不健全

在电子商务交易中,买卖双方通过网络完成商贸洽谈的前提条件是提供的信息必须真实可靠,电子商务平台向用户展示的是一个统一的、标准化的商品信息,但我国农业生产仍然是一家一户的生产经营模式,农民的组织程度分散、生产加工能力低、效率不高、产业的集约化程度低,难以形成严格的质量标准体系,产品之间有明显的差异。

4. 农产品流通不畅,信息不灵通

电子商务的一个显著的特点是通过一组电子工具把客观存在的物理实体转化成一个电子数据,包括产品、货币、交易凭证、商贸洽谈等,因此需要强大的信息系统的支持。但目前我国农业信息发布渠道不畅,信息接收方式落后,主要是采用单向传输方式,缺乏信息的反馈机制。

5. 缺乏统一的农业信息系统

总体上看,各省、市、县、镇都在建站、购机、入网,行政上的条块分割造成了网络发展的低水平重复建设,农业信息化系统一体化与规范化水平低。农业信息市场发育缓慢,特别是农业信息服务市场、农产品设计市场、农业资金市场、农产品加工市场、农产品存储和运输乃至包装市场等尚未开发或形成,农业信息化体系尚不健全。

三、未来我国农产品电子商务的发展及对策

(一)农产品电子商务发展的前景

1. 良好的宏观环境

国家对"三农"问题的重视,国家各部委对信息化和电子商务的重视和支持,国

家发展改革委农产品批发市场信息化，农业部对农业信息化重视和积极扶持政策；经济全球化的外力推动。

2. 互联网技术给我国的农产品流通注入了新的生机和活力

从传统模式下的农产品手对手交易到通过对各种资源的整合，利用先进、便捷的技术搭建农业信息应用平台，在网络上实施农产品的交易，对改善我国的农业价值链和提高农业竞争力有着极大的促进作用。

3. 自我创新需求的驱动

产业发展的基础是生产，但市场和流通是决定产业发展的关键环节。农产品流通不畅已经成为阻碍农业和农村经济健康发展，影响农民增收乃至农村稳定的重要因素之一。

农产品电子商务呈现出四个发展趋势：个性化趋势、专业化趋势、区域化趋势以及移动化趋势。

(二)农产品电子商务发展对策

1. 培养电子商务人才

要加强电子商务相关知识的宣传与培训，提高电子商务在农户中的可信度。通过举办形式多样、生动活泼、图文并茂的电子商务科技宣传和培训，传播电子商务的应用方法和注意事项，扩大农村居民对电子商务的了解和认识；鼓励质量可靠，信誉良好的农产品生产企业首先在农村开展电子商务；充分利用政府有关部门服务职能，建立便丁农村居民接受的电子商务形式，使电子商务在农村中有一个良好的开端和发展。

2. 加快信息基础设施的建设

应当把农业信息网络基础设施作为农村基础设施的有机组成部分，主要由各级政府来共同投资建设，由政府来提供农业信息这种公共产品。各级政府关键是要抓住以下五个环节：一是应针对当前农业和农村经济发展中信息不畅、产销脱节这一突出问题，面向基层和农民的实际需求，以提供农业信息服务作为近期农业信息化的中心任务；二是充分利用现有的信息基础设施资源，节约投资，突破资金不足的“瓶颈”制约，从根本上缓解农业信息化设施供给不足的矛盾；三是免费为农民提供信息服务，从根本上解决广大农民对农业信息服务的巨大需求与实际需求严重不足之间的矛盾；四是采取各级政府分级投资的方法，以新的投资机制和运作方式调动地方政府参与农业信息化建设的积极性和主动性；五是将农业信息网络工程与“政府上网”工程同步建设，实现“两网合一”是一条切实可行的途径。

3. 强化政府部门对农产品电子商务的参与

农产品从生产到消费，缺乏标准化的问题严重阻碍了农产品电子商务的实施，这就需要政府部门在国家政策的指导下，从农业和农村经济发展的总体上制定规划，从政策、法律高度上扶持农业和农产品电子商务的发展。在具体操作上，政府可以运用宏观调控、税收等手段鼓励企业更多运用电子商务：通过降低上网费用，刺激消费者网上消费；通过以资金或优惠政策支持研发活动，提高电子商务技术水平。此外，政府中的一些相关部门必须作为贸易的一个环节参与到农产品贸易中来，管理和监督农产品电子商务的实施及电子交易中违规行为，达到保护农民、保护消费者的目的。在电子商务政策法规的制定与执行、网上交易用户的身份认证等方面，政府也要担当积极的角色，以保证和促进农产品电子商务的安全顺利实施。

4. 实现农产品名称的标准化和质量的等级化

实现农产品名称的标准化。我国农产品由于长期管理上的分割，也留下了认识上的误区。致使许多粮食、水果、蔬菜、畜产品等都没有一个统一标准的名称。发展农产品电子商务首先要通过网络准确传递产品信息，为此首先需要政府有关部门统一制定农产品的名称标准。实现农产品质量的等级化。农产品的质量分级是根据农产品的质量标准将不同质量的农产品进行分级归类。它是农产品期货市场、农产品电子商务运行的基础。而我国由于缺少农产品的质量分级标准，同样的价格其质量相差悬殊。在某地的一类农产品报价，在别的地方就无法知道它的质量如何。而通过统一的农产品质量的分级标准，就可以表述它的外观和内在品质。

5. 发挥农村合作经济组织和农村经纪人在农产品电子商务中的作用

首先，由农村合作经济组织和经纪人负责网络信息的采集和发布。目前我国农村是家庭分散经营，以家庭为单位在互联网上发布信息受到很多条件的制约。因此可以通过农村合作经济组织和经纪人在互联网上进行信息搜寻，开展电子商务。农村合作经济组织和经纪人可以拓展农产品的市场空间，发展订单农业，大力开展定制化服务，把分散的农户集中起来。然后，由农村合作经济组织和经纪人集中收购农产品进行质量等级确定和分类包装，这样可以大大降低成本和提高效率，同时可以保证质量。

6. 大力发展农产品物流

建立农产品绿色通道。发展农产品电子商务配送是关键。为了保证农产品的质量目前我国已发布了《全国高效率鲜活农产品流通“绿色通道”建设实施方案》，实施方案中首次明确规定了“鲜活农产品”的五大种类，即新鲜蔬菜，新鲜水果，鲜活水产品，活的畜禽和新鲜的肉、蛋、奶。运输上述物品的车辆在“绿色通道”网络行使时可减免道路通行费。农产品的包装技术需提高。我国目前由于“保鲜型”果蔬包装相对滞后，致使许多优质水果、蔬菜在贮藏与运输过程中损失惨重。要减少损失，取得理想的经济效益，必须研究推广保鲜包装技术。同时包装材料不宜太贵，否则农民承受不起；包装技术不宜太繁，不然不易掌握。应积极在农民中培育物流主体。所谓物流主体就是物流企业，这一主体的主要形态包括：供销合作社、农业公司、农产品配送中心、农产品物流经纪人队伍。一个物流企业是否盈利取决于这个企业是否有物流人才。目前工业品物流公司发展迅速，但农产品物流公司发展极为缓慢，这里有一个认识问题，也有一个利润空间相对较小的问题。所以，政府必须有一定的鼓励政策。

7. 促进从事传统农产品贸易的企业向电子商务转型

对于直接或间接从事农产品生产和贸易的传统企业，要加强企业内部信息化建设，使用互联网技术建立企业内部网，即 Intranet。在此基础上，建立通向国际互联网的外部网络，即 Extranet。企业的内部网络和外部网络的连接可以通过设置防火墙来保证安全。基础设施建设完成后，企业实现主要业务逐步向电子商务过渡，最终实现向电子商务型企业转型。当然，完全实现电子商务化必然有一个过程，这类的企业首先可以在互联网上先建立自己的网页，并逐步建设成为站点，利用互联网这一公众媒介，在企业自身的网站上开展产品宣传，推销自己的产品。

8. 发展促进农产品贸易中介机构

农业电子商务的中介模式可以分为两个层次：上层是电子商务服务公司，以市、区为单位建立，其作用是建立及维护网站、组织相关的农机、农贸部门及其他有关部门上网、为农户提供技术、贸易需求信息与物资及其他电子商务服务，如信息发布、产品促销等；下层则可建立在乡镇一级的部门，充当上层电子商务服务公司的基层代理机构，其主要作用是把直接来自农民的信息上传到电子商务服务公司，把来自电子商务服务公司的信息转达给农民，同时充当结算中心与配送中心。这一新型中介可以从农村现有组织发展过来，并不需要完全新建。

9. 促进农业产业化经营

农业产业化把分散的农户集中起来，将农户小规模的生产联结起来形成生产基地，作为农业产业化经营的第一车间，把加工、销售作为第二、第三车间，建立了生产、加工、销售的一体化经营模式，这样就延长了农业的产业链，增强了农产品加工成品的比重，改变了农业仅是提供原料和初级产品的状况，增强了农产品加工产值和利润提高了农业的比较收益。一般来说，初级农产品具有易腐烂、不便储存和运输、生产有季节性等特点，因此未经加工的农产品销售半径小，出售价格往往处于不利地位。而农业产业化经营可以改变这种形势。

目前，中国的农产品流通面临快速发展的国内外环境，企业面临的竞争将不再是简单的产品和服务的竞争，而是商务模式和产业链的竞争。而电子商务技术的应用对企业形成新的商务运作模式起到强有力的推动作用。它不仅是原有商务模式的电子化，从发展的角度看，新的模式应给企业带来全新的价值，包括观念的更新、管理的改进、信息的畅通、效率的提高、成本的降低、效益的增长、渠道的拓展、合作的协调、品牌的提升、标准的统一、服务的改善，直至企业综合竞争力的增强。这也是实施电子商务战略的目标所在。

中国电子商务的发展是一个渐进的过程，不可能全部替代传统业务方式，农产品电子商务的探索和发展也不例外。

四、世界各国农产品电子商务的发展状况

1. 美国农产品电子商务发展情况

2010 年联合国发表一份报告显示，2000 年全球电子商务的交易额达到 3 770 亿美元，2010 年达 1 万亿美元，2010 年的后 10 年 1/3 的全球国际贸易将以网络贸易的形式来完成。

美国作为信息化程度最高的国家之一，最早开展农产品电子商务，同时也一直是该领域的领头羊，其中互联网在这个过程中扮演了很重要的角色。目前美国大型农产品网站超过了 400 个，除了这些专业的网络公司，美国的特大农产品企业也都在发展自己的农产品电子商务。进入 21 世纪以来，美国农产品电子商务的基础稳步提升，随着光缆、卫星和无线上网等方式的普及，农户使用计算机和互联网的程度在逐步提高。其中使用计算机开展农场业务的比例由 2001 年的 29%提升到 2011 年的 37%，因特网的使用比例也由 43%提升到了 62%。

除了信息技术建设的不断完善，美国还有世界上最大的农产品期货交易所——芝加哥期货交易所。这里提供着农产品贸易中最权威的价格，交易双方可以从这里获取市场行情等信息，并通过期货市场规避价格风险，促进了农产品电子商务的发展。

2. 英国农产品电子商务发展情况

英国农产品电子商务化程度也很高。1996 年建立的 Farming Qnline 是第一个提供农产品互联网服务的电子市场，其后各种农产品网站相继诞生。建立于 2000 年的 Faimer's Market 是英国第一个农产品电子商务网站。根据英国环境食品和农村事务部公务的数据显示：①在农户使用方面：2012 年 86%的农场加入了该网站，比 2008 的 74%增加了 12%；2012 年大农场的计算机联网率达到了 98%；2012 年 78%的农户至少有一个英国政府网关（即 SSID，也就是我们平时所说的登录账号），这是一个中央网络中心，通过它就可以把政府的所有领域和公众连接起来。②在农村业务方面：2012 年英国现有农业企业中 90%的农业企业会在农场使

用计算机参与到电子商务中来，同时有5%的农场拥有计算机但不用于农场的电子商务，这主要是由农户的年龄和农场的规模所致；在使用计算机进行农场电子商务业务的企业中有77%可以获得高速的宽带连接；对于那些拥有年轻的农业劳动者或者高经济效益的公司，更可能使用办公软件、电子邮件、网络搜索等网络服务。

3. 其他发达国家农产品电子商务发展情况

除美国、英国外，农产品电子商务的研究与发展在其他发达国家也得到了各方面的重视。加拿大通过使用计算机网络、3S技术(即遥感技术、全球定位系统和地理信息系统)等现代信息技术来健全农业信息体系，同时设立农业信息服务中心，无偿向农产品生产者、销售商提供农业法规、经营管理权及农产品供求趋势等信息服务。世界第三大农产品出口国荷兰，凭借全国统一的农产品标准和发达的农产品物流体系，在农产品电子商务方面开展农产品电子拍卖。韩国在发展农产品电子商务方面积极培训农民使用网络，减少了交易成本提高了农产品流通速度。

【知识应用】

2013五大生鲜电商营销案例揭秘

农村新报讯生鲜农产品如何做网上促销活动？活动过后如何形成持续销售？本文的五个案例有成功也有失败，给我们的启示是不要打无准备之仗。

淘宝旗下的聚划算作为电商渠道拥有巨大的流量优势，农产品及生鲜产品在2012年成为增长最快的品类，聚划算也在2012年开始推出本地生鲜频道，2013年逐渐成形，开始成为聚划算生活汇中的重要品类。目前聚划算生鲜品类以水果、海鲜、肉类为主，模式基本上是预售，即订单农业。

以下五个案例产品涉及肉类、海鲜、水果三个品类，模式涉及“农户＋电商”“经纪人＋电商”“农企＋电商”“渠道商＋电商”四种模式。

案例一 遂昌猪

2013年3月份千头死猪漂流黄浦江，聚划算随即在4月份推出浙江遂昌深山散养生态土猪的预售，并且紧扣这次新闻，投入巨大的宣传资源，这也是聚划算首次大型生鲜猪肉的团购活动。这次活动由当地农户、地方政府、当地电商以及聚划算四方面共同操作：农户提供散养猪，地方政府给以信誉背书和行政支持，当地电商负责运营，聚划算负责整合宣传资源。活动首发当日售出6 093斤猪肉，营业额为18.455 9万元。这个战绩放在服装和3C类产品只能说一般，但作为生鲜产品，已经相当不错了。

但是这个看似很成功的经典案例禁不起时间的考验，4月初开始的预售4月底完成发货，等客户都收到货后，差评、退款、退货等纷至沓来，活动操盘的店铺好评由原来的4.8一下子落到了4.4～4.6。客户评论中60%为正面评论，感觉一般的占20%～30%，感觉差的占10%～20%，如今这个店铺已经找不到了。

【启示】①零散农户货源很难控制产品品质；②多方参与但衔接不足；③宣传把产品夸得太好，消费者真实消费后落差太大给差评。

案例二 四大鲜果

四大鲜果是2013年5月份推出的鲜果预售活动，活动选了四种颇具代表性的水果：山东烟台大樱桃、山东胶南蓝莓、广东茂名红荔枝、浙江仙居杨梅。活动重点推的是山东烟台大樱桃，操盘樱桃是一家新开的叫“中国地标馆”的淘宝C店。运作模式上，樱桃采用“农产品经纪人＋电商操盘手”；蓝莓是品牌企业——“佳沃蓝莓”＋合作淘宝电商。樱桃销量最好，共卖出2万多箱，200万元左右的销售额，紧随其后的蓝莓售出2 000多份，荔枝杨梅都是几百份。

樱桃虽然战绩骄人，但同样在发货后遭遇噩运，店铺好评率从开店的5.0一下子降到4.1，目前店铺依然存在，评分已在4.0以下，有大约20%的客户给了不满意的评价。差评中，除生鲜产品在物流配送上不利外，产品的口感跟一般水果店买到的差不多也导致很多客户不爽。

这次活动的店铺是从当地农产品经纪人那里拿货，而当地的樱桃也通过很多渠道到达各个水果摊点，价格不见得比网上贵。相比于樱桃，蓝莓在完成发货后，店铺评分变化不大，客服反馈也不错，主要是因为佳沃蓝莓是多年企业化经营，品质稳定，同时蓝莓在一般超市和水果摊较少见。

【启示】①农产品经纪人＋电商操盘手模式合作关系不紧密，容易一锤子买卖；②产品选择要做好跟线下产品的对比。

案例三 巴美淖尔羊肉

巴美淖尔羊肉是来自内蒙古巴彦淖尔的肉羊企业巴美肉羊公司，这是当地的一家龙头养殖企业。该企业在天猫开设旗舰店，属于农业企业自建电商零售渠道的模式，由浙江的一家电商公司运营。活动时间是2013年10月中下旬，正值秋冬，适合吃羊肉补身体的季节。预售取得了170多万元的销售额，11月开始陆续发货，11月底基本完成发货，在用户评论中虽然也有一些差评，主要集中在快递，以及没有宣传的那么好，但最后的店铺评分为4.7左右，表现不错。目前，该店铺已经形成了持续销售，主打产品保持着每月200～500件的销量。

【启示】①多年经营的龙头农企品质稳定;②农企自建电商渠道保证了店铺的长久性以及更多的责任感。

案例四　“双11”聚海鲜

这是2013年“双11”聚划算在生鲜方面最大的动作:阿拉斯加海鲜预售。活动更是拉来了美国农贸部为其吆喝,主打产品是阿拉斯加鳕鱼和帝王蟹,由阿拉斯加老美渔民为您捕捞。产品有噱头、品质有保障,政府有支持,为这次活动夯实了基础。活动的运营由两家经营海鲜的天猫店铺负责,他们是有多年水产海鲜经营经验的进口商和渠道商。

这次活动取得了不俗的战绩,销售鳕鱼的店家创造了270万元的销售额,而且在完成发货后,店铺的评分依然保持4.8的高分,这对于生鲜电商实属不易。

【启示】①高端进口海产品品质稳定,而且该类产品线下渠道并不多见;②传统生鲜渠道商转型电商,行业经验丰富且对自己本身品牌负责。

案例五　褚橙柳桃

(资料来源:《农村新报》,2014年1月9日,网络新村)

褚橙指的是昔日烟草大王褚时健75岁再创业在云南种的橙子,柳桃是柳传志联想旗下佳沃农业投资的一个猕猴桃果园。活动的操盘手是生鲜电商新贵“本来生活”。本来生活2012年就成功运作了“褚橙进京”,2013年加上柳桃助阵,自然得心应手。

这次活动紧随“双11”之后,2013年11月14日开始发售,三天取得了500多万元的销售额。11月底开始陆续发货,12月中完成发货。消费者到货后的点评比较正面,但也不乏一定比例的差评。目前店铺评分4.5~4.7,可谓有喜有悲。

【启示】①媒体电商本来生活转战聚划算,一个擅营销一个有流量,给活动带来了巨大的销售额;②不足之处:过度营销给消费者造成过高的心理预期,完成销售环节后评分下降。

总结:聚划算可以说为生鲜电商带来巨大的流量,做好产品的描述和宣传可以提高转换率,将流量变成销量。但最终目的是要得到消费者认可,并形成持续销售。因此,必须做好以下几点。

①选择优质且品质稳定的源头产品,并且比线下渠道有一定优势。

②电商操盘手必须要和源头农企农户形成强有力的合作,是一家最好,不是一家的必须要有有效的手段捆绑利益。

③如实宣传，适度夸大，做好宣传的同时做好服务，不要活动搞完了，店铺也搞砸了。

任务三　农产品电子商务网站建设

【引导案例】

案例一　山东临沂第一个优质农产品电子商务平台上线

（资料来源：《沂蒙晚报》，车明军）

（中国电子商务研究中心讯）在首届山东沂蒙优质农产品交易会盛大开幕的同时，4 日，临沂市第一个以农产品及相关产业为主的电子商务系统——山东沂蒙优质农产品电子商务平台（图 4-1）也正式上线运营，市民网上订购农产品（图 4-2）直接到餐桌由梦想变为现实。

图 4-1　沂蒙优质农产品交易会网页（首页）

据了解，山东沂蒙优质农产品电子商务平台具有网上交易，网上资金结算，仓储物流，金融服务等几大功能，以促进农产品产销对接为目标，为全市农产品加工、生产、流通以及企业、种植基地、专业合作社、农村经纪人提供一个网上贸易平台。

该平台不仅汇集了参与交易的买卖双方，还赋予了各方发布供求信息的权利。山东沂蒙优质农产品交易中心作为该平台的主导方，还将支持优质网商在平台之上建立精品店铺，推介金牌合作社以及卓越经纪人。同时平台还具有价格发布功能，价格发布涵盖了农产品期货，农产品实时价格行情，全国农产品批发价格指数

图 4-2　沂蒙优质农产品交易会网页

三大模块，可以及时了解到最新的山东以及全国的农产品批发价格指数，菜篮子价格走势等。

同城配送是山东沂蒙优质农产品电子商务平台的另一大特点，其下设的菜润家网站，将众多优质农产品以及所推荐的蔬菜套餐放在网络上供市民选择，依托公司自有的配送网络，将所订产品送至消费者餐桌。

目前已有500多家农产品产销企业作为首批会员加入该平台，实现网上交易、信息共享。

网上农产品电子商务系统，是以服务于农产品企业的业务过程优化再造为目标，全面提升信息系统的技术内涵，实现“以产品为中心向以客户服务为中心”的战略转移，达到对外充分适应、快速反应，对内高效沟通、快速决策。作为经营战略的重要部分，很多大型企业已经开始借助互联网的力量，建立部署自己的网络交易平台。基于Internet的交易管理和销售平台，将给企业带来了无限商机，同时对农产品企业的管理和经营提出了更高的要求。信息是影响企业管理和经营决策的命脉，实现了对信息的有效控制，就可以建立更加合理的客户关系，建立完善的供应体系、分销体系，使企业对物流和资金流的运转具有更高质量的控制，对市场的预测更加科学准确，从而提高企业的市场竞争能力。实现集团企业信息流、物流与金流“三流合一”将是大型企业信息化发展的目标。

【任务分析】

一、农产品电子商务网站的设计

(一)农产品电子商务网站建设的目的

电子商务建设的最终目的是发展业务和应用。目前Internet网上商家不少，但由于缺乏相应的安全保障、支付手段和管理机制，一方面网上商家以一种无序的方式发展，造成重复建设和资源浪费；另一方面商家业务发展比较低级，很多业务仅以浏览为主，需通过网外的方式完成资金流和物流，不能充分利用Internet网无时空限制的优势。

因此有必要建立一个业务发展框架系统，规范网上业务的开展，提供完善的网络资源、安全保障、安全的网上支付和有效的管理机制，有效地实现资源共享，实现真正的电子商务。从农业生产方面看，现代信息技术可以指导生产者、经营者、管理者提高生产效益，通过运用信息技术，可以使有限的农业资源得以优化配置，有助于推动传统农业的升级改造，提高劳动生产率。从农民生活方面看，借助多种信息传播媒体可以提高农民生活素质。

建设电子商务平台，可以更好地利用现代化通信技术，为农业发展实时提供准确的农资信息，提供信息交流的平台，让企业和农民可以体验到现代科技带给农业生产的实际创收。利用电子商务平台可以规范农资市场交易，安全高效地实现在线的商务交易，提高了农业经济中商品的流通效率，在当前的信息化推动下，农民可以通过平台及时交流相关农业政策的供求信息，企业和相关组织也可以通过平台及时交流道相关的物品供给情况，这样可以更加高效地实现和推动现代农业的发展，实现农业经济快速、高效、健康的发展。

(二)农产品网站建设的设计原则

在电子商务平台的建设实施过程中，我们将以客户需求为中心，技术服务为纽带，以高质量、高标准的目标进行规划和实施，并严格遵循以下的设计原则和宗旨。

1. 权威性

作为农产品电子商务平台，应有别于其他商业性、事业性系统，其发布的信息须经过严格的审查程序，确保信息是可靠的、准确的。要保证系统信息为用户实用信息，加强信息审核和管理。

系统要具备严格的安全措施，防止黑客攻击和防止页面篡改，以体现农业局信息的权威性和严肃性。

2. 及时性

系统中信息要求及时更新，能在第一时间向买卖双方提供最准确的交易和供求信息，方便用户可以及时更正自己的市场策略，保障双方用户的权益。

信息的及时更新也可以保证农业局对市场信息的及时掌握，能更好地控制市场走向，制定相对应的措施，是农业经济健康稳定的发展。

3. 可靠和安全性

确保 7×24 h 不间断服务。系统通过提供用户身份认证、密码校验、角色控制等多种手段保证系统具有良好的安全性，防止非法用户对系统的入侵。

4. 适应性

电子商务平台设计应考虑系统使用的用户群，系统用户多为农民朋友和加工商，经销商，使用计算机办公水平有限，同时，由于对电子商务平台知识的了解有限，因此，在设计过程中，要考虑系统的简洁、适用，符合人性化的操作。

5. 先进性

首先，为满足系统功能和性能上的要求，必须采用一些先进的技术作为保证；其次，本着高定位、高起点的指导思想，也将采用先进软件技术，来保证系统强大的生命力。

6. 系统性能

整个系统将通过网络技术、主机设备和软件技术的综合运用，使系统具备较高的性能，以支持大规模的用户访问。

7. 易管理性

只有管理好系统，才能更好地利用系统提供的功能和服务。系统应该具有较强的易管理性，以保障日常的系统运行和降低运行维护成本。

8. 技术的先进性和成熟性

采用先进的设计思想和设计方法，坚持一切从实际出发，一切为用户着想的原则，系统的建立以用户的需求作为设计的出发点和归宿，求得先进性和实用性相统一。

网站系统必须采用成熟的可重用模块、中间件构件等，实现应用系统的易扩充、易使用、易维护与高可靠性。

（三）网站的设计流程

1. 网页的设计

由于此类电子商务网站是针对农产品的销售，因此页面的装饰应从美观、朴实等方面着手，借此显示网站的诚信度和农民朴实的纯真。切记不要把网站装饰的过于华丽，给人一种华而不实的感觉，降低了网站诚信度。

2. 商品的分类

由于此类电子商务网站是针对农产品的销售，具体到把村里的番薯等农产品放到网上进行销售，在商品分类上可分为普通和特色两类进行销售。

3. 与顾客互动

随着网购的产生，随之而来的也就有了像我们现实生活中的社区一样的论坛，论坛是了解消费者需求的一种有力渠道，通过网站与顾客、顾客与顾客的互动增加网站点击率提升人气，论坛还是完善售后服务的一种表现，有些网站上有时时对话框，可以进行在线交流。但根据我们的现状，农村里面的网络还不是很普遍，而且农民也不太会网络交流，因此最实际的方法是进行电话交流，当然还可以通过有顾客发电子邮件，而我们再反馈给农户的方式进行交流。

4. 产品展示

我们应该以一种什么样的方式把想要表达的信息传递给消费者呢？是平面图、文字、报纸、杂志还是视频展播？虽然方式不同，但目的都是一样的。最终让消费者真真切切地了解到商品的信息。而根据我们的现状，我们采取图片与视频共有的方式来展示商品，可以把农户从地里挖出番薯的视频放到网上，让更多的客户知道商品的来源。

5. 定价策略

在购物型电子商务网站中产品的定价一直都是一件令人头痛的事情。价格既不能定得太高也不能定得太低，太高的话消费者接受不了，太低的话赚不回成本，还好我们的农产品是农户自已生产的，相对来说成本比市场里面商贩的要低，因此我们可以用低于市场价格的定价来吸引消费者，用薄利多销来扩大销售额。

6. 支付手段

目前最流行的网络支付方式是信用卡支付，它具有方便、快捷、安全、可靠的优点。很多网站都是利用自动的电子转账来管理信用卡支付。还有一种方式是通过银行的转账支票进行支付，它也是随着银行业的发展与联合而逐渐形成的一种比较成熟的方式。从国内购物网站的现状来看，以淘宝网为例，存在着多种支付方式并存的现象。包括信用卡支付、银行转账、银行汇票、邮局汇票等多种方式，甚至还提供货到付款。所有的支付方式都是我们可以借鉴的。对于我们的现状，最佳的方法是进行银行汇款或转账来的实际一点。

7. 物流的配送

很多国外的商务网站都与著名的联邦快递和 UPS 等大型快递公司存在合作关系，为他们的产品做物品流动的运送工作。由于网上购物网站所销售的产品大多以小巧精致为主，最适合通过快递的方式进行运输，所以也得到了广大顾客的认同。而根据我们的现状，对于量小的顾客，如果是近距离的话，我们可以采取送货上门的方法来进行运输，对于远距离的顾客，我们可以用快递。如果量大的顾客，我们可以派车子直接送过去，当然前提条件要达到一定的数量才行。

8. 售后服务

并不是说商品销售出去了交易就完成了。我们还应重视售后服务，这是维护客户资源最有利的方式，也是打造知名度的一把“利剑”。只有得到顾客的认可才能长久的发展下去，加强和完善售后服务也是网站成长过程中的重要步骤。

二、农产品电子商务网站的软硬件环境建设

(一)接入方式的选择

1. 我国的 ISP 及其服务功能

因特网服务供应商(internet service provider，ISP)是网民通过网站进入因特网世界的驿站和桥梁。到 2007 年 6 月底，我国已经有 600 家骨干网，国际出口带宽的总量为 18 599 M。

我国提供增值业务的 ISP 大致可分为两类：一类是以接入服务为主的网络接入提供商(internet access provider，IAP)；另一类是以提供信息内容服务的网络内容提供商(internet content provider，ICP)。两者的服务范围已呈现相互交叉的趋势。

2. 我国的 ICP 及其服务功能

ICP 是指在因特网上进行信息收集、加工并向其用户或访问者发布信息的公司。

(1)ICP 分类　根据内容提供商的服务对象以及所提供的内容。ICP 网站可

分为综合类网站和专业类网站两大类。

(2)国内 ICP 经营模式的演进　内容为王——1997 年初,国内 ICP 企业处于萌芽状态。搜索引擎——1998 年开始,搜索引擎成为国内 ICP 发展与宣传的重心。门户站点——1998 年后出现的能够给用户提供平台服务、ISP、ICP、网上搜索等全部网络服务的网络站点。虚拟社区——2000 年后出现虚拟社区,为网上的用户提供了交流、娱乐、游戏、资讯等多种服务,能够较多地聚集人气。

(3)ICP 的特点　随着时间的推移,激烈的竞争淘汰了大量规模较小的又没有特色的 ICP。幸存者代表了未来 ICP 的发展趋势,具备以下共同点。

①由于起步早,把握了先机,已经具有相当的规模。

②所提供的内容或者服务具有垄断性、权威性,从而使自己成为固定用户不可替代的选择。

③背靠传统媒体,充分利用传统媒体具有的资源,实现优势的整合。

④提供专业化的服务。

⑤个性化服务。

3. 选择合适的网络接入提供商(IAP)

(1)考虑 IAP 的出口带宽　出口带宽是指 IAP 本身以多高的速率连接到因特网或其上级接入提供商,是体现 IAP 接入能力的一关键参数。

衡量接入提供商的接入能力有三个重要参数,一是是否具有独立的国际出口;二是出口带宽接入用户数;三是接入上级接入提供商的带宽。

(2)考虑 IAP 提供的服务种类、技术支持能力　注意接入提供商提供信息的能力、安全技术能力、是否有备用线路、是否有升级扩容能力。

(3)费用　考虑 IAP 的服务费用。

(二)网络服务方式的选择

1. Web 服务器

在网络上提供资源并对这些资源进行管理的计算机是服务器。Web 服务器是常用的一种。网络操作系统驻留在服务器上。服务器必须具备一定的通信处理能力、快速访问能力和安全容错能力。

Web 服务器也称为 WWW(World Wide Web)服务器,主要功能是提供网上信息浏览服务。①应用层使用 HTTP 协议。②HTML 文档格式。③浏览器统一资源定位器(URL)。WWW 代表万维网的意思,是 Internet 的多媒体信息查询工具,是 Internet 上近年才发展起来的服务,也是发展最快和目前用得最广泛的服务。正是因为有了 WWW 工具,才使得近年来 Internet 迅速发展,且用户数量飞速增长。

2. 虚拟主机

虚拟主机是使用特殊的软硬件技术，把一台完整的真实主机的硬盘空间分成若干份，每一个被分割的硬盘称为一台虚拟主机。虚拟主机都具有独立的域名和IP地址，但共享真实主机的CPU、RAM、操作系统、应用软件等。

采用虚拟主机的网站结构如图4-3所示。

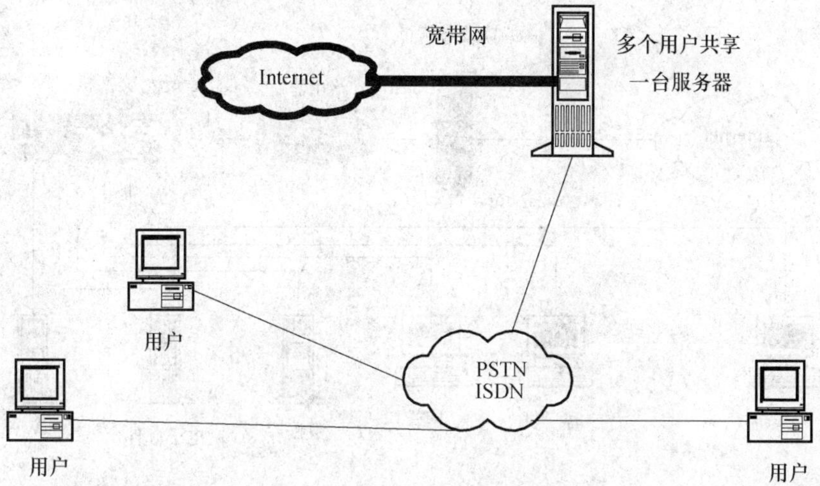

图4-3 虚拟主机的网站结构

选择虚拟主机主要考虑：存储空间、电子邮件、网页制作、IP地址、文件传输(FTP)、时间、速度。

3. 服务器托管

服务器托管是指用户将自己的独立服务器寄放在因特网服务商的机房，即租用ISP机架位置，日常系统维护由因特网服务商提供，用户可以独立进行主机内部的系统维护及数据的更新(图4-4)。

相对于虚拟主机，服务器托管具有以下特点：灵活、稳定、安全、快捷。

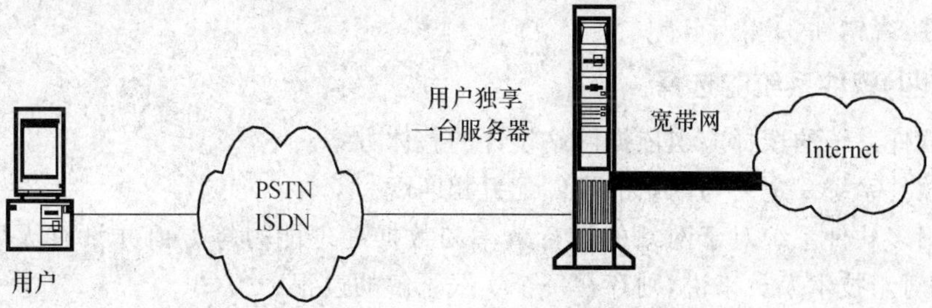

图4-4 服务器托管

主机托管服务选择时应考虑以下因素:可靠性因素、安全因素、功能需求因素。

4. 独立服务器

独立服务器是指用户的服务器从因特网接入到维护管理完全由自己操作。企业自己建立服务器主要考虑的内容有硬件、系统平台、接入方式、防火墙、数据库、人员配备等(图 4-5)。

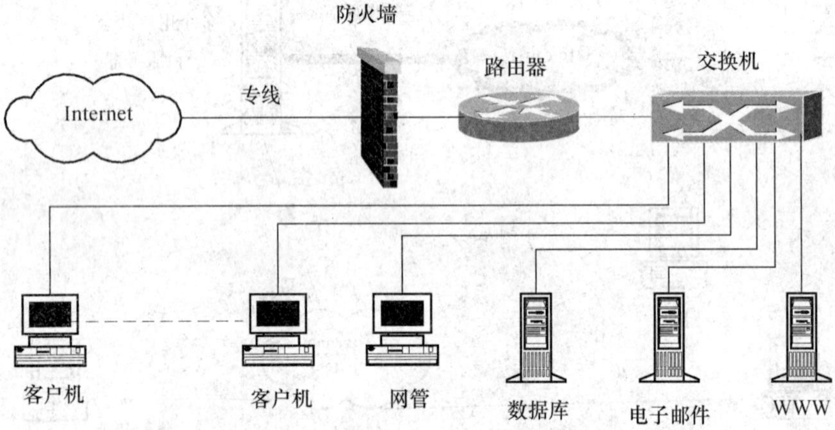

图 4-5 独立服务器

(三)网络数据库的选择

1. 网络数据库的概念与作用

网络数据库(network database)是在网络上运行的数据库。

网络数据库数据存储量大、修改方便,能够进行动态数据组合,是为电子商务网站提供交互式服务的主要手段。

2. 网络数据库的选择

选择数据库管理系统时应考虑:易用性、分布性、并发性、数据完整性、移植性、安全性、容错性。

(四)软件系统的选择

软件系统的选择应当依据网站设计的整体方案。

软件系统一定要与网站的硬件配置相匹配。

很多软件系统对于网站的运行效率和数据处理能力等方面并没有太大的差异,但对于技术人员来讲,则存在一个实践了解的过程。

随着电子商务的迅速发展,许多电子商务解决方案的开发平台应运而生。这些IT公司提供的电子商务的解决方案，可以方便地协助企业构建功能强大而且具有经济效益的网站。

(五)网站安全建设

Web服务安全策略应覆盖所有相关的组织单元，包括获取信息、组织营销、电子合同与支付、物流配送等；安全措施则应覆盖所有的Web系统、网络、数据库和软件。

1. 系统安全建设

网络安全是指网络系统的安全，包括组成网络硬件的安全和防止非法用户进入网络。

硬件的安全性涉及物理介质的安全性，安全的网络硬件应该为信息的传输提供可信赖的安全通道，为信息的保存提供安全可靠的介质。

网络安全应有效地防止传输途中的信息被窃听，防止非法用户进入，防止黑客以其他方式的恶意攻击。

实现安全网络的设备有多种，如防火墙(图4-6)、安全网关、安全路由器、物理隔离设备等。

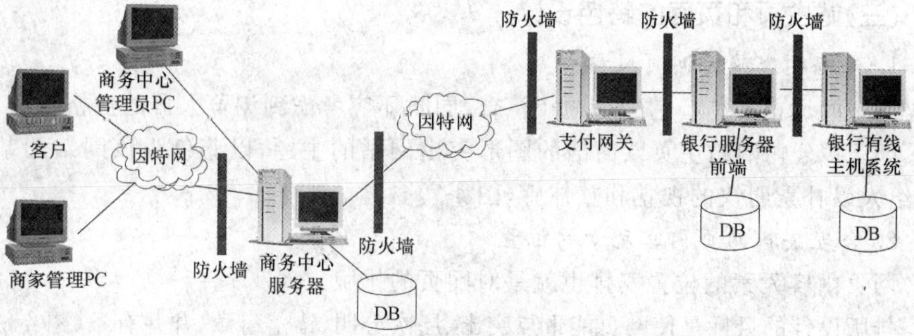

图4-6 电子商务系统中的防火墙设置

2. 安全管理制度

网站安全管理制度应包括网站工作人员管理制度、保密制度、跟踪、审计、稽核制度、网站日常维护制度、用户管理制度、病毒防范制度、应急措施等内容。

三、农产品电子商务网站的内容建设

(一)域名申请

域名不但具有商标和识别企业组织的功能，还具有传递企业产品或服务品质和属性的功能。

域名的命名必须审慎，重点考虑以下几个方面。

①符合规范。

②短小精悍。

③容易记忆。

④不容易与其他域名混淆。

⑤与公司名称、商标或核心业务相关。

⑥尽量避免文化冲突。

(二)相关资料的收集

一个好的站点需要大量的、有针对性的信息和资料。

网站建设初期就应有明确的指导方针，对信息的收集和整理工作作出统筹规划。

为 Web 准备信息的工作通常需要多人来完成。网站需设立文本管理员、Web 管理员、内容管理员和其他职务，以流水线方式完成信息的收集、转换、发布和维护等工作。

(三)站主页和页面的特色设计

1. 依据内容确定网页风格

网站的风格必须与它的主题相符合，同时还应考虑到浏览人群的性格特征。

DELL 公司网站主页以简洁的图形突出网站的主题，以蓝色为该网站的基本色，给人以朴素明快的视觉和整体感(图 4-7)。

2. 合理安排网页内容元素的位置

网页内容元素的位置安排也就是对网页的排版。

排版设计的目标是使网页能重点突出、层次分明、错落有致、井井有条(图 4-8)。

网站主页应包含三项要点，即机构名称、提供的产品和服务，以及主页内容。

3. 网站网页色彩的运用

一个网站应有一种主色调。除了主色调之外，一个网站的颜色一般最多不宜超过 5 种(不包括图片的颜色)(图 4-9)。

4. 网页中图片的运用

网站的网页制作不能只用文字，过长的文字篇幅会使网页显得单调。

网站中的图片既要美观、符合网站的内容，又要少而精(图 4-10)。

网页中合理的运用动画会使网页更加增添生气。

图 4-7 DELL 网站主页

图 4-8 雅虎主页

图 4-9 DELL 网页

5. 网页中的背景音乐

在个人网站中，应用背景音乐的网站较多。但一般对于企业的电子商务网站的主页来说，背景音乐建议少用。

(四)网站资源管理

1. 账号管理

账号管理应该限制所有使用电子商务网站管理系统的人员与相关的使用权限。

2. 网站及商品资料管理

网站及商品资料管理提供电子商务网站管理者对于整个网站各商店与商店内的商品相关的管理功能。

3. 订单资料管理

订单资料管理应包含所有对于网站订单的相关管理功能。

4. 会员资料管理

会员资料管理为网站管理者管理会员资料，依所需查询会员资料，了解顾客的消费倾向等资料。

5. 留言板管理

网站留言板管理是为了增加网站及顾客间良好互动关系而设的，顾客可在此留言板上留下各种与其他顾客或网站共同分享的意见与想法。

6. 最新消息管理

最新消息管理提供对网站最新公告事项的相关管理功能。

图 4-10　淘宝网页

(五)网站设计基础语言

1. HTML 语言

HTML(Hyper Text Markup Language，超文本标注语言)是 WWW 上的专用语言。

HTML 主要特征是在文本中有 HTML 标注符。

HTML 语言的优点是标注简单明了，功能强大。

HTML 可以定义文件的显示格式、标题、字形、表格、窗口等；与 WWW 上一任资料进行超级链接；使用辅助应用程序；连入图像、视频、声频等多媒体资料。

2. XML 语言

XML(Xtensible Markup Language，可扩展置标语言)是 SGML(Standard

Generalized Markup Language)的优化子集。

XML 作为一种可用来制定具体应用语言的元语言，既具有强大的描述能力，又具有适合网络应用的简洁性。

相对于 HTML，XML 具有可扩展性、灵活性、自描述性、简明性等特点。

3. Java 与 JavaScript 语言

Java 语言由 Sun Microsystems 公司推出，吸收了 smalltalk 语言和 C^{++} 语言的优点，并增加了其他特性。

JavaScript 是一种介于 Java 与 HTML 之间、基于对象的编程语言。

(六)网页制作常用工具

1. 入门工具

Word XP。可用来编辑主页，非常简单。但其无法实现一些较复杂的功能。Netscape，Netscape 可以作为创建网页的入门工具，非常容易上手。

2. 提高工具(Macromedia 公司网页设计网页制作三剑客)

Dreamweaver"所见即所得"可视化网站开发工具。是集网页制作和管理网站于一身的网页编辑器，是一套针对专业网页设计师特别发展的视觉化网页开发工具。

Frontpage 作为一款中低端网页制作软件目前拥有最广泛的用户群，其特点是简单、易学、易用。

3. 专业工具

Adobe Photoshop 是最流行的平面图形设计软件之一。它的功能完善，性能稳定，使用方便，被众多网站选用。

Fireworks。"火焰"，是一个强大的网页图形设计工具，使用它可以创建和编辑位图、矢量图形，还可以非常轻松地做出各种网页设计中常见的效果。

Flash。"闪电"，是一种交互式矢量多媒体技术。通过使用统一的用户界面，设计师可以轻易地创建极具创造性的图形文件；开发者则可以通过使用剧本和服务器端的连接来创建深化的网络应用。

四、农产品电子商务网站的推广与投资

(一)因特网接入费用

1. 设备费

设备费包含以各种方式接入 Internet 所必需的各种设备的费用和使用 Internet 时所要使用的各种类型的终端、计算机、工作站、服务器等的费用。

使用计算机拨号入网的方式，设备费包括拨号设备如调制解调器（modem）、计算机的费用。费用的总和不会超过1万元。

采用局域网专线入网的方式（图4-11），整个建设网络的费用估计20万～40万元。

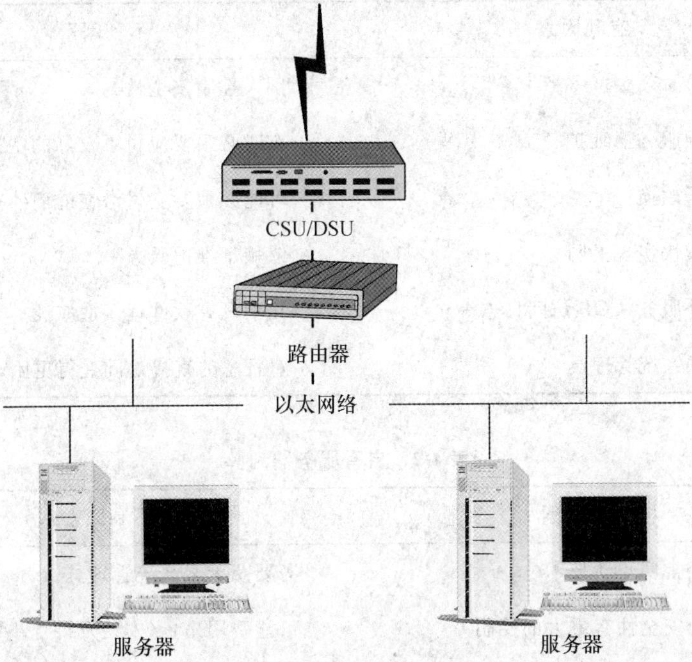

图 4-11　局域网专线入网

2. 通信费

通信费用是指为传输信息所付的资费（网络设备租用费或网络设备占用费）。

通信费分为两种，即网络经营者向信息提供者（IP）收取的通信费和向信息使用者（用户）收取的通信费。

3. 信息费

信息费是经营者为了购买或生产信息所付出的费用。

IP向用户索取信息费应为：信息费＝成本＋利润＋税金。

（二）网络站点建设费用

1. 自己建站与外购整体网络服务利弊比较

虚拟服务器和自有服务器利弊可以利用表4-1、表4-2加以比较。

2. 自己建站费用

自建一个中等规模的网站，它所要花费在高速网络专线、服务器通信设备、安全设备等方面的资金大约 20 万元，每年还要支出 10 万元左右的信息和通信费用。

表 4-1 虚拟服务器利弊

有利因素	不利因素
廉价	别人控制安全性
无须服务器维护	有时必须要应付不友好的主机
易于改换	可能必须要支付潜在的额外费用
能较快实现上网	依赖于维护服务
额外服务（CGI、访问日志等）	几乎没有软件程序适应性
无须系统管理员	对日志的直接访问变得更困难

表 4-2 自有服务器利弊

有利因素	不利因素
易于经常实现新技术	需要全天候系统管理员
对网址安全性有更大的控制力	可能费用昂贵（安装及每月花费）
能出租 Web 空间	要负责管理服务器
有自己的系统管理员	需要更多的安装时间
对内容完全控制	安全性挑战（特别是如果你想将你的服务器连接到公司的大型机上去）
提供到大型机的直接数据库连接（可能会有安全性问题）	CGI 设置困难
可用作企业内部网	需要更多职员

3. 外购整体网络服务费用

外购整体网络服务，企业只需负担以上费用的少部分，且整体网络服务提供专业设计与维护，长期人事费用也可降低，其总成本将远低于自建全球站。

表 4-3、表 4-4 是数据中国 2006 年 5 月有关虚拟主机服务和服务器托管的价格。

表 4-3　数据中国虚拟主机资费

产品名称	CNIDC50 型虚拟主机	CNIDC300 型虚拟主机	CNIDC600 型虚拟主机	CNIDC BBS 1 型虚拟主机	CNIDC BBS 4 型虚拟主机
产品简介	高速空间支持 ASP/CGI	高速空间支持 ASP/CGI	高速空间支持 ASP/CGI（20 站点/服务器）	高速论坛专用主机支持 ASP/CGI	高速论坛专用主机支持 ASP/CGI
最大连接/个	100	100	500	80	300
空间容量/MB	50	300	600	200	600
产品价格/(元/年)	150	450	1 800	600	2 050

表 4-4　虚拟主机服务器托管资费

型号	CNIDC SPE1	CNIDC SPE2	CNIDC SPE3
机箱规格	IU 机架式	IU 机架式	IU 机架式
处理器	P4 1.8	P4 2.4	PIII 1G＊2
内存	512MB DDR	1GB DDR	1GB ECC SD
硬盘	40G IDE	80G IDE	36.4G SCSI
机房带宽	IG 接入 CHIN ANET	IG 接入 CHIN ANET	IG 接入 CHIN ANET
接入端口	100M 共享	100M 共享	100M 共享
IP 地址	1 个免费	1 个免费	1 个免费
数据流量	不限	不限	不限
网络监控	7×24	7×24	7×24
SLA/%	99.9	99.9	99.9
操作系统	Windows/Linux	Windows/Linux	Windows/Linux
赠送产权	租满 2 年送	租满 2 年送	租满 2 年送
月付/元	1 200	1 400	1 500
年付/元	10 000	13 000	15 000

【综合实训】

上海大宗农产品电子商务

上海大宗农产品电子商务有限公司(简称 CCBOT)是上海市工商局注册、国家信息产业部核准许可,致力运用电子商务技术为大宗农产品提供网上交易的专业机构(图 4-12)。计划在 3 年内建成中国最大的网上大宗农产品交易、物流、结算中心,成为中国最大的农产品电子交易市场,成就中国农产品的定价中心。

图 4-12 上海大宗农产品电子商务有限公司网页

针对大宗农产品标准化程度高,全球贸易的特点依据《大宗商品电子交易规范》制定相适应的交易规则与信用保障体系,为涉农企业提供大宗农产品的网上即时交易。

目标客户:全球农产品的生产、贸易、采购企业以及下游产品的企业,相关贸易公司和居间投机人,交易面涉及粮食谷物(玉米、小麦、稻谷、大米、高粱、绿豆、红豆、蚕豆等)、油籽油脂(油菜籽、大豆、花生、棉花籽、葵花子)、棉花、食糖、薄荷、禽畜产品;饲料,农业生产资料,蔬菜花卉、禽畜牧业等。据调查中国工商在册的企业商户约 152 万家,个体经营户约 1 200 万家,具备经营规模的农民经纪人数量高达 1 500 万人。

学习情境五　农产品网络营销

【职业能力目标】

知识目标：认识农产品网络营销。

掌握农产品网络营销的方法。

熟悉农产品网上销售的流程。

了解农产品微信营销。

能力目标：会利用网络销售农产品。

会运用微信销售农产品。

【情境任务导入】

如何实现农产品的网络营销？

微商是怎样成功实现农产品微信营销的？

任务一　农产品网络营销概述

【引导案例】

中国蔬菜之乡——山东寿光

寿光，以盛产蔬菜而闻名天下，是全国最大的蔬菜生产基地、交易中心和物流中心，寿光蔬菜价格指数成为中国蔬菜市场的“晴雨表”。山东寿光蔬菜产业控股集团是总部坐落于中国蔬菜之乡——寿光的一家大型农业产业化企业集团，是全国首批国家级农业产业化重点龙头企业，下辖 5 家集团公司，总资产达 50 多亿元人民币。经营业务专注蔬菜全产业链的资源整合和一体化运作，涵盖蔬菜种苗研繁推、基地生产、精深加工、物流配送、农批市场经营、电子商务、温室工程等整个蔬菜产业领域，致力于打造中国蔬菜全产业链行业“领航者”。作为国内蔬菜行业的领军企业，近年来，寿光蔬菜产业控股集团秉承以“带动农民增收，促进农业增效，推动农村经济发展”为目标，以为广大消费者提供最优质安全的放心农产品为企业宗旨，积极实施农业龙头企业带动战略，初步构建起了蔬菜全产业链运作的完整产业框架体系。依托资源、品牌和产业化运作优势，该集团投资建设了天津、北川两个农产品电子营销交易市场。该电子营销交易市场最大的亮点也是和其他电子交易市场的最大区别，是其依托寿光蔬菜产业集团完善的产业链条和在传统农批市场经营上十几年来积累的经验和客户资源。国内各大农产品核心产区的生产企业、农民合作社、家庭农场，与众多农产品经济人、进出口公司、农产品加工企业都与该市场建立了多年的合作关系。严格、规范、科学的管理模式使得该市场一直稳居行业领导地位，被中国商业联合会授予5A级诚信企业称号，被商务部授予电子商务创新示范企业称号。北川维斯特交易市场是绵阳首家农副产品电子交易市场。截至目前，在全国设立了10个办事处进行市场开发，已发展服务中心1 500家、交易商30 000个，成交量从开业以来逐步增加。开市两年来，北川维斯特交易市场已经逐步打造出了一个专属农产品的电子交易平台，在带动当地农业发展的同时，也为农民朋友拓宽了致富路。“鼠标点一点，农产品卖出好价钱”成为北川当地许多农民朋友的新体验。

通过维斯特电子交易市场，北川当地农产品发展业态更加丰富。走进维斯特农产品展示区，记者发现，这里不仅种植有在北川当地常见的金钱草、牛萝卜、开口笑、辛夷、当归、泡参等产品，更有新品种的茄子、南瓜、樱桃等外地市场十分走俏的农产品。以通过交易平台获得信息为向导，北川积极发展高山农特产品基地种植、加工销售和种苗组培开发等产业，预计每年可实现销售收入5亿多元，直接和间接带动10 000多人就业。严格、规范、科学管理，争创国内一流。农产品网络营销，将农产品传统的先产后销模式彻底革新为先销后产模式，使广大农民最终受益，必将从根本上促进我国农业发展。过去出现农产品价格剧烈波动的主要原因在于农民的生产种植与销售脱节，该种什么不该种什么，完全凭感觉，不了解市场需求，信息不对称，而农产品电子交易市场的建立，实现了买卖双方网上交易，让农民在种植时就提前与买方对接，很好地解决了销路问题。同时，对买方来说，可以有稳定的货源保证，通过网上平台营销宣传去提前议价，免去长途奔波。

农产品网络营销的成功开展以及电子平台的建立为寿光蔬菜外销的成功开展注入了无限活力。

【任务分析】

一、农产品网络营销的概念

当前,农产品流通不畅已成为阻碍我国农业和农村经济健康发展、影响农民增收乃至农村稳定的重要因素。农产品卖难,其实质问题是小农户与大市场不相适应的矛盾。由于农产品市场信息不灵、农村市场商品流通体系不健全导致农产品的结构性、季节性、区域性过剩。应用农产品电子商务,将对农产品的生产和流通产生巨大的影响。

(一)农产品网络营销的概念

农产品网络营销——“鼠标＋大白菜”式营销:是农产品营销的新型模式,是指企业或个人利用互联网开展农产品的营销活动,包括网上农产品市场调查、促销、交易洽谈、付款结算等活动。

(二)农业信息化与农产品营销

在发达国家,计算机和因特网就如同拖拉机和气象报告一样重要。目前美国约 2/3 的农民人均拥有 1 台计算机,因农业需要上网的时间每周平均 2 小时。农民上网主要是获得农产品价格、气象、农业机构和化肥市场等方面的信息。

从 20 世纪 90 年代末期以来,互联网在中国获得了巨大的发展,到 2004 年 6 月 30 日,我国上网用户总数为 8 700 万人,上网计算机达到 3 630 万台。

1. 我国农业信息化的发展

我国农业信息网络建设始于 20 世纪 80 年代中期,1986 年组建了农业部信息中心。

1995 年农业部建立了“中国农业信息网”,并通过 DDN 方式接入国际互联网。农业部信息中心创建的“中国农业信息网”,现初具规模,已与 30 个省、市、区的农业部门,近百个地区、县,200 多个农副产品批发市场实现了联网,直接和网络联系各地生产和管理用户已超过 3 000 家。

据农业部 2001 年下半年对全国农业网站进行的普查显示,截至 2000 年 12 月 31 日,收录到国内涉农网站 2 200 家,正常运营的 1 600 多家,占 70%。在信息网络向基层延伸方面,北京、上海、安徽、黑龙江、江苏、浙江、天津等地工作进展很快,经济欠发达的贵州省 2001 年也延伸到了 31 个县和 200 多个乡镇。

2. 农产品营销网站的建设

吉林省于 2001 年开通全国首家农产品电子商务网“吉林金穗网”。

2001 年 9 月由农业部信息中心、深圳市农产品股份有限公司等单位组建的

"中农网"正式运行,2002 年网上农产品交易额超过 5 亿元。

此外还有广东省政府、南海市政府和中国蓝田总公司共同投资兴建的农产品电子商务示范工程"金农网"。

二、农产品网络营销的特点与类型

(一)农产品网络营销的特点

1. 突破了时间空间的限制

从时间上来看,农产品企业或个人可以向客户提供全天不间断的服务;空间上,从全国到全世界各个角落都有可能实现产品的交易,不再受地域界限,更大范围地实现产品价值。

2. 宣传形式多样化

传统的产品宣传途径主要有广播、报纸、杂志、电视,而网络营销却不同,它完全把以上所有的途径结合在一起,从文字、声音、图像全方位展示出企业产品的特点与品质。

3. 沟通更顺畅

一方面,企业或个人可以通过计算机网络把自己的产品以快捷的方式传达给消费者;另一方面,消费者也完全可以通过计算机网络把自己的需求信息及时提供给企业,实现供需互动,可以使交易能更快达成。

4. 辐射面广

随着我国计算机网络的普及,信息快车也已经悄然驶进了千家万户。互联网已不再只是年轻人的专利,不同年龄阶段的"网人"都已开始有了自己的网络空间,市场的影响面越来越广,网络营销也自然而然地成为又一个大的农产品销售市场。

5. 销购效率全面提升

供需双方完全可以从网络中快速获得自己想要的东西,销售企业可以及时了解市场需求,同时也能更好地了解竞争对手的状况;消费者则可以在公开、公平的环境下货比三家,衡量价位,迅速寻找到自己所需产品。

6. 供需"双赢"

利用网络营销这种方式进行产品销售,大大降低了供需双方的成本。企业减少了租金、人工、水电等销售成本,并且由于产品是通过直销这种形式销售,没有了中间商的存在,使自己的产品更具有竞争力;而消费者则减少了为寻找货源所带来的成本,同时还可寻找到最低价位的产品。

7. 技术性强

使用网络这种营销方式,无论是企业还消费者都要求具有一定的计算机操作技能，当然，也需要懂得一定市场营销知识，才能更好地运用网络营销这种新型的销售模式。

(二)农产品网络营销的类型

在网络营销中，根据有无网站可以将网络营销分为两类：无站点网络营销和基于网站的网络营销。

1. 无站点网络营销

在农产品营销中的应用主要包括：通过互联网调查市场情况、免费发布农产品信息、网上拍卖、加入专业经贸信息网和行业信息网、发布网络广告等(图 5-1)。

2. 基于网站的农产品网络营销

无站点营销毕竟功能有限。有一定资金实力的企业、农民合作组织以及乡镇村社区组织可以根据自身的需要建立网站，进行农产品营销(图 5-2)。

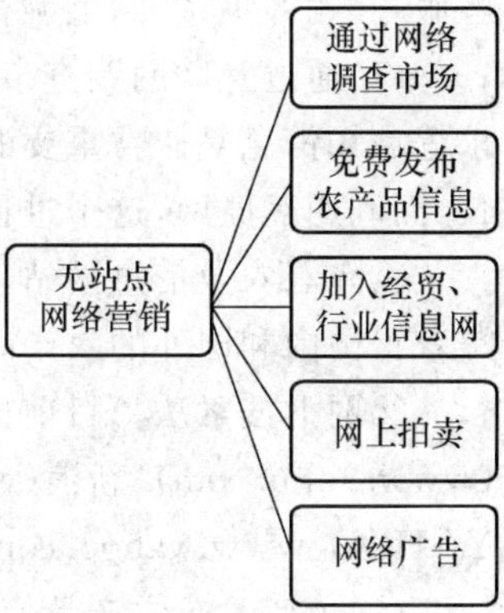

图 5-1　无站点网络营销

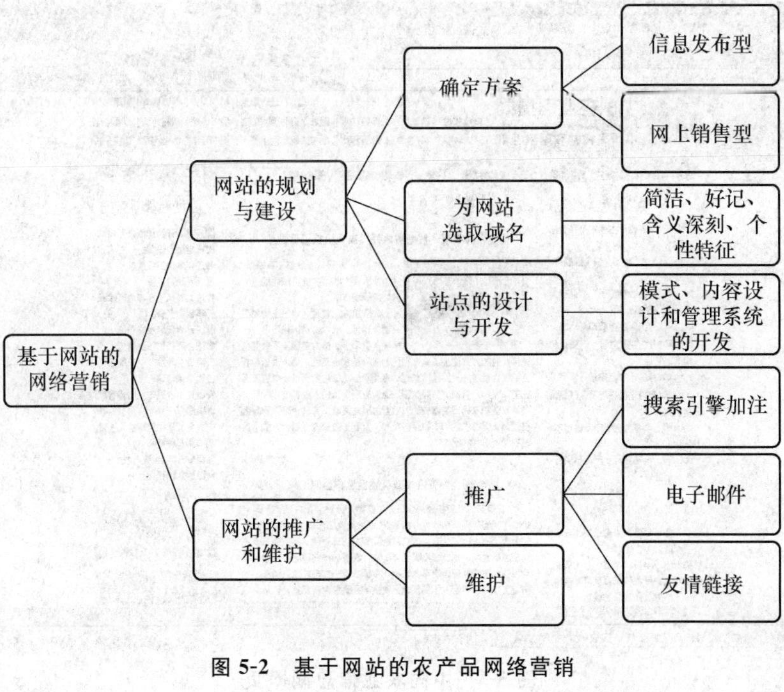

图 5-2　基于网站的农产品网络营销

3. 农产品营销网站的功能

网站可以实现的功能主要表现为八个方面：品牌形象、产品展示、信息发布、顾客服务、顾客关系、网上调查、网上联盟、网上销售。

(1)通过互联网调查市场情况　在农产品营销过程中，了解农产品的价格、需求等市场信息是非常重要的环节。在传统的方式下，了解市场信息工作量大、时间长，而利用互联网，这个过程可以很方便地完成。

①登录农业信息网站。例如可以登录“中国农业信息网”(www. agri. gov. cn)来获得国内和国外的农产品价格信息、农产品的需求信息。

②网上搜索法。目前国内主要的搜索引擎有：百度(www. baidu. com)、搜狐(www. sohu. com)、新浪(www. sina. com. cn)等。国际的主要搜索引擎主要有：YAHOO(www. yahoo. com)、Google(www. google. com)等。

(2)免费发布农产品信息　在互联网上，有许多网站为农户和企业发布供求信息提供平台，一般可以免费发布信息，可以根据产品的特性发布在相关类别。

有时这种简单的方式也会收到意想不到的效果。例如，可以在阿里巴巴全球贸易网(www. alibaba. com)免费发布信息。除了阿里巴巴网站，还可以发布农产品信息的网站还很多，“中国农业信息网”的“供求热线”上也可以发布信息(图 5-3)。

图 5-3　中国农业信息网网页

(3)加入专业经贸信息网和行业信息网　行业信息网是一个行业的门户网站，由于汇集了整个行业的资源，为供应商和客户了解行业信息提供了巨大的方便，形成了一个网上虚拟的专业市场。

如果农户和企业所在的行业已经建立了这样的专业信息网，假如行业信息网是网络营销的必要手段，即使已经建立了自己的网站，仍有必要加入行业信息网。专业信息网和行业信息网有时需要交纳一定的费用，只要可以带来潜在的收益，这些投入也是值得的。

(4)网上拍卖　网上拍卖是电子商务领域比较成功的一种商业模式，国外一些知名网站如 Ebay. com 已经取得了很好的经营业绩。国内也有几家具有一定规模的网上拍卖网站。例如趣网(www. eachnet. com)、淘宝网(www. taobao. com)等。这种方式比较简单，只要在网站进行注册，然后按照提示，很容易就可以发布产品买卖信息。例如山东寿光蔬菜批发市场在 2003 年 5 月首次推行电子拍卖。所以农产品网上拍卖只能处于尝试阶段。

4. 开展网络营销的条件

开展网络营销，需要有三方面的条件，即农产品特性、财务状况和人力资源。①农产品特性。网络营销适用于利润水平较高、不容易寻找消费者的农产品。例如一些特色农产品，出口农产品等。②财务状况。农户和企业等营销主体应该根据自身的财务状况制定适合自身的网络营销策略，在开展农产品网络营销之前，需要对支出进行统筹规划。③人力资源。要求网络营销人员既有营销方面的知识，又有一定的互联网技术基础。

5. 农产品网络营销类型的应用

农产品网络营销类型的应用见图 5-4。

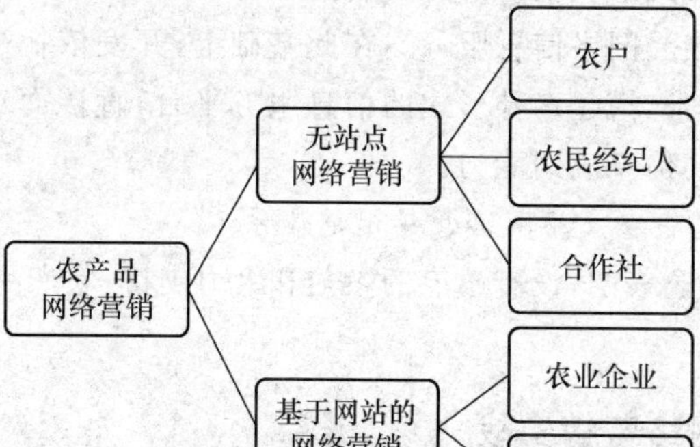

图 5-4　农产品网络营销类型的应用

三、农产品网络营销的作用与优点

(一)农产品网络营销的作用

通过农产品网络营销,可以为农户和农业企业提供全方位的市场信息,农户和企业通过分析市场情况,形成正确的生产决策。在传统的农业生产和销售过程中,农户的信息主要来自于周围的人,对市场信息把握不准。由于信息不准确,导致生产决策的错误。农业生产中出现"少了喊,多了砍"的现象。

(二)农产品物流营销的优点

①增加交易机会。

②降低交易成本。

③减少农产品腐烂变质损失。

④有利于形成农业生产的正确决策。

四、我国目前发展农产品网络营销的障碍

随着传统农产品商务模式向现代商务模式转变,传统农民也要向现代"网农"(E-farmer)转变。"网农"是指具备运用现代信息技术为工具,从事农业生产计划、管理与运销的农民。目前我国发展农产品网络营销的障碍是:电子商务基础薄弱,农产品生产与运销现代化水平较低,农产品网络营销人才缺乏。

五、我国发展农产品网络营销的对策

1. 加强农村信息网络建设

在经济发达、农民素质较高的地区,应积极发展互联网络,采取各种措施,鼓励和帮助农民上网,接受网络信息服务。在此基础上,开发依托于上述网络的、农民适用的信息获取技术,搭建多种形式的信息服务平台,直接面对农民,提供信息咨询服务,提高农民的信息应用能力。

2. 政府引导发展农产品网络营销示范体系

先进国家的经验表明,没有政府的参与和大力支持,农产品网络营销是难以顺利推进的。

六、农产品网络营销实战

农产品网络营销的方式很多,下面向大家介绍几种常用的营销途径。

1. 腾讯空间的妙用

“有过的体验，那种心跳的感觉，让人窒息。我想这世上最令我心动的事情，莫过于你慢慢地向我走来……”这并不是一部关于爱情的电影，而是农夫茶饮料建立在自己的QQ空间中所营造的景象。活动中，有网友这样留言：“像一股清新的风，QQ空间借助爱情的名义，让每一个到过这里的人都记住了农夫茶，如同难以忘记的初恋”(图5-5)。

图5-5　农夫茶饮料广告页

我国茶饮料市场正处于成长中期，国内饮料工业的巨头之一，养生堂旗下的农夫山泉公司，在早春三月就开始大张旗鼓地推出新品农夫茶。2007年6月，农夫茶牵手腾讯，尝试以一种新型的用户沟通方式进行营销，通过互联网中一系列“QQ品牌空间”活动，短短2个月内品牌空间浏览量达到3 200万人次，实现了农夫茶在消费群体中的全面曝光。

随后立即开展了“梦幻爱情show博客”活动，数千万QQ空间用户通过这个活动与大家共同分享自己的心动故事、暗恋经历、爱情观点。在QQ空间、QQ消息、腾讯网以及QQ机器人的全方位推广下，实现了活动全方位的持续火热。每一个参与者都在其QQ空间中获得“农夫茶挂件”一个，高挂在空间首页，用来识别参赛身份，数十万参与者由此带动了上千万农夫茶品牌受众，这无疑又成就了一次极具“连锁效应”的广泛品牌传播。

农夫山茶利用腾讯空间的作用，推出农夫山茶新品，提升了品牌，这就是网络营销。

本案例引自《销售与市场》2008-05亢园园，让品牌浪漫满屋——农夫山茶与QQ空间的邂逅故事。

2. 网络视频营销

随着人们生活水平的提高，人们越来越重视饮食营养，注重身体的保养，女士们更在意自己的身材与容颜，李女士步入中年，一次上网浏览，被一段视频“排毒餐——紫薯铁棍山药色拉【怀山老伯伯】怀山药做法”所吸引(图 5-6)，从此，紫薯、山药也就成了李女士日常饮食中不可缺少的一部分。

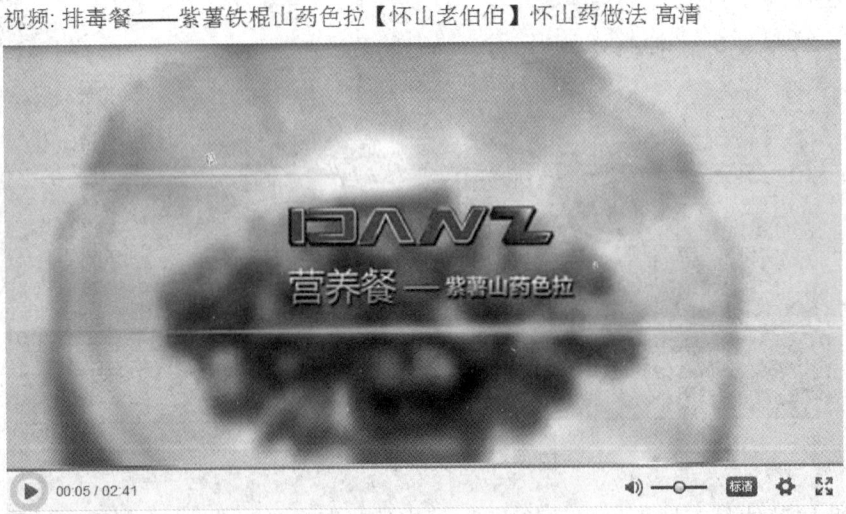

图 5-6 怀山药广告

此段视频中，主持人从现代人体营养学的角度分析介绍了山药对人体排毒养颜的作用，因为紫薯和山药里含有很丰富的纤维素，常吃可排出体内的毒素，减掉多余脂肪，具有健脾补肾的功效，此视频深入人心，紫薯、山药也成为了许多中年人的首选食材。

3. 淘宝网店营销

吐鲁番地区政府网讯：(记者刘健)“从今天 10 时到 24 时，我们在网上售出哈密瓜 1 万多个，成交金额 60 万元以上。”6 月 10 日晚，在吐鲁番皇家瓜园农业发展有限公司，新疆敬器文化传播有限公司总经理曹阳高兴地告诉记者。

根据曹阳指点，记者点开了一个淘宝网店铺，看到一个吐鲁番哈密瓜网上售价为 109～169 元，而且成交量很高。曹阳说，这些瓜是吐鲁番哈密瓜精品中的精品，每个瓜都有条形码，都是严格按照标准化生产的有机产品，外观匀称、美观，没有裂纹，糖度在 15 度以上。公司给农民开出的收购价是每千克 20 元，一个哈密瓜平均收购价都在 40 元左右，农民得了实惠。

在吐鲁番皇家瓜园哈密瓜包装现场，30多名工人正在连夜加班包装哈密瓜。曹阳介绍说，哈密瓜包装盒经过精心设计，采用美国技术制成，一个体重60多kg的人踩上去也不会变形。盒内有特制内胆，确保运输装卸过程中瓜不会受损，而且具有保鲜、透气的功能。由于采用空运，哈密瓜从地里采摘后5～7天内就能送到客户手中。

曹阳说，他们这样做就是要让高端消费人群吃到正宗的哈密瓜。为了突破传统营销模式的“瓶颈”，拓宽销售渠道，深化品牌效应，挖掘新兴市场，让农民得到实实在在的实惠，曹阳等在与地区哈密瓜种植户、科技工作者、政府主管部门建立起协作联盟后，以占据国内电子商务80%市场份额的电子交易平台“淘宝网”为基础，开设网店，搭上了哈密瓜电子商务的快车。

在淘宝网的后台，曹阳给记者点击出属于商业秘密的数字：从6月10日10时到24时，该网店点击量超过20万次，访客人数达15万人次，购买者90%以上来自内地。

（资料来源：吐鲁番网—吐鲁番日报）

淘宝网是亚太地区较大的网络零售商圈，由阿里巴巴集团在2003年5月10日投资创立。淘宝网现在业务跨越C2C（个人对个人）、B2C（商家对个人）两大部分。截至2010年12月31日，淘宝网注册会员超3.7亿人；2011年交易额为6 100.8亿元，占中国网购市场80%的份额。比2010年增长66%。2012年11月11日，淘宝单日交易额191亿元。截至2013年3月31日的年度，淘宝网和天猫平台的交易额合计突破人民币10 000亿元。

2013年10月30日，淘宝网拿到了证监会颁发的基金第三方电子商务平台经营资质，2013年11月1日中午，淘宝基金理财频道就上线了。

【知识应用】

浙江括苍农民种紫土豆网上叫卖每亩收入上万元

（资料来源：临海新闻网，2011-07-20）

相信很多人都吃过紫番薯，但紫土豆你可能还没吃过。日前，记者在括苍镇陶西村何道顺家，看到了这种连皮带肉都是紫色的“稀罕物”——紫土豆。当天，根据网上订货，他以每千克7元的价格将1 000 kg紫土豆发往上海农贸市场。

据了解，何道顺从2009年初开始种紫土豆。当时他从电视上得紫土豆信息，然后上网查阅相关资料，购得进口紫土豆种子进行了试种。几个月过去了，何道顺迎来了紫土豆的上市。1亩地，收了1 500 kg，收入上万元。随后，他将自己承包的30亩土地全部种上紫土豆，并动员农户也种紫土豆，并无偿提供种子和技术，还承诺收购，这给农户带来新的增收机会，紫土豆种植面积很快发展到目前100多亩。一年种两季，紫土豆年产量达30万kg，以每千克批发价7元计算，毛收入210万元。

何道顺说，紫土豆的营养价值也比普通马铃薯高很多，除了含有普通马铃薯所拥有的淀粉、蛋白质、有机酸等元素外，还富含花青素、维生素C、胡萝卜素等。它既可做特色菜肴，也可以做成紫土豆条等加工品，还能很好地提取花青素的原料。相比目前种紫土豆要比种桃效益好。

为使紫土豆迅速走向市场，何道顺上网叫卖，一头通过农民信箱卖，另一头通过市何奇农业发展有限公司网站卖。就这样网上每月销量达2万kg左右。

"利用网络对接市场，无论从成本、物流、还是客户源等方面都提供了很大的便利。只要产品新鲜，质量有保障，价格实惠，定能受到了消费者的信赖"何道顺说，网络对接平台的出现，实现了从田间到餐桌之间的农民、市场、消费者的三方共赢。

思考题

使紫薯、土豆迅速走向市场靠的是什么？又是通过什么方法将其推到市场上的？

任务二　农产品网上销售

【引导案例】

野鸭一飞两千千米

鸡会飞，野鸭也会飞，而且一"飞"就是上千千米，是网上销售的力量，给它们插上了腾飞的翅膀。

浙江海盐县农民周进良办了一家野鸭子养殖加工厂，拥有4层高的加工厂房，与500多户养殖户有着合作关系，年销售额超过6 000万元。

他在当地小有名气，不只因为是致富能人，更因为他是当地第一个网上销售农产品的农民。

周进良是从1999年开始搞养殖的，先后养过蜗牛、蚯蚓和野鸡、野鸭等，当时的主要销售对象是附近地区的饭店。

值得一提的是，那时候互联网虽然还只是刚刚发芽，他就试着办了个网站，把产品信息放在上面，在网上销售农产品的道路上迈出了第一步。

这说起来确实还有点故事性。当时他正在县城卖鸭苗，偶然听到一个消息说当地税务局有一批淘汰的计算机需要处理，他就想："我能不能用这些计算机在网上来销售自己的鸭苗呢?"因为在此之前，他已经听别人说过类似的事。

所以，他马上花 6 000 元买了台二手计算机带回家，妻子抱怨他"乱花钱"，因为当时他连鼠标都不会用，又充什么计算机达人呢？可是他却不以为然。他虽然连网页怎么打开都不知道，却依然硬着头皮去电信局请人给他做了个网页，亲自拍了一些图片放上去，希望能"姜太公钓鱼——愿者上钩"。这样，自己坐在家里就能卖鸭苗，别提多轻松了。

可是，效果并不尽如人意。因为几乎没有什么访问量，点击率始终是个位数，所以他的网页当然就不会有什么效果。

直到 2001 年的某一天，周进良在《浙江日报》上看到一家大型门户网站发布的免费注册信息，于是就在自己的网页中选择一部分内容发了上去。没想到第 3 天就收到第一笔订单，是一位来自福州的客户要买 5 000 只鸭苗，这可让他乐坏了。就这样边实践、边摸索，他的养殖业不断发展。先是淘汰了过去的几个养殖品种，专门养野鸭；接着是慢慢地把重心从养殖业转移到加工业上，因为加工后的产品更适合长途运输，更适合在网上销售。为了增强竞争力，他又申请了绿色食品认证。

2005 年浙江省政府大力推广农民信箱，这让曾经在互联网上尝到过甜头的他喜不自禁，理所当然地就投入其中。

而自从他使用了农业厅的公益项目"农民信箱"以及一款能够向网上自动发布信息的软件后，从此他就专门坐在他的办公间计算机前收发电子邮件，再也没有出去跑过生意了。

在农民信箱中，每个人都可以申请实名账号，然后通过密码与其他农民互通电子邮件，并且还可以通过手机与该信箱绑定，用手机来接收短信息。有了这些便利功能，他如鱼得水。

例如，他的绿色无公害产品需要寻求无公害饲料，可以到农民信箱的供求信息平台去找，结果不费吹灰之力就找到了无公害饲料的卖家。然后双方取得联系，有什么条件都可以直接和对方谈。如果对方不会上网或不在网上，信息发出后马上就能传到对方手机上，一点都不会误事。

同样的道理，当他要销售野鸭时，他就把信息直接通过一款名叫"商务快车"的信息发布软件，发到各大门户网站去。

不用说，他的生意是越来越好了。每天总会接到好几笔订单和电话，并且产品最远时一直卖到 2 000 km 之外的沈阳。

更值得一提的是，他的企业没有一名销售人员，所有订单全部来自网上。一方面，这能大降低销售成本；另一方面，又能让他把所有精力集中在生产上。可以说，如果离开了网络，周进良至今仍然只是一名普普通通的鸭苗贩运商。

网上销售农产品给周进良带来的另一项变化是，从此他改变了过去只种传统农作物的习惯，懂得如何来根据市场需求有选择地种养了。

2012年，周进良的浙江尼松食品有限公司成为海盐县农业标准化示范项目，年产尼松野鸭2万只，已经建立起从育种到销售野鸭的全产业链，年产值超过6 000万元。下一步他的目标是，要走出国门、开拓东南亚市场。

本文章选自：抚松.一个销售员都没有，网络鸭倌年收入2 500万.现代营销·经营版，2008，11.

李洋.一位省长的互联网实验.互联网周刊，2007-4-23.

陆省宁，华涛.海盐农业龙头企业“两不误”——谋求转型发展，带领农户致富.南湖晚报，2013-1-17.

【任务分析】

一、农产品网上销售

互联网是一个面向公众的平台，仿佛一条信息高速公路，在这个虚拟的空间里，它能突破时间与地域的界限。同时，农产品网上销售的形式又在不断地更新，从最早的网站、网页，到现在的博客、微信、微博及手机营销，可谓各路神仙各显其能。我们比较熟悉的除本节提到的网上销售外，常用的比如博客营销，它是指能过博客网站或论坛，利用博客作者本身的知识、兴趣和生活体验等来传播农产品信息的活动，起到一个推动促进销售的作用。

(一)农产品网上销售的概念

所谓农产品是指农业生产活动中所获得的动植物、微生物等产品。作为我国第一大产业农业包括种植业、畜牧业、渔业等产品。而农产品网上销售，即通过运用网络通信技术实现农产品信息的发布、采购、服务传递及货币支付的过程。总之，就是运用计算机互联网技术把农户的产品销售出去。

(二)如何区分农产品网上销售和农产品网络营销

首先，两者的侧重点不同，农产品网上销售的侧重点在于销售，看最终的结果，对企业来说效益才是生命；而农产品网络营销的侧重点在于企业自身形象的树立、农产品信息的发布、农产品品牌的宣传、增强顾客的忠诚度及如何为客户提供好服务等。

其次，网络营销的目的往往是为了网上销售，当然并不完全是主要目的。有的农产品网站的主要目的在于增强企业及产品的知名度。而我们本节的重点是怎么在网上销售农产品，而不是只看重企业产品的宣传。

二、农产品网上交易的主要模式

电子商务在发展过程中出现了各种各样的模式。在电子商务分类的基础上，依据参与电子商务的主体，把农产品网上流通模式分为B2B、B2C、C2C3种模式。

（一）B2B模式（经济组织对经济组织）

B2B是企业间的，指农产品的供给企业和求购企业借助于网络完成与农产品交易相关的所有环节，就是你成立了公司买我公司的东西。比如阿里巴巴、中国惠农网。也称电子集市，就好比我们在农村集市上看到的，很多商家和消费者都约好在此处进行产品买卖交易。该模式主要在农产品加工企业与产地市场批发商之间，农产品加工企业与销地市场批发商、零售商之间，产地市场批发商与销售地市场批发商、零售商之间，销售地批发商与零售商之间发生。

B2B模式大概分为以下三种类型。

1. 买方集中模式

买方集中模式是指一个卖家和多个买家之间的交易模式，由卖方建立网站并发布农产品的销售信息，吸引买方前来认购；这种农产品网上交易模式已经出现并得到了迅速发展。运作方式有两种：一是一些规模较大、实力雄厚的大型产品加工企业或农产品批发商自己建立网站，并在网站上发布农产品供应信息，提供进行网上交易的各种支持，并在网站上发布农产品供应信息，同时提供进行网上交易的各种支持；二是一些规模较小、实力较弱的农产品供应企业联合起来组建网络交易平台，面向各个买家企业。

2. 卖方集中模式

卖方集中模式是指一个买家与多个卖家之间的交易模式，由买方建立网站并发布需求信息，召集供应商前来报价、洽谈、交易。这种模式的具体动作主要是大型农产品采购企业采用自建网站的形式，通过网络采购农产品。这种形式既可以是一些批发市场通过建立网站发布农产品求购信息，也可以是一些大型超市通过建立网站并在网站上发布生鲜食品的采购信息，为其各个网点提供统一的网络采购及配送服务。

3. 第三方网上交易市场模式

是指由买方、卖方之外的第三方投资建立网上交易市场、买卖双方均可参与的竞价撮合模式。这种模式是我国目前农产品网上交易的主要模式。在这种模式中进行网上交易市场组建并为农产品买卖双方提供信息与网上交易服务的第三方有多种形式，有政府部门，也有供销合作社、行业协会及农村经纪人等中介组织。

（二）B2C模式（经济组织对消费者）

B2C是企业对消费者的业务。指农产品供应商和消费者借助于网络完成与农产品交易相关的所有环节，就是我成立个企业卖东西，你来买。如：浙江的“E农网”、上海的“菜管家”、厦门的“土巴巴”，等等。由于各类农产品供给企业直接面向最终消费者，因此，它们能够及时、准确地了解消费者对农产品的需求状况，从而为农产品的最终消费者提供适销对路的产品，减少库存积压，提高经营效率。但由于农产品属于特殊商品，及其易腐、易烂的特点，使得在这种模式下交易双方的优势基本体现不出来。B2C模式可以在产地市场批发商与消费者之间，销售地市场批发商、零售商与消费者之间发生。

1. 农产品加工企业与消费者之间

在这种模式中，商家首先在网站上开设网上商店，公布商品的品种、规格、价格、性能等，或者提供服务种类、价格和方式，由消费者个人选购，下订单，在线或离线付款，商家送货上门的电子交易方式。此种电子商务模式中所涉及的网上商店与传统商店相比有很大的不同，它不需要昂贵的店面，不需要雇用太多的人手，不必有很多库存，而且当网上商品丰富起来和上网购物的人多了起来后，网上购物可以获得更多的商业信息，买到价格较低的商品，节省购物的时间，足不出户就可以通过“货比千家”来购买商品。

2. 销地市场批发商、零售商与消费者之间

此种方式的电子商务是企业在网上向个人求购商品的一种电子商务模式。在这种模式中，企业首先在网上发布需求信息后由个人上网洽谈。

农产品网上交易的B2C模式在农产品消费分层和农产品特色生产两个方面找到了存在和发展的空间，随着农产品消费层次提升、消费方式转变及特色农产品有针对性服务的推广，B2C模式将得到发展。

（三）C2C模式（消费者对消费者）

C2C是消费者与消费者之间借助于网络展开的交易模式，就是我卖东西你来买。根据电子商务中C2C特点，在农产品流通领域，这种模式是指单个农户与消费者之间通过网络进行的农产品交易。如网上拍卖，就好像在现实中看到的拍卖现场一样，当然在这里，它只是一种虚拟的拍卖市场，消费者之间在网上彼此进行一些小额网上交易，其本质是网上拍卖，它的主要特点是：平民之间的自由贸易，通过网上完成跳蚤市场的交易，从而沟通了个人之间商品的流通，而且要出售商品的个人将要出售物品的图片和详细资料放在拍卖网站上，供那些想买东西的人挑选。

该模式可分为以卖方为主的消费者个人—消费者个人电子商务和以买方为主的消费者个人—消费者个人电子商务两种模式。

1. 以卖方为主的消费者个人—消费者个人

以卖方为主的消费个人—消费者个人这种电子商务模式，是一种由出售商品的个人在网上发布消息，由多个买者竞价，或与买者讨价还价，最终成交的模式。这种模式的代表有易趣、淘宝等拍卖网站。

2. 以买方为主的消费者个人—消费者个人

以买方为主的消费个人—消费者个人电子商务模式，是一种由想购买商品的个人在网上发布求购信息，由多个卖者竞卖，或与卖者讨价还价，最终达成交易的电子商务模式。这种模式的代表有商贸港(trade. 21cn. com)等拍卖网站，在这类网站中，求购二手商品的人，与欲出售相同二手商品的人进行洽谈、交易。

C2C 模式在我国农产品网上交易中应用并不十分广泛。一是可在网上交易的农产品品种不多；二是农村地区上网的农民不多，网上开店的条件有限；三是网上开店涉及的方面很多，虽然不是很复杂，但对于广大农民来说，还不能迅速掌握网上开店的技能。所以，C2C 模式还不能在农产品交易中成为主流。

以上三种模式只是电子商务中的一部分，随着电子商务信息技术的不断发展与完善，会不断出现更多的交易模式，如博客营销、手机营销。以上三种模式中各自大致涉及三个方面：如：B2B 的企业、中介、沟通好；B2C 的品牌、渠道、销售好；C2C 的你开、我买、支付宝。

三、农产品网上销售的主要经营形式和经营方式

1. 农产品网上销售的经营形式

农产品网上销售的经营形式主要有两种：一是自己开设专门的网站作为销售平台，这种形式要求经营者熟练掌握计算机网络技术及相关知识，并且投入各种人财物，资金也相对比较多，但优点是由于是自己设立的网站，可以创设一个有个性的平台，以此吸引消费者，提高自身的竞争力；二是利用其他网站提供的销售平台，这种形式的优点是适合任何经营者，即使对计算机网络技术不熟悉的人也可以通过简单的操作进行网上销售，也可省去过多的投入成本，更主要的是大型网站的点击率往往很高，因此，这种形式也最常用。如淘宝网、易趣网、农产品销售网、中国农产品销售网、中国有机农产品营销网等，都属于这种经营形式。

2. 农产品网上销售的经营方式

(1)网上和网下开店相结合　这种经营方式在消费者心中可信度更高，实体店的存在，是对网上销售的一种支持，在价位与技巧方面更具有竞争优势。

(2)专职经营网店　更具有专业性的特征,往往会使消费者认为店中产品一定更专业、质量更过关、更能赢得消费者的信任。

(3)兼职经营网店　对于经营者来说只是工作之外的一种副业,所以会考虑薄利多销的方法,价格就会很灵活,往往以低价取胜。但也可能由于时间精力有限不能长远地发展下去。

农产品网上销售首先要确定的就是你的经营形式和方式,确定下之后再准备相应的硬件配套设备,开始着手准备在网上销售农产品。

由于农村计算机网络技能的普及率不高,目前农户选择网上销售的主要形式还是利用大型网站这个销售平台,一省钱,二不用掌握过于复杂的技术,销售农产品更方便快捷。在此章节我们也主要来向大家介绍这种网上销售方法。

四、农产品网上销售的基本方法

(一)选择销售网站

第一,在确立相应的网站之前,首先要准备相关的基本工具,如计算机、网线。学会计算机的基本操作知识及上网知识。在此基础之上,才可以寻找专业的农产品信息网站。目前我国以农产品销售为目的的网站品类繁多,有全国性和地方性、综合性和专业性之分,农产品网上销售的经营者有三种:一是专业农产品贸易公司;二是地方组织的农户;三是没有组织的零散的农户。

第二,在百度或搜索引擎搜索"农业网站""农产品信息网""农产品交易网"等涉农的关键词,就会查到农业网站,这些网站上多数都可以发布相关农产品信息。

第三,选择农产品销售网站时要注意网站的品牌形象、经济实力。因为好的网站信誉高、访问量大、后台技术稳定、能为顾客提供优质服务、完善的支付和配送体系、为企业提供软件工具、高质量的网络链接,另外网络安全机制是否健全、严格;界面是否新颖、吸引人;网址是否易于输入,这些方面都决定了顾客访问网站的方便与否。

第四,网站的经验、系统硬件的可靠性和维护能力是否过硬,都会影响到销售的进行和商户的信用。

(二)网上销售的一般程序

我们选定"中国惠农网",以此为例。

1. 在线注册

①进入主页,新用户可点击"免费注册"(图 5-7)。

②填写注册信息。

图 5-7 中国惠农网注册页面

填写注册信息如图 5-8 所示。

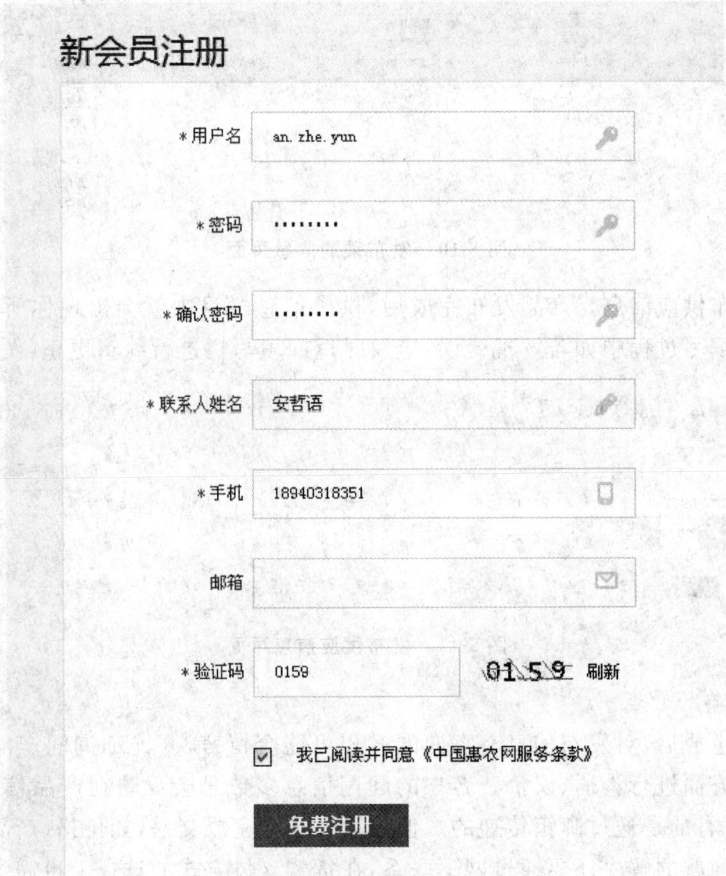

图 5-8 填写注册信息

③注册会员分为一般、商务企业、个人会员几种。只有会员可以在网上发布各

种产品信息。

2. 登录

注册成功后，就可登录“中国惠农网”了（图 5-9）。

图 5-9 登录按钮

3. 发布农产品供求信息

①发布采购信息。

发布采购信息如图 5-10 所示。

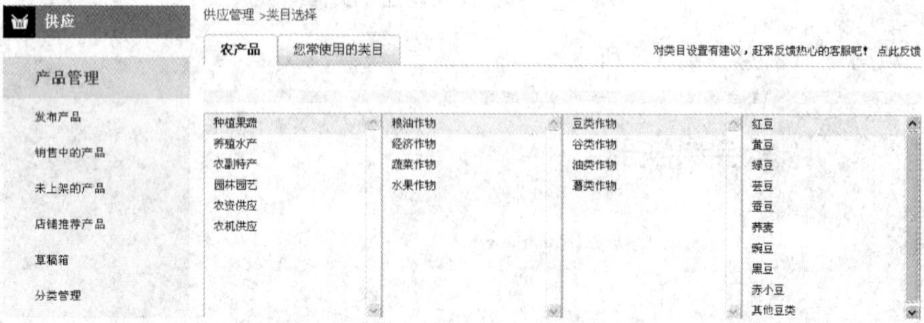

图 5-10 发布采购信息页面

②发布供应信息。产品发布完成后，供求信息栏目中就会出现你所填写的信息条目。填写过程中如若发现错误，应及时返回填写栏进行编辑更正（图 5-11）。

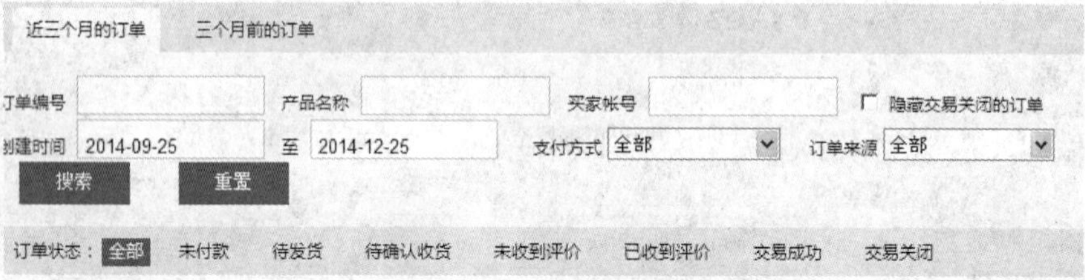

图 5-11 发布供应信息页面

4. 订单的管理

订单生成后，对发布信息有意向的客户可能会留言，并详细询问产品信息，尤其是价格方面进行沟通、议价。客户的问询信息多数是会反映在产品信息条目下的，当然也有的是通过邮箱传递的。但如果要最终完成交易，如价格、产品种类、送货方式等问题的解决还要通过网下联系，在货款支付方式的选择上也需约定解决。当然支付方式有很多，如支付宝、网银、转账，等等。

此外，不同的农产品企业对网上订购和订单都有不同的规定，一般会在以下几个方面做出规定。

①多数网上订购的服务对象都是本网站的注册会员。

②订购确认的通知一般会在若干个工作日内确定，不同的产品有不同的规定。

③对已经订购的产品会规定一个付款的时间界限，否则订单会被取消，并会影响信用度。

④订单要求中会提醒客户在汇款单或电汇单上标明订单号、送货方式和所见产品，如需开具发票，请客户在订单和汇款单的备注中注明。

⑤对货到付款产品的送货时间有一定限制。

⑥对售后服务提出要求

(三)电子支付结算常识

网上销售农产品中支付模式与日常生活中一样，也要经历3个步骤：提取、支付、存款。涉及用户、商户、银行3个部分。电子支付方式分为以下3种。

1. 电子现金

电子现金是一种以数据形式流通的货币。它与现实中的现金一样，可以存取、转让。当然，使用这种结算方式之前要在计算机上安装特定的电子钱包软件，银行和经营者之间要有相关的协议和授权，才可以运行，由银行负责客户和经营者之间的资金转移过程。

2. 电子支票

电子支票是一种与传统支票模式相似的结算方式，传统的支票是纸质的，消费者把个人银行信息填写在单据上，然后签名，再把支票交给商户；而电子支票是顾客将个人银行信息是以数字化形式，通过网络进行传输，再经过数字加密与解码的形式签名来完成付款。

3. 信用卡

信用卡是网上支付的一种形式，通过安装相应的安全认证软件，来保证消费者网上购物付款的信息安全性，是现在网上结算使用最广泛的一种电子支付方式。

任务三 农产品微信营销

【引导案例】

生鲜农产品水果类做微信营销

一个做水果生鲜的小创业者希望做微信营销，做好本地化区域的配送，当下遇到一些问题，咨询于我，我给他提了一些建议。下文是问答实录。抛砖引玉，看看有没有高手还有更好的建议？增进交流。

问：我目前主要是做水果，做了个微网站，前期的宣传主要是发宣传单、摆点的方式，以单一较大的社区为主，配送辐射周边 2 km，目前遇到几个问题：①添加微信的人有 200 多个，但是转化率很低；②没有回头客；③宣传太单一，就是通过传单和用微信附近人打招呼。

现在想向您请教有：①关于推广方式这块有什么好的建议；②除了微网站是不是应该做个线上 B2C 商城，前期只做展示，后续开发支付。

答：没必要做线上商城，你的受众就是周边半径 2 km 内的用户，做个商城给这点区域的人看大材小用，如果希望更远的人看，你的物流跟不上。以下是个人对本地水果生鲜做微信营销的一些观点。

1. 寻找产品卖点

普通的水果，社区楼下的小卖店就有，买水果不是计划消费，很多人是走到小卖店或超市看到水果才想起来买，所以你即使给人家微信号，人家也不会特意留意你专门送水果；而且买水果总要有个挑挑拣拣，你直接送过去，人家连挑拣的余地都没有，不要吧不好意思，大老远送过来了；要吧，有的看上去确实不太好看。

2. 开展线上活动

建个微信群，线上搞一些关于水果的活动，有奖励。增加互动，增加群友之间的交流，定期能有个线下活动，比如搞个什么比赛，奖品就是你的水果。这个活动在社区内很容易口碑传播。一说某某水果，大家就容易想到你。

3. 如何抓住用户

想要抓住用户，你就要有超市水果没有的卖点，普通水果做辅助，特卖水果是主打。人家冲着你的特卖水果逛微商城的时候，顺便看看要不要买些普通的水果。跟超市比价格上又有些优惠。（特卖水果不一定是高端进口水果，也可以是你的这个水果经过一些技术处理跟普通水果不一样。比方说，水果上有图案，跟艺术品似的；或者水果上有二维码，每个二维码扫出来会有一段故事或笑话，等等。总之满足人们的猎奇心理，或者能让人愿意拿这些水果跟人家比较或显摆。）

4. 水果生鲜还能怎么卖

水果生鲜难道就只能这么卖了吗？答案是否定的。针对本地的年轻消费群，如何抓住他们这一代人的需求？我个人认为还是要充分利用好自身资源，以水果作为切入点。水果捞，水果冻、水果布丁都是现在年轻人喜欢的东西，这些东西需要借助一些设备就能制作出来，制作方法也简单，可以上网搜攻略，用来弥补自身产品单一的缺陷。

以上就是我对水果生鲜做微信营销的一些个人观点,如有不足之处请大家多多见谅,也可以和我交流探讨。微信营销是个好东西,每个行业都有不一样的操作方法,做好自身的产品与服务才是核心关键。

【任务分析】

一、微信创新农产品营销方式

“你一扫,我就送”,最近一段时间,一个叫“桃宝哥”的微信水果商城在微信朋友圈火了起来。想吃新鲜的水蜜桃,只需用手机扫一下商城的二维码,在预定的时间内就会有人送货上门。

这个“桃宝哥”是江苏省阜宁县羊寨镇单家港村木子美农场的李士美。他去年承包了 260 亩果园种水蜜桃,但由于水蜜桃季节性较强,且不易长期保存,销售遇到了困难。一次,他在农业节目上看到有人利用时下非常流行的微信平台销售农产品,立刻联想到自己水蜜桃的销售。念头一出,说干就干,李士美通过熟人找到了上海一家科技公司,开发了“桃宝哥”微信水果商城。自从 5 月份正式上线以来,通过网络订购的客户络绎不绝。仅 6 月 1～7 日的 1 周时间,就有 89 人下单,卖出桃子近 200 kg,微信商城的粉丝已经有 350 人。

作为创新农产品营销方式之一的微信平台营销,也有着网络、微博等其他电商销售模式便捷及直接送货上门的优势。但要想利用微信平台做好农产品销售,一是必须因人而异。像李士美,他对微信这个热门的手机社交信息平台比较熟悉,所以应用起来得心应手。而一般不熟悉手机微信的农民朋友,要想利用这个平台销售农产品还是有一定困难的。二是必须因产品而宜。李士美生产的是水蜜桃,包装运输起来相对容易些,而且城里人对优质水蜜桃的消费量还比较可观,所以他的微信水果商城获得了成功。而如果是易碎、易变质的农产品,物流配送就非常麻烦,消费者要是对产品不满意,退货成本也较高。因此,对于目前物流配送不便利的农产品,是不适合通过微信平台来进行销售的。三是必须因条件而异。李士美的“桃宝哥”微信水果商城在请科技公司开发之初也花了一笔不小的费用,上线之后还需要花较多时间维护,比如增加微信好友数量,每天更新朋友圈消息等。

市场经济条件下,“酒香也怕巷子深”,好产品还需要有销售金点子。广大农民朋友要像“桃宝哥”学习,因人、因品、因条件创新农产品销售方式,才能达到致富目标。

二、农产品微信营销的技巧

1. 循序渐进，轻描淡写

已经是微信好友的，只要没有屏蔽你，在朋友圈发消息，她们是永远可以看到的，所以完全没必要着急马上让她们知道你的产品，正确的方法是，先分享个人生活的点滴，让潜在客户了解你，产生信任，至于产品，偶尔提一下即可，有意向的客户自然会购买，意向还不够的客户留着慢慢来，不要想一口吃成一个胖子。记住一点，欲速则不达。

2. 分享价值，曲径通幽

介绍产品不一定非要说自己的产品有多好，价格是多少，大家应该购买，这是赤裸裸的广告，可以换成另外一种角度，比如卖茶叶，我们可以分享茶文化、茶艺、介绍茶的各种知识等，再顺便提一下自己的茶叶，这样做效果绝对比直接的广告好，而且客户会更加的高端。

3. 线上营销，线下成交

大家很多是以同城为主的，经常在线上不断地分享，展示自己产品案例，分享产品的知识文化，不做推广，把潜在客户引导到线下成交，送小样啦，送试用啦，犹抱琵琶半遮面的效果最好了。

4. 口碑传播，提高成交

如果等不了一定要宣传产品，那一定不能自己夸产品，而且是应该借助客户之口来推广，例如：鼓励客户在微信朋友圈晒单，然后自己截个图发出去，或者鼓励客户分享自己和产品的故事，然后自己转发。鼓励的方式也很简单，送个小样或者中样就 OK 了。

5. 少打扰

如果前面四点都做不到，一定要推广的话，那就要尽量少打扰微信好友，一天最多发两到三个重要级广告，只在中午和晚上发，这个时间段人比较多。

三、怎么选产品

选择产品很重要，一定要选择可持续性购买的消耗品，你要形成让人家二次购买的模式。大多数朋友没这方面的资源，也没选产品的经验，一定要选靠得住的上家，如果直接拿厂家授权做就最好了。

很多的人在微信朋友圈里面卖衣服、杯子、奶粉等，这些人基本上是一个月挣的钱能够维持一个月的生活，很难做大，因为这些东西不是必需品，很多人最多买一次就不会再来买了，本身微信好友数量就不多，无法产生循环购买，那怎么可能赚钱！

为什么会选择护肤品来做，因为护肤品是每个女人的最低消费品，女人可以不化妆，但护肤还是必须要做的，水、乳、霜、膜，哪个女人不是一大堆。特别是面膜，不管工资 1 800 元的还是 18 000 元的，面膜总是要买的，每盒面膜最少的 5 片，最多的 10 片，用一片少一片，不要求顾客一天一片，那至少 3 天一片吧，那最多一个月就又得买了，面膜是可持续消费的产品。

1. 一定要坚持

我觉得做微商，不管是男生也好，女生也好，只要你肯用心地去做，你肯坚持就一定会成功的，如果你半途而废，你肯定不可能成功的。

2. 专注某一款产品，做精

作为初级代理，要做到少而精，尽量做到专业，不要什么东西都卖，弄得像个杂货铺似的，就像王老吉凉茶，你一买凉茶是不是就想到了王老吉，所以我们要做到专业，人家想买东西了第一个就要想到你。

3. 亲自试用

不管做什么产品都必须要自己试用过产品才能更好地和顾客讲解，做微商就是做诚信，微商的诚信很重要。

4. 选好上家

选择一个好的上家真的非常重要，他在你的微商之路上对你会有很大的影响。

四、如何获得微信好友好感

1. 多点小手

在添加微信好友之后，第一时间就去看微信朋友圈，人都是有虚荣心的，经历几次不停评价之后，她也会在你的微信朋友圈评论，然后你们就会成为朋友，还要注意平时发的内容一定要有品位和独特性。我们一定要做一个积极阳光正能量的人，你的微信要让别人一看就喜欢，那么你就成功了。

2. 打造专业形象

打造品牌，头像就是你的 LOGO，名字就是你的商标，一旦决定做一名微商的话，首先就是要选择一个合适的名字，一辈子不要变，就像你一年换两个手机号，通常是不会有人把你当朋友的，因为觉得你没有信任度。接下来说一下头像的设置，头像是你个人最主观的阐释，别人愿不愿意加你好友，很大一部分因素取决于头像，把头像设置成清晰的公司 LOGO 或者是产品照片，当然设置成自己的照片也没问题，但是自己的照片要很大方，最好是半身照或是自拍大头照。

3. 适时进行微商角色转换

尽量发一些自己亲身体验分享式的内容，千万不要一上来就很冲动地发一条微信，我这个产品怎么怎么好，一定没有人购买，但是你用分享式的方法，她们购买了，你再及时转型非常有利于你下一步的发展。

当你发了一两条之后，一定要转型，怎么转呢？你需要发一条微信进行转型，例如我发的："小伙伴们，最近推荐大家这个产品，你们都用得非常好，我自己也非常喜欢为大家服务，为了更好地服务大家，我拿到了这个牌子的特许专卖授权，以后你们就有福气了，以后用产品就更方便了，试用装也多多哦～～各位，你是不是通过这样一条微信就从一个分享者成功地转型为一个经销商了？

五、我是如何增加微信好友的

你的产品再好，你的模式再好，没有好友一切为零，我增加微信好友的方法有以下几条。

①将 QQ 好友和手机通讯录的朋友全部加上，这些一般都是认识的朋友、同学、同事、客户等，她们将会是你的第一批顾客，这些人或多或少跟你是有联系的，是有些信任度的人，这些人是非常重要的。

②附近的人，有两种，一种是现实当中附近的人，另一种是手机通信录里附近的人，微信、陌陌上面附近的人。

③加 QQ 群和论坛，中国有无数个 QQ 群和论坛，里面的资源是你取之不尽用之不竭的，写一些小常识加上自己的微信号大量去粘贴，人家觉得有用的就会加你为好友。

④把产品送给有影响力的人免费体验，她会帮你分享，可以起到一个宣传你产品的作用，也可以帮你增加好友的数量。

⑤多写心得，其实你知道的东西，很多是别人不知道，这些都是干货，写出来后，多发一些社区、论坛、QQ 群！

上面分享的都是实操总结经验，想必你已经懂得微商一些操作步骤了吧。微商之路漫漫，知识就是力量，多去学习一些微商营销技巧，对提升成交量能起到很大的帮助，懂的去运用自然就知道效果不同凡响。

【综合实训】

案例一　女儿助父亲踏上网络路

江西省进贤县洪强养殖公司的洪小凤，在中专里学的就是电子商务专业，原来在广东东莞一家企业负责电子商务。她的父亲在老家养了10年的鸡,2010年5月注册了养殖公司,所以她就推荐父亲开设一个网站进行网络营销。可是她父亲只是一位普通农民,根本就不懂网络什么的,这样的要求对他来说是非常困难的。怎么办?不要紧,女儿本身就是干这个的,不是小事一桩嘛。就这样,2010年7月,洪小凤干脆请了一个星期的假,回家帮助父亲把网站建了起来,包括教父亲如何上传产品信息、包装网站等。可是这事情说起来容易做起来难,洪小凤走了这后,网站就一直处在自生自灭状态。家里虽然也有计算机,可是父亲连拼音打字也不会,所以接下来的大半年中,一笔生意也没做成。

如果一定要说有什么收获的话,那就是网店开了以后经常有兽药厂家打电话来推销兽药,提供的价格还不到市场价的一半。年底一核算,这半年间仅仅这一块就省下不少钱。但网上卖鸡才是主要业务呀。看着这样下去不行,2011年4月洪小凤辞退工作,全身心地投入到这个网站的打理中来。俗话说,"行家一出手,就知有没有。"洪小凤在其中做了些什么呢?可以说,她所花的工夫其实并不少。例如,她千方百计地通过论坛营销、博客营销、情感营销等手段来推广自己的产品。以论坛营销为例,她经常在阿里巴巴网站的农业版块上发帖,介绍自己的产品、分享养殖经验和故事。后来很快就做到了阿里巴巴农业论坛的版主。级别高了,买家的认同度就提高了,浏览量也增加了,销售就上去了。正可谓"一分耕耘一分收获",她们的网上销售种鸡很快就见到了成效。

引自:《樱花树下的养鸡人——农思民网商洪丙南父女》,载于《阿里农业创富故事》2013年第8期。

思考:洪小凤采用了农产品网上销售的哪种经营形式和方式?

案例二 "小农女送菜"的故事

IT时代的农产品越来越受到关注,不少神人各出奇招,引领营销的佳话,每每看到这些,不少人惊呼,让人难以想象,而事实上,这些让普通人望尘莫及的营销计划,却为他们带来丰厚的回报。近期,在微信营销案例中,又多了一个"小农女"卖菜。在这则成功案例中,虽然创业者也算是白手起家,草根出身,但却没有让人有那种很突然的感觉,因为这个团队中3个核心人员,有2个是从腾讯公司出来的。当然,就算他们对微信这工具很熟悉、很了解,其中也是经历了很多的困难才走到今天的成功的。

3个年轻有为的青年聚在一起卖菜,他们不是在我们经常去的菜市场卖菜,而是通过微信来进行营销,他们3个中其中2个是来自于腾讯团队,这也使他们更容易在微信上成功!

小农女团队选择的送菜地点目前主要在深圳科技园附近，他们提供的也是半成品(也就是净菜)。他们的微信用户可以在前一晚用微信预订，小农女团队会在早上5:00采购菜品，并在下午3:00多以前完成对食材的装配，通过自建物流完成下午4:00～6:00的配送。而用户这边则可以在下班前收到送来办公室(或是家里)的新鲜菜品，到点回家就能做饭。

这样的流程是小农女团队辛勤摸索出来的，他们从一无所知到熟练，经历过多少挫折，只有他们知道！创业团队贵在创新，他们不仅敢创新，还能坚持摸索，坚持到成功，真是可贵。

小农女成功的几个要点：

①名字有创意。虽然创业团队有3个大老爷们，但他们的思维能够突破男人限制，从“卖菜”“小龙女”想出“小农女”真是让人叫绝，不得不佩服！

②传单的创意。传单的成功就在于传单上有什么内容，从发到人手里到看传单的那1～2秒，能不能吸引人就看单子的内容，而他们在传单上印有显眼大字“微信送菜”肯定能吸引人们去拿手机扫一扫。

③前期试运营。小农女团队每天送出30个特价单，每单赔10元，售价9.9元，但是必须要把图文信息分享到自己朋友圈才有机会获得特价菜。

④每天推送的信息无广告化。虽然小农女团队是卖菜的，推送的内容也应该是菜品，但是作为用户，谁都不希望每天收到广告信息。于是小农女团队想办法让自己信息做得不像广告，他们经常会发一些有关饮食文化、创业想法的交流等，这就接近与用户之间的距离！

⑤净菜配送到公司或家里。这对用户来说，是非常的方便，小农女团队站在用户的角度，为用户提供贴心的服务，赢得客户！

案例三 微信卖农产品成功的要素

最近很多人开始在微信上做生意了，笔者找了几个案例来给大家分享一下。有时候想赚到钱只需手指滑动一下就行了，“鸡蛋哥”“水果哥”“大米哥”就是这样做的。

1. 微信直销草鸡蛋，线上交易线下送达

在办公室做了4年文员的尤达，2013年毅然辞职回到老家承包一片山地，养起草鸡。此前，尤达的姐姐一直从事草鸡蛋销售工作，通过农业合作社收养殖户的鸡蛋，再卖给消费者，但“二传手”不但增加了鸡蛋销售成本，而且没有稳定的蛋源供应，于是尤达和姐姐共同投资建起养殖场。一方面姐姐负责老渠道销售，另一方面尤达负责微信、微博直销的新渠道开发。

通过线上直销，尤达的账户“互粉”了很多好友，在线养殖场、饲养过程的展示吸引不少市民线上订购，尤达收到订单后，直接配送上门。目前，尤达已经积累了2 000多名稳定“粉丝”。

尤达卖的鸡蛋定价1.5元一枚，线上交易9个月以来，先后卖了3万枚草鸡蛋，实现了他最初预设给自己的目标。

2.“水果哥”凭借微信月入4万元

许熠是石家庄经济学院的一名大学生，过去3个月里，他和他的微信水果店“优鲜果妮”在石经院火了一把。作为一名大学生，许熠的创业灵感来源于为女友送早餐的偶然经历。“石经院共有学生1.7万名，其中女生6 000多名。”许熠强调，女生几乎每天都要吃水果，如果按每个女生一个月50元消费来估算，微信卖水果大有赚头。

开业之初，许熠的“优鲜果妮”生意并不好做，常常等上一天才有一笔几元的订单。微信营销的基本条件之一是有足够多的好友，许熠和他的同学采用“扫楼”的方式来增加好友：将印制的市场宣传单、广告册发到学校的教学楼、食堂、宿舍楼；利用课间10分钟在各个教室播放“优鲜果妮”宣传短片……3个月时间的“扫楼”，“优鲜果妮”关注人数达到4 920人，这些用户多为许熠的同学，针对这点，许熠经常推出个性产品，各类水果组成的“考研套餐”“情侣套餐”“土豪套餐”频频吸引同学眼球，此外，许熠的公众平台还会不时推送天气预报或失物招领信息来吸引粉丝。

到目前为止，“水果哥”已经实现了每月4万元的收入。

3. 微信卖大米，仨月进账200万元

2013年12月1日，上海国际马拉松现场一只“愤怒的小鸟”吸引了众人眼球，这只“小鸟”的真身是在微信上卖大米卖火了的富军。富军在2013年和老婆开玩笑说要卖米，之后开始向微信好友赠送大米，为他的大米营销创造基础口碑。

任何微信营销，都需要两个基础条件：一个是足够多的好友数量，另一个则是与微信好友之间拥有较为紧密的关系。富军通过各种活动，增加自己的微信好友，为了与这些好友保持紧密关系，富军平均每周在朋友圈更新6条消息，并策划过一次效果不错的线下活动。

尽管没策划过品牌营销，但富军很了解互联网的属性，一次事件营销会带来爆炸式的效应，于是背着米袋子、贴满二维码的“愤怒小鸟”在上海马拉松上闪亮登场了。

富军大米的微信营销是成功的，到去年年底，他统计全年订户200个，销售大米200万元，而这些，都源自于他的微信好友。

【任务总结】

微信已经成为各行各业的营销法宝，本文仅选择3个目前处于成功状态的案例分享给大家作为参考。透过这几个案例，我们可以看到，他们之所以成功，存在几个共同的原因：足够多的好友数量，经常保持密切联系，个人信用保障成交率，营销的商品贴近生活等。

实际上，微信营销并不容易，频繁的刷屏推送产品信息，可能会给营销带来负面效果。在营销过程中，维护好与好友之间的关系，才是重中之重。

参 考 文 献

[1] 胡天石,傅铁信．中国农产品电子商务发展分析．农业经济问题,2005(5):23-27.

[2] 周琳．我国农产品电子商务发展现状与对策．经济观察,2011(4):100.

[3] 陈天宝．我国发展农产品电子商务的机遇和挑战．北京农业职业学院学报,2003(3):38-41.

[4] 顾文,黄立平．农产品电子商务蓄势待发．电子商务,2005(4):69-71.

[5] 高亚娟．我国农产品电子商务发展策略研究．商业时代,2011(14):35-36.

[6] 过建春．农产品营销学．北京:中国农业出版社,2007.

[7] 汪发元,王文凯．现代农业经济发展前沿知识和技能概论．武汉:湖北科学技术出版社,2010.

[8] 全国经济专业技术资格考试用书编写委员会．农业经济专业知识与实务．沈阳:辽宁人民出版社,2007.

[9] 晏志谦．农产品营销．重庆:西南交通大学出版社,2008.

[10] 宁泽逵,李红,张谦,等．新农民创业致富指南．北京:人民出版社,2011.

[11] 李崇光．农产品营销学．北京:高等教育出版社,2004.